明治期のイタリア留学

文化受容と語学習得

石井元章

吉川弘文館

目次

イタリアとの掛け橋を築いた明治期の若者たち——プロローグ

幕末明治は日本史上稀に見る大転換期であった。国の将来を憂いた多くの若者が、蘭学《らんがく》と呼ばれた西洋の学問を志した。明治新政府は、その中心的人物を網羅して岩倉具視《いわくらともみ》を全権大使とする使節団を米国とヨーロッパに派遣し、それによってもたらされた知見を基に、西欧をモデルとして近代化を推進する。欧米から招聘《しょうへい》された幾多の「お雇い外国人」が日本に西洋の学問・技術を伝える傍らで、留学生として海外に学ぶ若者も多くいた。本書では、そうした近代日本の黎明期にイタリアに赴き、それぞれの分野で文字通り命を懸けて自らの道を、そして新しい国の行く末を模索した若者たちを取り上げる。

なぜイタリアなのか。

二〇一六年は、日本とイタリアとのあいだで修好通商条約が結ばれてから一五〇周年である。一五〇年前、この日伊修好通商条約が締結されるにいたった背景には、一八六一年に統一されたばかりのイタリア王国の北部に広がる養蚕業が、一八四七年にフランスからロンバルディア州に侵入した微粒子病《びりゅうしびょう》によって、大打撃を受けていたことがあった。イタリアは健康な蚕種《さんたね》を確保するために、日本と一八六六年に国交を開いた。こうして一八六〇年代以降、日本の養蚕指導書がイタリア語に翻訳され、またイタリアの技術も日本に輸入された。製糸業に関していえば、日本初の機械製糸工場が、スイス人ミュラーの教えを基に、前橋藩士《まえばしはんし》速水堅曹《はやみけんそう》（一八四〇 川越〜一九一三。以下、人名のあとのカッコ内に生没年とその地を示した）により、一八七〇年に群馬県前橋市に開業した。その二年後には、周知の通り同県富岡市に、北イタリアと並んで養蚕業が盛んであったリヨン出身のポール・ブリュナ（Paul Brunat 一八四〇 ブール・ド・ペアージュ〜一九〇八 パリ）を招いて初の官営の製糸工場が設立され、全面的にフランスから技術移植を行なった。しかし、岩倉使節団が新生イタリア王国を訪問していた一八七三年に、日本人養蚕・紡績研究者佐々木《ささき》長淳《ながあつ》（一八三〇 越前〜一九一六 東京）がイタリア北部を視察していたことも忘れてはならない。

新生イタリア王国政府が日伊修好通商条約を締結したのは、蚕種貿易の必要に迫られたイタリアの事情によるのであり、当初はイタリア人やフランス人が買い付けに来日した。しかしながら、生化学・細菌学者ルイ・パストゥール（Louis Pasteur 一八二二 ドール〜一八九五 パリ）が一八六七年に微粒子病の克服法を確立し、一八七〇年頃にヨーロッパ蚕種の製造が回復すると、次第に彼らの来日は途絶え、今度は日本の養蚕業者がヨーロッパに蚕種を直接売りに行くことになる（直輸出《じきゆしゆつ》）。

江戸時代から伝統的に養蚕業が盛んであった秋田、明治期に日本一の養蚕地域となった群馬などから若者がトリノ（一八六一年〜六五年までは首都）に留学するのも、この延長線上にある。彼らの留学先が王立イタリア国際学院（Regio Istituto Internazionale Italiano in Torino）である。この学校はイタリア外務省と深い関係があったことから外国人の留学も奨励され、十二歳の井尻《いじり》儀三郎《ぎさぶろう》や、適々斎塾《てきてきさいじゆく》（適塾《てきじゆく》）を開いた緒方《おがた》洪庵《こうあん》の第十子緒方惟直《これなお》らが学んだ。

明治政府が外貨獲得のために、生糸・絹産業と並んで殖産興業のもう一つの柱に据えたのが、美術工芸品であった。一八六七年十一月九日（慶応三年十月十四日）に大政奉還《たいせいほうかん》がなされたが、その直前にパリで開催された万国博覧会には、徳川幕府、薩摩藩、佐賀藩が日本から初めて参加した。明治新政府が統一国家として初めて参加したのは、一八七三年のウィーン万国博覧会である。現在我々が「美術」と呼んでいるものは、当時「工芸《こうげい》」という言葉で表され、それは「芸」という上位概念の下に位置する範疇の一つであった。

新政府は、ウィーン万博の参加準備過程で、ドイツ語の schöne Künste（複数形）から新たな造語「美術」を作り出した。現在では、漢字を生み出した中国や隣の半島でも用いられているこの言葉は、「芸術」「絵画」「彫刻」「民主主義」「共和国」などと並んで、明治期の日本が西洋文化を受容する過程で作り出した日本由来の漢語である。そして、美術関連用語の生成の多くは、美術行政を司る内務省、次いで農商務省と翻訳を担当する外務省の官吏の手になる。つまり、現在では我々の内面の発露と捉えられがちな美術が、外貨獲得という国策のための殖産興業の一環として位置づけられていることが理解できる。

他方、岩倉使節団の欧米視察の結果取られた近代化政策のなかで、産業革命を成し遂げたイギリスからは産業、強力な君主制を実現したプロイセン帝国からは国体と憲法・刑法、フランスからは民法と陸軍兵制を取り入れることが決められた。一八六一年に統一されたばかりのイタリア王国からは、大砲鋳造技術を取り入れるほか、イタリアを美術のモデルとして捉えていくことになる。

新設の工部大学校の下部機関として美術学校の設立が検討された際、ロシアとイタリアが名乗りを上げた。岩倉使節団のイタリア訪問に「接判係」、つまり案内役として付き添った第二代東京駐箚《ちゅうさつ》イタリア公使アレッサンドロ・フェ・ドスティアーニ（Alessandro Fè d'Ostiani　一八二五　ブレシャ〜一九〇五　ローマ）が、同じ使節団に工部卿として参加していた伊藤博文《いとうひろぶみ》（一八四一 長州～一九〇九 ハルピン）に働きかけ、イタリア政府が公募によって選んだ芸術家を招聘して工部美術学校が創立されることになる。「美術の揺籃《ようらん》の地としてのイタリア」は、イタリア王国政府が国策として推し進めた基礎概念であるが、イタリアは古来、美術の中心地の一つと考えられており、若い日本人芸術家がこの地を目指したのも納得がいく。そのうち本書で取り上げる二人の重要な作家、すなわち川村清雄《かわむらきよお》と長沼守敬《ながぬまもりよし》が学んだのが、ヴェネツィア王立美術学校である。

以上から、イタリアは明治新政府の掲げた殖産興業の二つの柱のどちらとも深く関わっていることが明らかになる。本書では明治初期にイタリアに留学し、語学を介して西洋の新しい学問や日本と異なる美術を学びながらそれぞれの道を切り拓いていった一二名の青年たちの留学時代を、当時の資料に基づいて検証し、日伊交流一五〇周年を機会に、その出発点を振り返ることを目的とする。本書で取り上げる一八七三年から一八八七年までの一五年間、日伊交流の中心はトリノとヴェネツィアの二つの街であった。

この二つの街を舞台に、まったく異なる言語圏に飛び込み、どん欲に新しい知識を求めた若者たちの姿を描き出してみたい。

第一章　井尻儀三郎

現地でイタリア語を習得し首席を通した十二歳

井尻儀三郎（本名　林儀三郎　一八六一　?～一八八一以降　没地不明）

おそらく林徳左衛門の三男。井尻半左衛門の長男として養子縁組をした後、一八七三年から一八七八年までトリノ国際学院に学び、優れた学業成績を上げた。卒業時には、彼の肖像画を制作して校長室に飾る決議が教授会でなされた。製糸業の技術を身に付け、帰国した。

1　不世出の努力家

井尻儀三郎との出会い　最初に取り上げるのは、鹿児島県出身の井尻儀三郎《いじりぎさぶろう》（本名　林儀三郎　一八六一？〜一八八一以降　没地不明）である。若くしてこの世を去ったこの少年について語られることは、これまで全くなかった。彼の存在が明るみに出たきっかけは、トリノの「国際学院」[1]に関する記事である。次章で取り上げる緒方惟直《おがたこれなお》が、ヴェネツィアに移る前に国際学院で学んだことは、一八七八年四月六日付『ヴェネツィア新聞』に掲載された緒方の葬儀の記事に基づき、別府貫一郎氏が指摘した。[2] 記事は、惟直が学び、日本語を教えたヴェネツィア商業高等学校の校長ジュゼッペ・カルラーロの弔辞を引用する。

ヨーロッパで研鑽を積むため両親に送りだされた教養高いこの好青年は、ある期間パリに住み、その後トリノの国際学院で学習を極めようとしたが、そこからヴェネツィアに移って我が高等学校の領事専攻科で学び、ここで吉田氏の出発後日本語の教鞭《きょうべん》を執ったのである。[3]

この記事に基づき、筆者が二〇〇二年にトリノと東京で行なった調査で、緒方の他に本章で取り上げる井尻を含む八人の日本人青少年がこの国際学院に学んだことが明らかとなった。[4] 加えて、二〇一六年三月に調査したトリノ、国立クインティーノ・セッラ工業高校に収蔵される史料[5]は、十二歳の少年井尻が、養父半左衛門のために懸命に努力してクラスでトップを走り続ける健気な姿を浮かび上がらせた。

井尻家　他方、二〇〇二年の調査で発見していた外務省外交史料館所蔵の「伊国ヨリ井尻儀三郎江賞牌《しょうはい》寄贈ノ件」には、不断の学習の末に受賞した金メダルと賞状を、儀三郎が東京駐箚《ちゅうさつ》イタリア公使アレッサンドロ・フェ・ドスティアーニ伯爵を通じて、鹿児島の父親に送ったことが記されている。しかし、この商家井尻家の家系に言及した書物は皆無に近い。唯一、儀三郎の父親と同名の人物を祖先に持つ北海道大学教授井尻正二氏の『石狩湾』に時期的に合致する「半左衛門」なる人物が登場する。(6) 出版社に連絡を取ったところ、嬉しいことにその後、正二氏のご子孫から話を聞くことが叶った。

それに拠ると、半左衛門は「北辰丸」と「貞一丸」という二隻の北前船《きたまえぶね》の船主として、故郷鹿児島、新潟、函館に拠点を置いて商売を行なっていたが、後継者となるべき男子がいなかったため、有望な青年を養子に取ろうと考えた。最初に兄の息子清太郎を孚《まこと》と改名して養子に迎えたらしいが、詳しいことは分からない。

次に、商家林家より儀三郎を迎え、儀太郎と改名した。これが、本章で扱う儀三郎である。儀三郎は一八七八年、国際学院を優秀な成績で卒業し、帰国した。

2　トリノ王立イタリア国際学院

首都トリノ　まず、国際学院（図1-1）について語ろう。[7] トリノはイタリア半島の統一を達成したサヴォイア王国の王都として、一八六一年から五年間イタリア王国の首都であった（図1-2）。街の外観はフィレンツェやヴェネツィア、ローマほどの華やかさこそないが、成熟した魅力を湛えた上品な街である。観光地化が進み過ぎて、街中ではぎすぎすした雰囲気の漂う右記三都市とは異なり、典雅で優しい「古き良きイタリア」を残しているといってよい。

一八六五年にフィレンツェへ王都が遷された後、「首都を失った代償の一つとして、国際寄宿学校を開設し、それがトリノの輝きであり、特典となるよう祈られた[8]」結果一八六七年に開校したのが、この国際学院である。時をほぼ同じくしてヴェネツィア、ジェノヴァ、バーリ、そしてトリノなど新生イタリア王国の諸都市にも王立の商業高等学校が新設された。もともと独立国であった諸都市が王国の一地方都市になってしまったことを救済する一種の振興策である点では、対象となる生徒は異なるにしろ国際学院も同様である。

国際学院のシステム　国際学院は元来ヨーロッパ外、特にアメリカ大陸に移住したイタリア人家族の子弟を預かり、母国の言語・文化のなかで教育することを目指した全寮制のギムナジウムである。同時に、アメリカやアジア、他の諸国からの外国人留学生を受け入れた。[9] 学則[10]第一条は受け入れる生徒を「一　国外で生まれ、または国外に居住するイタリア人の子弟　二　外国人の生徒　三　イタリアに居

1-1 往時の国際学院外観（*Augusta Taurinorum*, 1901, p. 55 より）

1-2 19 世紀のトリノ

住するイタリア人の子弟」と規定している。しかし、経営難から早くも一八七〇年には、第三カテゴリーのイタリア人子弟を多数入学させざるをえなくなるという[11]。

教育内容は、宗教、生活（行動の評価）、学習、体育にわたり、宗教は、校長のアゴスティーノ・デ・グロッシが神父だったため、当然のことながら、カトリックが選ばれた（第二条）。入学時には洗礼証明書、天然痘接種済み証明書、健康証明書の提出が義務付けられた（第三一条）。学期の間、生徒は学習態度（Studio）と生活態度（Condotta）に分けて、毎月三〇点満点で評価された。授業はカトリック教理、ギリシア語、ラテン語、イタリア語（文学、詩作、文法、作文）、古代史、近代史、数学、宗教史、哲学、外国語（フランス語、アラビア語、英語、ドイツ語）、物理、会計、運筆にわたり、学年末には受講した学科の試験が口述と筆記に分けて行なわれた[12]。同じ国の出身者が複数いる場合には、その国の言葉（たとえば、日本語やビルマ語）で授業が行なわれて、イタリア人との平等が図られた。図1-3は一九〇九年の教室を撮影したものであるが、興味深いことに窓の左側には日本地図が認められる。後年の写真とはいえ、日本人生徒がいなくなって二〇年以上経っても、日本に対する関心が国際学院に存在していた証拠といえよう。

1-3 国際学院内部（通常の教室）（*R. Scuola Media Maschile di Commercio*, 1911 より）

　生徒は八歳から十四歳までの子供に限られたが、理事会の承認を経て上級コースや軍隊の兵学校に入学させる目的で成人に達した若者も受け入れることができた（第三二条）。カトリック以外の信仰を持つ若者の受け入れは、理事会に諮る（第三三条）。生徒は、中等部（現在の中学校にあたる）および古典・工業勉学コース（それぞれ人文系と理工系に進学する高校にあたる）に通う年少組と、上級大学・科学コースと軍隊の兵学校に通う年長組の二部に分けられた（第三九条）。実際には、主に八歳以上十五歳未満のイタリア人子弟を受け入れたギムナジウム、高校コース、主に外国人を受け入れた特別コース、商業コースなどが設けられている。年少組の子供たちは、ドーミトリー形式の大部屋に寝泊まりしたが、年長組の青年たちには個室が宛てがわれた（第四〇条）。体育教育は体操、フェンシング、水泳、舞踏、軍事訓練を行なった（第四二条）。

全寮制のこの学校の持つ国際的性格について、デ・グロッシ校長は次のように述べる。

国際色豊かな性格を持つ寄宿学校を創設したことは、当然ながら価値ある業績であった。そこでは、異なる人種や国々の若者が海外植民地やイタリア本国のイタリア人子弟とともに集い、勉学と市民としての行動規範を一緒に学ぶ。その結果、全員が深い友情の絆で結ばれて知り合い、理解し合い、尊敬し合うようになることが目指される。また、学校での課程を終えて祖国に戻るときには、我々の言語を用い、我が国の教育・芸術・産業に対して評価をすることが目指される。加えて、イタリアに対する愛情に満ちた思い出と、ここで培われた若者同士の友情という絆のなかで、将来における自国と我国との重要な関係の萌芽とを故国に持ち帰ることが目指される。(13)

神父アゴスティーノ・デ・グロッシが発案した国際学院は、一八六七年二月十三日にフィレンツェで設立規約に署名されたものの、経営手腕に欠ける神父が校長であったことにより、経済的に常に不安定であったという。(14) 国際学院の建物は、当初病院通り（via dell'Ospedale）一八番地に定められたが、一八七一年十一月三十日にサルッツォ通り五五番地の建物を買収する契約が結ばれた。井尻たち日本人留学生が学んだのは、この建物である。(15)

外務省とのつながり　国際学院は、当初からイタリア王国外務省と強い繋がりを持ち、学則第五条はトリノ大学学長の次に、外務省の代表者を理事に据える。続く第六条は「外国人生徒の母国駐箚の公使、または領事は、理事会の名誉会員である」と定め、第四三条でイタリア人生徒に関する「生徒の学業成績や品行状況は毎学年末に外務省に送られ、その後各国のイタリア領事を通じて家族に送付され」ること、また第四五条では「当該学年度に特に優秀な行状と成績を挙げたふたりの若者に、理事会の判断で賞、または名誉言及が与えられる」ことを謳う。

国際学院は外務省を通じて、外国人留学生を数多く獲得するようイタリア領事が駐劄する国の政府に働きかけたと思われる。直接の言及はないが、日本政府の内部でも、これに対応したと思しき動きがあった。外務省外交史料館に保存される一八七三年九月十八日付書面のなかで、同年三月にヴェネツィア駐劄日本総領事として着任したばかりの中山譲治《なかやまじょうじ》（一八三九～一九一一　生没地不詳）の手紙に基づいて、外務少輔上野《うえの》景範《かげのり》は太政大臣三条実美《さんじょうさねとみ》に対し、イタリア語に通じている者がきわめて少ないため、イタリアに学生を派遣してほしい旨を奏上した(16)。おそらく、国際学院に促された中山総領事が、本国に要請したのであろう。これに対して太政大臣は十月十三日、東京にイタリア語学校の設立が検討されているため、留学生派遣には及ばない、と返答した。しかし、結局のところ、その語学学校は開校されなかった。上野は十月二十日に、公使館付初期見習として三名をイタリアに派遣するよう重ねて三条に奏上したが、これも拒絶された。この時期に、日本政府のなかでもイタリア語に習熟した人材の育成が議論されていた事実は、日伊交流やイタリア語教育の歴史を考えるうえで興味深い。

3　国際学院への入学

一八七三〜七四年　クインティーノ・セッラ高校に収蔵される国際学院の書類『内部生徒（Alumni interni）』の生徒番号四〇番の記載事項（図1-4）に拠ると、Han sai mon（半左衛門）とJa-s'（やす）の間に一八六一年に生まれた儀三郎は、一八七三年五月一日、最初の日本人生徒として十二歳で国際学院に入学した[17]。しかし、前述のように、儀三郎は半左衛門夫妻の実子ではない。一八七三年五月二十日の理事会記録は、国際学院が外務大臣との間で交わした数人の日本人学生を受け入れるという約束を伝えて、イタリア外務省における国際学院の高い評価を窺わせる。その最初の生徒が、井尻儀三郎ということになる。

『内部生徒』には「生徒の家族を代理するブレシャ市のピエトロ・フェ・ドスティアーニ伯爵の推薦になる」と書かれているが、同じ五月二十日の理事会記録は、アレッサンドロ・フェ・ドスティアーニが日本から井尻を連れてきたと伝える[18]。加えて、一八七五年十二月十八日の理事会議事録も、Alessandroと明記している。ピエトロはアレッサンドロの弟の蚕種商人であり、ふたりはしばしば一緒に旅をした。

拙著で述べたように、アレッサンドロは一八七三年二月十八日に通訳の吉田《よしだ》要作《ようさく》（一八五一　江戸〜一九二七　東京）を伴い、後にローマとウィーンに駐劄する日本公使佐野《さの》常民《つねたみ》（一八二三　佐賀〜一九〇二　東京）とともに横浜を出帆する[19]。これに十二歳の井尻と公使の弟のピエトロも同行したことになる。一行は、

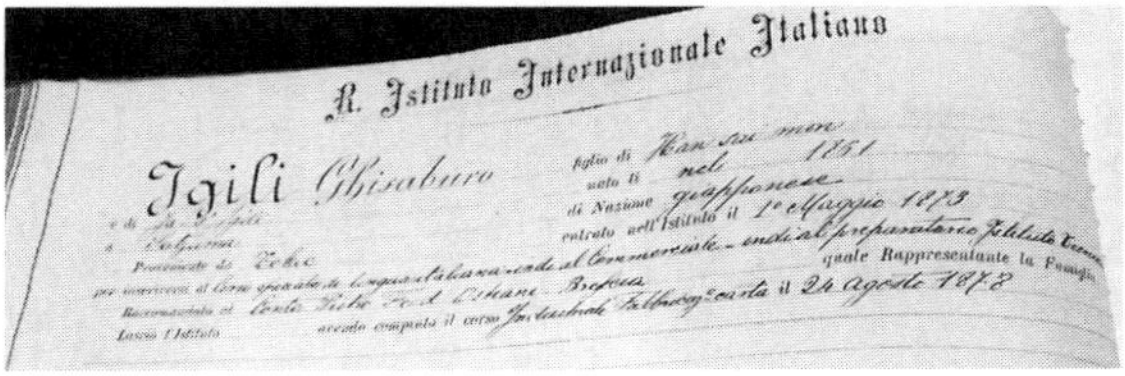

1-4『内部生徒(Alunni interni)』クインティーノ・セッラ高校古文書室(筆者撮影)

一八六九年に開通したばかりのスエズ運河を抜けて、四月七日にエジプトのアレクサンドリアに、四日後にイタリア半島南端のブリンディシに到着、同月二十八日にはローマへと向かう途上にあった。四月十五日の『ヴェネツィア新聞』は、フェ・ドスティアーニのヴェネツィア到着が待たれると報じている。[20]おそらくローマで佐野と別れ、少なくとも弟ピエトロは井尻とともにトリノの国際学院へと向かったのであろう。一方、兄アレッサンドロはフィレンツェに赴き、五月九日にアメリカ経由でヨーロッパを周る岩倉具視を全権大使とする使節団を迎えることになる。その後、伯爵は岩倉使節団の「接伴掛」[21](ガイド)として一ヵ月近く行動を共にする。兄アレッサンドロが、トリノまで井尻を連れて行ったかどうかは、不明である。

他方、五月一日に入学手続を済ませた儀三郎は、「イタリア語特別コース(Corso speciale di lingua italiana)」に籍を置いた。『内部生徒』の「入学時の学力程度(Grado d'istruzione all'epoca della ammissione)」の欄には「ヨーロッパ言語の知識は全く持ち合わせていない」と書かれている。入学当時は一八七二〜七三学年度の最後の時期であったためか、「学習態度・生活態度」や「成績」の評価は残っていない。しかしながら、すでに引用した五月二十日付理事会議事録は、非常に興味深い事実を伝える。一つは、フェ・ドスティアーニが井尻の父親から寮費として年額一二〇〇リラ(現在の貨幣価値では約四五六二・八七ユーロ、約五八万円)を預かったことである。これは「会計簿(Cassa)」

によっても確認できる。もう一つは、国際学院でラテン語・ギリシア語・イタリア語の教師をしていたジュゼッペ・フェルレーリ（Giuseppe Ferreri）が、一八七四年以降日本語の教師をも兼任するのを助けて、十二歳の儀三郎が今後入学してくる日本人生徒との通訳を務めることで、年間三〇〇リラの寮費を減額されると決定されたことである。このあたりに、イタリア政府と国際学院がともに日本人生徒の導入に積極的であったことが見て取れる。寮費は月額二〇〇リラ（現在の円価で約九万七〇〇〇円）であったうえに、教材費や制服に掛かる費用は別払いであったから、父親からの預り金と井尻本人の「給与」だけで、すべてが賄えるはずはなかった。おそらくイタリア外務省の補助があったのであろう。(22)

夏の感謝祭　その年の九月に、非常に興味深い記事が地元の新聞に掲載された。それは夏休みの間に生徒たちが、校長デ・グロッシに感謝して郊外の村ピネローロで開いたイベントの様子を伝え、そのなかで異なる国籍を持つ一二人の少年たちがそれぞれの母国語で乾杯の音頭を取っている。そして、一二人のうちで挨拶の内容がイタリア語で紹介されたのは、井尻少年ただひとりであった。

国際学院

このきわめて優れた学校は、大した成果は望めないだろうと考えた人々の予想に反して、過去数年間というもの、発展と繁栄を達成しながら経営され、それは、我が国のために満足のいく精神的・物理的利益を当初から期待していた人々が、正しかったことを証明した。

世界の最も遠い国々から勉学に駆けつけた生徒の数は、今や優に四〇人を越え、同様に多くの生徒たちが、新しい学校のコース［に入ること］を待ちわびている。

それゆえ、去る八月三十一日に感動を与えるような快いお祝いが、秀でた校長、騎士勲章佩勲者《はいくんしゃ》アゴスティーノ・デ・グロッシ氏のために、学院の生徒たちによってピネローロで行なわれた。その祝典には、休暇を過ごす彼らを迎えたピネローロ村と、トリノ市から貴賓が数人臨席していた。昼食が終わる頃、生徒たちが一二ヶ国語（イタリア語、ラテン語、ギリシア語、アラビア語、トルコ語、ヘブライ語、日本語、ドイツ語、英語、スペイン語、ポルトガル語、フランス語）で一二回の乾杯を次々に行なった。それはある生徒にとっては学習の成果の印であったが、多くの生徒にとっては母国語で語れる喜びの表明であった。

校長への感謝の証と、知性と心の養育にこれほど大きな利益をもたらすと感じられる学校に対する評価とを、誰もが持っていた。

ここでは特に、日本から来た十二歳の少年井尻儀三郎が、母国語で行なった次の乾杯を翻訳して公表するに止めよう。

「校長先生、私は［イタリア語で］あまりよく話せません。それは残念なことです。なぜなら、今日という日に私は、忠告と愛情によって、遠くにいる私の親愛なる父上の代わりをしてくださる貴方に、感謝をしたいからです。

貴方のご配慮に感謝して、私はよく学び、良い子になります。

アゴスティーノ・デ・グロッシ先生、貴方の幸せがミフネヤマ[23]の白煙と同様、千年も続き、決して消えることがありませんように。

仲間の皆、こんなにも美しいこの瞬間は、難波《Naniva》の泡の間に育つ竹の節目の間のように直ぐに過ぎ去るのだから、我々は皆満足して杯を飲み干そう。

ピネローロ　一八七三年八月三十一日
日本紀元二五三三年
井尻儀三郎」

校長は、愛する生徒たちが彼を感動させようとして言った優しい表現に感謝して言った。[24]（後略）

このことは、井尻の飛び抜けた優秀さをすでに窺わせるものである。

円中文助の到着　一八七三年九月十一日、国際学院にもうひとりの日本人がウィーンから到着する。ウィーン万国博覧会に日本展示の随行員として参加した二十歳の円中文助《まるなかぶんすけ》（一八五三　加賀～一九二三　東京）である。[25]自国の技術や物産を展示する万国博覧会は一八五一年のロンドンを皮切りに欧米で始まったが、明治政府は一八七三年のウィーン万国博覧会に維新後の統一政府として初めて参加した。『墺国博覧会賛同紀要』の「職務分担人員表」では「外転売捌随行員　糸茶商」として円中の名が挙がっている。[26]日本参加の副総裁でもあった前述の佐野常民は、博覧会に随行した学生や職工に技術伝習をさせようとしたが、予算不足から東京の正院《せいいん》に拒絶される。しかし、参加者のなかには、自費でまかなってでも滞在して技術伝習を受けたいとする者がいたため、佐野はこれを一存で許可した。後に政府も官費による技術伝習としてこれを追認した結果、六ヵ月の滞在延長が認められた。[27]そこで円中は、国際学院でイタリア語を学びながら、産業学校（Istituto d'Industria）で製糸業ならびに機械学を学ぶことになった。[28]

『内部生徒』の「入学時の学力程度」には「母国語である日本語の会話・筆記ができる、ドイツ語を少し知っている」と書かれている。フェ・ドスティアーニに日本から連れて来られた井尻とは異なり、円中はウィーン万博で日本展示に関わったヴェネツィア総領事中山譲治の推薦を受けてハプスブルグの帝都から到着し、「イタリア語特別コース」と「養蚕・撚糸産業特別コース」に在学した。

かくして一八七三〜七四学年度には、十三歳と二十歳の二人の日本人留学生が机を並べることになった。この点に関して一八七三年十月六日の『ピエモンテ新聞』は、明治政府が海外に送り出した留学生の数（アメリカ一四五、中国一〇、イギリス一一一、ドイツ五八、フランス四五など）を伝える『東京愛知新聞』の記事を引いて、そこにトリノ国際学院に学ぶ井尻と円中を加えなければならないと述べる。[29]

一八七三年十月から翌年三月まで、円中は学習態度・生活態度ともに満点を取り続けたが、国際学院での学年末試験を受けずに、一八七四年三月十五日に学校を去る。[30]この間にフェ・ドスティアーニ伯爵が国際学院を訪れ、ふたりの日本人の成績と進歩に満足の意を表すとともに、今後も日本から若者たち（おそらく佐々木と緒方を指す）を送る約束をしたことが、一八七四年二月二十八日に開かれた理事会議事録に記されている。[31]

父への報恩　一方、井尻はこの年、商業特別コースに籍を置き、学習態度は十一月から三月までと六月が二七点、四、五月が二八点、生活態度は一年を通じて満点の評価を受けた。学年末試験では、イタリア語の詩作で一〇点満点中九点、文法の口述試験九点、筆記試験、作文、運筆すべて満点、日本語七点、人物素描満点を獲得、平均点が一〇〇点満点で九五点と、一二人の生徒のなかで最高点となり、初等科で唯一の賞を受けた。入学時にヨーロッパ言語がまったく話せなかったことを考えると、長足の進歩であり、それは少年の努力によって獲得された。

前述のように、国際学院はイタリア王国外務省と繋がりが強く、学則第四三条で「生徒の学業成績や品行状況は毎学年末に外務省に送られ、その後各国のイタリア領事を通じて家族に送付される」、第四

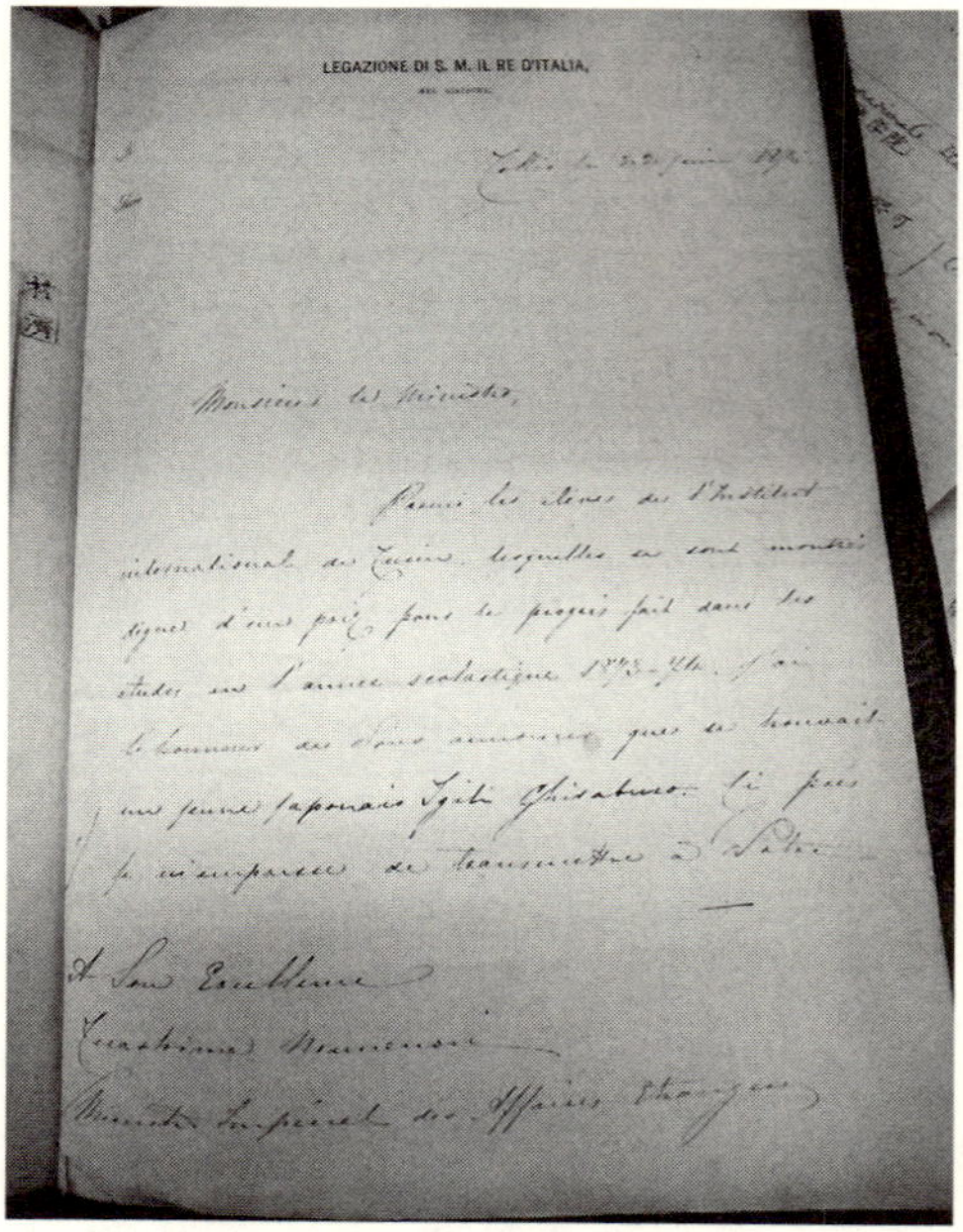

1-5「1875年6月22日付外務卿寺島宗則宛フェ・ドスティアーニ公使の書簡」外務省外交史料館6-2-3.1-2『外国褒章及記章本邦人へ贈与雑件（伊国之部）』（筆者撮影）

五条で「理事会は討議のうえ、一年を通じて学習態度と生活態度において特別に優秀な成績を挙げた二人の若者に賞、または名誉言及を与える」と規定する。この規定と試験官たちの意見に従って一八七四年十二月十日、理事会は協議のうえで井尻に一等賞のメダルを授与した(32)。

その証書は、理事長パテーリの名前で翌年二月十四日に発行され、井尻の意志に従って賞状・メダルとともに、日本駐箚のフェ・ドスティアーニに託された。公使は外務卿寺島宗則《てらしまむねのり》に宛て、一八七五年六月二十二日付フランス語の手紙でこの年の井尻の功績を伝え、銀メダルと試験の成績（和訳付）、パテーリの証書を、鹿児島にいる儀三郎の養父井尻半左衛門に手渡すよう依頼する（図1-5）。次いで、外務省から嘱託された鹿児島県令大山綱良《おおやまつなよし》は同年七月二十三日、依頼品を井尻家に届ける。北前船に見切りをつけて北海道石狩川《いしかりがわ》河口に定住していた半左衛門に代わり、遠矢茂平次という人物がこれを受け取り、代筆した。同月二十五日に大山は、受け渡しの終了を外務省に報告した。

儀三郎はおそらく養父の歓心を買おうとして懸命に学業に打ち込み、その成果を、学校と恩義のあるフェ・ドスティアーニを通じて故郷に送るよう依頼したのであろう。イタリア人と同様、日本人生徒の成績や行状は日本の外務省に伝えられるのが原則であったが、実際に外交史料館に史料が残るのは、井尻ひとりである。ちなみに、養父半左衛門はこの年に宇野正辰利八の次男勘助（十八歳）を鹿児島から呼び寄せて手元で荒巻鮭の製法などを仕込んだ。この勘助は、一八八〇年に半左衛門の養子となり、静蔵（初代）を名乗った。これが現在まで続く井尻家の始まりである。

円中の帰国　一八七四年三月に国際学院を去った同窓の円中は、ベルガモのツッピンゲン&シーベル社で撚糸法《ねんしほう》と機械学の実地伝習を受け、シーベル社傘下の製糸場で殺蛹法《さつようほう》、選繭法《せんけんほう》と繰糸法《そうしほう》、蚕糸検査所で生糸検査法を学び[33]、同年中に帰国した。正院雇となった円中は、東京山下門内博物館に設置された機械を用い、一八七五年から伝習生を教え、一八七六年十一月には内務省勧業寮御雇として四谷内藤新宿試験場で教鞭を執った。

その後、養親孫平《まごへい》の設立した円中組パリ支店を一八八二年から任されるが、その閉鎖に伴い帰国、一八九六年から生糸検査所の技師として、次いで一九〇三年からは東京高等蚕糸学校の講師として後進の指導に努めた[34]。

4　一八七四年から卒業まで

一八七四〜七五学年度　円中が去ると、井尻は唯一の日本人生徒として国際学院に学んだ。この学年の学習態度は一八七四年十一、十二月が二七点、一八七五年三月が二三点、それ以外は二四点で、前年度よりやや学習意欲が低く評価されている。生活態度は一八七四年十一、十二月が満点、それ以降は未記入であるが、おそらく同様に満点だったのであろう。

佐々木三六と緒方惟直　一八七五年四月に、二人の日本人が相次いで到着する。一人は明治期の養蚕研究で有名な佐々木《ささき》長淳《ながあつ》(35)の息子で、井尻より一歳年上の三六《さんろく》（一八六〇　越前〜一九二八　金沢）で、一日にやってきた。もう一人は、幕末の著名な奥医師緒方《おがた》洪庵《こうあん》の息子、二十二歳の惟直《これなお》（一八五三　大坂〜一八七八　ヴェネツィア）で、彼は二十二日に到着した。井尻を含め三人の日本人が同じ学校に学んだ。二人の到着については、一八七四年二月二十六日の理事会が、「フェ・ドスティアーニ伯爵と佐野大臣閣下との間に確定された決定に基づき、日本人の到着を心待ちにしている」と記録している(36)。また、前述のように一八七五年二月十九日の『ピエモンテ新聞』は、佐々木と緒方と考えられる若者を連れて、後にミラノ総領事となる中島才吉《なかじまさいきち》（一八四六〜一九二五　生没地不詳）が日本を出発したことを伝える(37)。一八七五年四月十五日の理事会では、佐々木の到着が報告された(38)。

学年末試験では、三人の日本人が全員高得点を獲得した。具体的には、イタリア語イタリア文学の試験で口述・筆記ともに緒方と井尻が満点、佐々木は二七点で、二一点以下のイタリア人同級生を大きく引き離した（図1-6）。井尻は地理総論で満点、算数で口述二七点、筆記二六点、英語口述・筆記共二四点、運筆満点、素描満点を、佐々木も他に日本語満点、人物素描満点を取った。

その結果、特別コースでは井尻がトップとなり、一等賞を授与されたほか、試験委員会から「優秀さの特別証書（Speciale testimonianza di lode）」を獲得している。理事長パテーリと学校長デ・グロッシの連名で出されたこの一八七五年七月三十日付の賞状の外務省日本語訳は、「鹿児島ノ井尻半左衛門ノ息子儀三郎君ノ学術進歩セシヲ賞シ第一等ノ褒賞ヲ授与ス」と述べ、それをフェ・ドスティアーニが一八七七年一月十八日付寺島宛書簡において「本人之望ニ任セ拙者ヨリ閣下へ差進候間其ノ家族へ御下附被下度候」と、金牌を両親に手渡すよう依頼している[39]。前学年度と同様の手続きを踏んで、金メダルは石狩在住の養父半左衛門の手に渡り、外務省は事の顛末をフェ・ドスティアーニに宛て報告した。

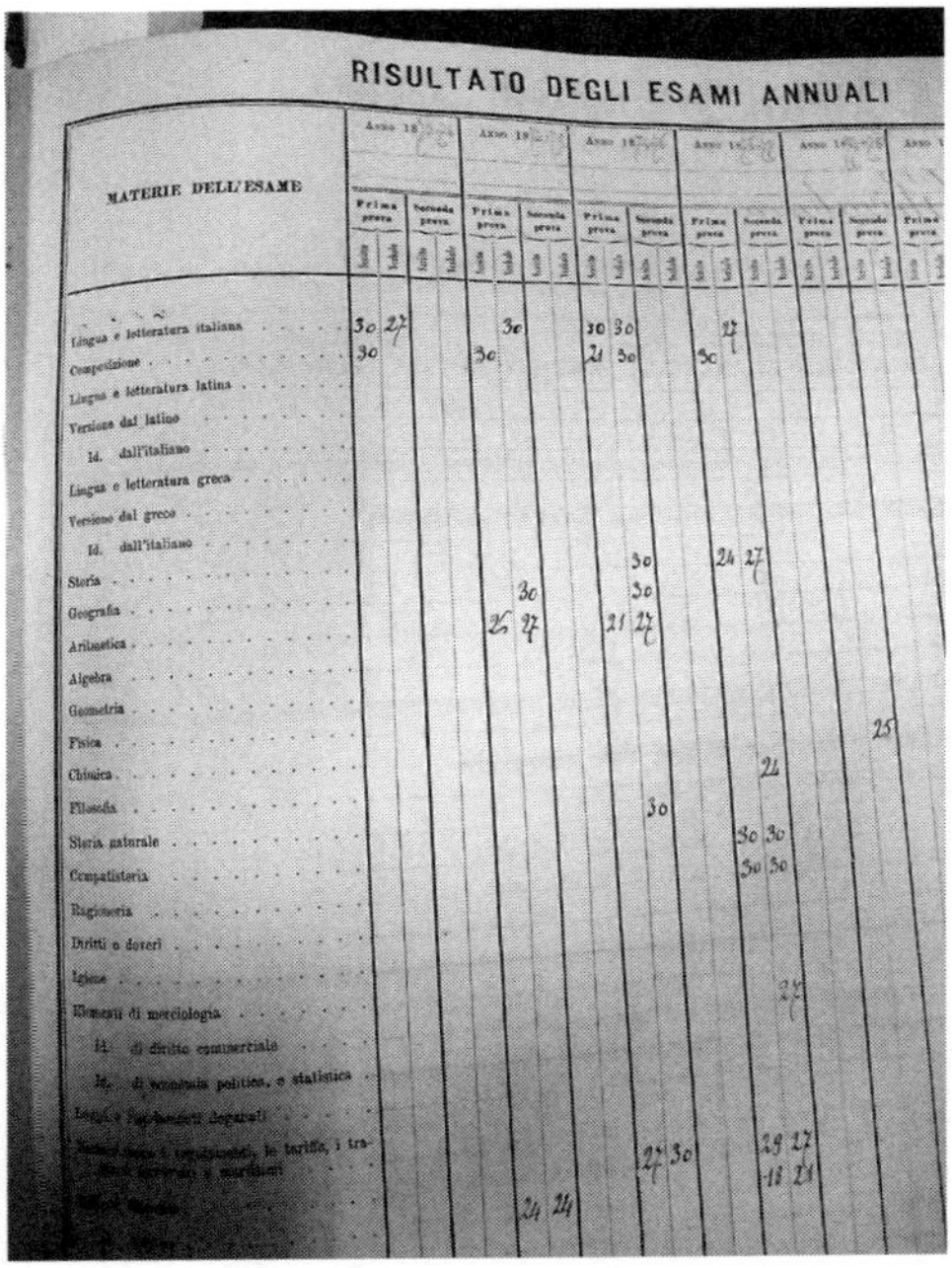

1-6『内部生徒（Alunni interni）』1-4の右頁（筆者撮影）

一八七五〜七六学年度　次学年度も三人の日本人生徒は勉学に打ち込んだが、そのなかでも商業コースに籍を移した井尻は、特筆すべき成績を挙げた。イタリア語イタリア文学口述満点、筆記二一点、同文法は口述・筆記共満点、古代史、地理総論満点、算数は口述二七点、筆記二一点、自然史賛辞付き満点、フランス語口述満点、筆記二七点、英語口述二七点、筆記満点、運筆満点、素描二七点と素晴らしい。当然のように一等賞を受け、素描では佐々木に次ぐ二等賞を獲得した。一八七五年十二月十八日の理事会議事録は、備考欄に「賛辞付き」と書かれないことのない優秀な生徒ふたりのうちのひとりとして、井尻儀三郎の名を挙げる(40)。

この学年度の終わる前、一八七六年六月に、緒方はヴェネツィアに引越していった。

一八七六年六月十九日の『ピエモンテ新聞』は、前日に行なわれた国際学院の授賞式について報告する(41)。最も際立つふたりの学生のひとりとして「特別コースの井尻儀三郎氏、日本の薩摩出身」を挙げ、「学習態度においても生活態度においても一等賞を獲得した」という。

一八七六〜七七学年度　井尻は商業コース上級に進んだ。イタリア語イタリア文学筆記満点、日本人向けイタリア語二七点、古代史口述二七点、筆記二四点、哲学二四点、商法二七点、会計・計算口述・筆記共満点、フランス語口述二七点、筆記二九点、英語口述二一点、筆記一八点、人物素描二七点で、二等賞に甘んじた。しかし、十五歳の少年がイタリア語で商法や簿記、哲学などを学ぶのは、並大抵のことではなかったであろう。

一八七七〜七八学年度　最終学年度に、井尻は「特別課程および製紙に関する産業科」に在籍し、化学の口述試験で二五点、風景素描で満点を獲得、この年は再び一等賞に輝いた。『内部生徒』の「注記(Annotazioni)」によれば、同年王立トリノ工業学校(R. Istituto [Tecnico] di Torino)の化学科に入学を許可され、一八七八年三月にはトリノ市を流れるポー川の上流に位置する街ランツォ・トリネーゼの製紙工場で製紙の実地研修を始めた。井尻は帰国後に、紙幣印刷の開始によって活況を呈していた製紙業において、近代日本の発展に寄与する心積もりであったと推測できる。一八七八年八月二十四日、製紙産業コースを終えた井尻は、国際学院に学んだ日本人として初めて卒業資格を獲得した。国際学院学則に基づくプログラム第二一条は、「優秀な卒業資格を得た者の名を理事会室の石碑に刻む」ことを定めるが、(42)同月「彼への愛情の誇り高き記憶と競争心の証として、井尻の肖像画を学院の部屋に飾ること」が決定された。(43)井尻にとっては非常な名誉であったと思われるが、それだけの努力をこの少年は積み重ねてきたのである。

これまで見てきたように、井尻儀三郎は国際学院で常にトップを走り続けた。入学時にはイタリア語はおろか、ヨーロッパの言語に関する何らの知識も持ち合わせていなかったにもかかわらず、学年が進むごとにイタリア語を介して他の科目を修得する。現地に飛び込んで学ぼうとするこの勇気を、現在の我々は見習わなくてはならない。また、明治政府がイタリア語に通じた若者を育成したいと考えていたらしいことはすでに述べたが、その点で井尻はこの期待に最も的確に応えた少年であったといえる。彼の不断の努力が、同校における日本人の評価を高めることに寄与したのは間違いない。二十一世紀を生きる我々の世代でも、肖像画を飾られるほどの活躍をした留学生には滅多にお目に掛からない。日伊交流の黎明期とはいえ、井尻の業績は特筆すべきものと思われる。

儀三郎の実家　ここで儀三郎の実家である林家について考察する。井尻半左衛門は、鹿児島県出身の「林徳左衛門方で商業に従事し、村田経通、林實友方を転じて、長崎・大阪・新潟・東京の諸店を発展させながら、その間北前船（弁財船）に乗り組んで度々蝦夷を訪れていた」[44]。ここには井尻半左衛門に関わりのある林姓の人間として徳左衛門と實友の二人の名前が上がっている。北前船は、船という運命共同体のなかで生活し、修業をすることで強い人間関係を育むという。その点で、船も所有していた徳左衛門が儀三郎の実父として有力である。しかし、その理由はこれだけではない。

この林徳左衛門（一八三六　鹿児島～一八九九　東京）は、一八七四年にアメリカ人ウィリアム・ドイルとともに三田製紙所を設立した人物である[45]。折しも一八七五年一月十二日にドイツ、ドンドルフ＝ナウマン社で働いていた、ジェノヴァ近郊アレンツァーノ出身のイタリア人エドアルド・キョッソーネが来日し、日本は明治初年のように高額の金員を支払ってドイツに紙幣印刷を依頼するのを止め、自らの力で紙幣を印刷する体制を整えていた[46]。

「林家はもともと薩藩財閥の巨頭で、持船も尠《すくな》からず、又大阪には藩の蔵屋敷があつて、屢々《しばしば》所要の為め大阪鹿児島間を往復し、大阪北堀江三番地に別宅を有していた程であつた」[47]。彼には四男一女の外に養女が二人あり、全員の名前は分からないものの、長男は麒一郎という。儀三郎という名前との形式的類似、前述の『ピエモンテ新聞』が引用する「難波の泡の間に育つ竹」という表現から、儀三郎は徳左衛門の三男で大阪の別宅で育った可能性が高いといえる。また、儀三郎が国際学院での最終学年度にランツォ・トリネーゼの製紙工場で製紙の実地研修を行なったことも、紙幣印刷に伴う紙の需要を見越した実父の影響、または徳左衛門に倣おうとする半左衛門の意志に基づくと考えれば納得がいく。

帰　国　一八七八年八月二十四日に国際学院を卒業した儀三郎は、おそらく同年秋以降に帰国したはずである。静蔵に発する井尻家に伝わる情報では、儀三郎は、石狩を拠点に漁業に専従していた養父半左衛門の許ではなく、[48]育ったと考えられる大阪に戻り、数ヵ月と経たぬ翌年二月四日二十歳にも満たぬ短い生涯を閉じたという。

しかし、一八八一年に井尻が横浜で通訳をしていたという事実が、イタリア側の史料によって裏付けられる。イタリア王国海軍のコルヴェット艦「ガリバルディ」の軍医フェリーチェ・サンティーニ（Felice Santini 一八五〇 ローマ～一九二二 ローマ）が、一八八一年十二月二日から二ヵ月の横浜寄港中[49]に井尻（この日記ではJ-giri, 国際学院の史料ではIgili. ただし、iとjは本来同じ文字であり、ドイツ語ではiの大文字をJで書く）を通訳に雇ったという。その部分を訳すと、

> 我々船員は、新しいメンバー、つまり、井尻氏（この国の言葉では、井尻さん）という日本のメンバーを迎える。彼は、公式には我々の通訳である。すべての日本人同様、善良で感じが良い井尻さんは、誰にもすぐに気に入られた。彼は、トリノで学んだという素晴らしいイタリア語を話す。トリノには日本政府により送られて、何年か留まった[50]。

となる。サンティーニの日記では、一八八二年の元旦を日本で迎える前の箇所に、この井尻に関する記述があるから、一八八一年の情報であることは間違いないであろう。

井尻家の子孫の許で得られた情報は、儀三郎にとってあまりにも悲しすぎる。もしかしたら、イタリア語を生かして製紙業に関わって生きていこうとした儀三郎と、養子縁組を解消したことが、井尻家では、「一八七九年二月四日に死亡した」と記憶されているのかもしれない。だとすれば、一八八〇年に勘助を養子に取ったことは、納得できる。サンティーニが言うように、この青年が帰国後にその「素晴らしいイタリア語」で、少しでも日伊交流に貢献したのであれば、彼のイタリアでの努力も報われたこ

とになる。しかし、どちらにしても、その後の儀三郎の行方は杳《よう》として知れない。

井尻が身を以て示してくれた明治人の能力と努力には頭が下がる。彼は自らの懸命な勉学によって、後から国際学院に到着する日本人を結果的に鼓舞し、日本人の評価を上げることに寄与した。これは、次章でみる緒方に対する評価でも明らかである。彼らは将来が約束されていたわけでは決してない。青年期は常にそういうものである。しかし、その不安のなかで、自分の将来のみならず、国の未来を見据えて日々の努力を欠かさないことこそ、我々日本人に生来の美徳ではないだろうか。

コラム①

佐々木三六――東京大学植物園の細密画家

父、佐々木長淳　佐々木三六《さんろく》（一八六〇　越前～一九二八　金沢）は、蚕の研究で有名な佐々木権六（長淳）の次男として生まれた。一八七一年には、父親の工部省出仕に伴って東京に移り住む。一八七四年に居を定めた麹町区隼町《はやぶさちょう》の近所に彰技堂《しょうぎどう》が開設されたこと、および長淳自身が美術をよくしたことが、三六を絵画に導いたと指摘される(51)。事実、長淳は明治美術会第一回展に所蔵の《老婆骨牌ヲ以テ吉凶ヲトスル図》《美人半身》（以上作者不詳）、および《少女折薔薇花図》（「伊国人ケルミーニ」）を出品している(52)。

トリノ留学　歴史家二木伸一郎氏によれば、（一八七五年）父長淳の考えで三六はイタリアのトリノへ留学した。遺族によると語学習得のためだったということである。トリノ府皇国ヲンテルナショナル学校で画学および語学を学び、さらに、トリノ府皇国美術学校で図画と油絵を学ぶ(53)。

という。クインティーノ・セッラ高校収蔵の史料は、国際学院における彼の勉学を明らかにしてくれる。一八七四年二月二十六日の理事会は、日本人ふたりがもうすぐ到着することを報告し、前述のように、一八七五年二月十九日の『ピエモンテ新聞』は、佐々木と緒方惟直と考えられる若者を連れて、後にミラノ総領事となる中島才吉が日本を出発したことを伝える。実際、一八七五年四月十五日の理事会では、佐々木の実際の到着が告げられた。

学習態度　『内部生徒』によると、佐々木三六（Sassaki Sanlucu 学籍番号五八）は一八七五年四月一日に越前より到着し、横浜発イタリア行きの旅券《パスポート》を提示した。「入学時の学力程度」は「母国語である日本語の読み書きのみ」できるとされ、「言語特別コース」に学籍登録した。彼の生活態度は三ヵ月間常に二八点、学習態度は四、五月が二四点、六月が二二点である。学年末試験で佐々木は、イタリア語イタリア文学の試験で口述・筆記とも二七点、日本語と人物素描で満点を獲得した。

翌一八七五～七六学年度の学習態度は、十一月二二点、十二月と一月二六点、二、三月二四点、四月二五点、五月二七点、六月二八点である。生活態度は一層安定していて、おおよそ二八点から満点の評価を毎月受けている。この年から佐々木は勉学に注力し、学年末試験でも七科目を受験している。イタリア語・イタリア文学は筆記試験が二八点、口述試験が二一点、歴史は一八点、算数の筆記二四点、口述二七点、運筆二一点、人物画満点であり、最後の人物画で「素描術の賛辞付き一等賞（1°premio per Disegno）」を受賞した。

翌一八七六～七七学年度の学習態度は、十一、十二月が二七点、一月が二四点で以降は記入がない。生活態度も最初の十一月に満点の記載があるだけで、後は空欄である。学年末試験では、イタリア語・イタリア文学は筆記・口述ともに一八点、歴史は二一点、算数の筆記二四点、口述一八点、運筆二七点、人物画満点であり、「素描術の一等賞」を受けた。

一八七七～七八学年度は生活態度の記載がまったくないものの、学習態度は十一、十二月二一点、一～四月二四点、五、六月が二七点と次第に評価を上げている。この年にはフランス語も勉強しはじめた。学年末試験ではイタリア語・イタリア文学は筆記試験が二四点、口述試験が二七点、算数の筆記二四点、口述満点、フランス語筆記二六点、口述二七点、人物画満点であり、勉学の二等賞、素描で第一級（1°grado）の特別賞を受賞した。

一八七八～七九学年度は、学習態度の記載はないが、生活態度は八ヵ月すべて満点である。この年は学年末試験を受けた形跡はないものの、「油彩画に於いて（per pittura ad olio）」「特別賞に値する（Meritevoli di un premio speciale）」と評価を受けている。

その後、佐々木の勉学記録は残されていない。しかし『内部生徒』は、「語学の特別コース」から「美術学校入学に備える素描のコース」に彼が専攻を変え、「一八八一年五月十二日に学校を去った」と記述している。また、一八八一年九月に美術学校を卒業して日本に帰国したという。[54] おそらく、国際学院と併行して美術学校に在籍したのであろう。歴史家リーア・ベレッタ氏は、佐々木の子孫の許に、一八七七年に授与された国際学院のメダルが残っており、その箱の内側には、王立アルベルティーナ美術学校（Accademia Albertina）の名前が書かれているという。[55] 筆者の調査では、アルベルティーナ美術学校の卒業生のなかに佐々木の名前を見出すことはできなかった。残る可能性は第一美術高校（Primo Liceo artistico）である。

帰国後　帰国四年後の一八八五年、佐々木は小石川にあった東京帝国大学理学部植物学教室に、掛け絵画工として雇われた。一八八八年四月十七日、佐々木は同教室を転出し、第一高等中学校に教諭として迎えられる。[56] 翌一八八九年二月下旬に本多《ほんだ》錦吉郎《きんきちろう》、松岡壽《まつおかひさし》、松井昇《まついのぼる》、小《こ》山正太郎《やましょうたろう》、長沼守敬《ながぬまもりよし》、柳源吉《やなぎげんきち》、浅井忠《あさいちゅう》らが明治美術会の創立を企画すると、四月九日に開かれた初めての相談会に佐々木は出席し、同会の発起人としてその創立に関わった。[57]

一八九四年に第一高等中学校を辞した佐々木は、三年後、図画教員の免許を取得し、石川県尋常中学校教諭として金沢に赴任した。一八九九〜一九〇〇年には石川県師範学校の教員を兼務し、一九一一年に尋常中学校を依願退職するまで、石川県の洋画教育と画壇の振興に大いに力を尽くした。(58)

コラム②

川村恒三、大橋淡、平元弘——秋田の蚕種商人たち

蚕種貿易の盛衰　本コラムおよび次のコラム③に扱う四人の留学生は、幕末明治初期に日伊交流の中心的役割を担っていた蚕種貿易に関わる人物であるため、まずその点について概略をまとめておく。

蚕種貿易については、日本では古く藤本實也氏が『開港と生糸貿易』(59)で触れており、近年では丑木幸男氏が研究を進めた(60)。また、イタリアでは、ピサ大学文学部教授のクラウディオ・ザニエル氏が多くの論文を発表している(61)。加えて、二〇〇一年の「日本におけるイタリア年」の一環として、群馬県の「日本絹の里」で開催された「明治初期の日伊蚕糸交流とイタリアの絹衣裳展」は、初期の日伊交流に光を当てる重要な機会であった(62)。

ヨーロッパの養蚕業は、南フランスと北イタリアを中心に発達したが、一八四〇年から蚕の微粒子病が蔓延し、ヨーロッパの蚕はほとんど全滅する。フランス政府は、この分析と予防を細菌学者のパストゥールに委嘱し、彼が無病の蚕を採取する方法を一八六七年に考案する。しかし、解決法が普及する一八七〇年までの約三〇年間にわたり、ヨーロッパは健康な蚕種を他の地域に頼る必要があった。当初は中東、ついで中国から蚕種を輸入した彼らは、開港直後の日本に眼を向けた。日本からの蚕種紙輸入の最盛期は、維新前の一八六五年である。

丑木氏は、蚕種貿易の特質に関して、

慶応元年［一八六五］をピークとして、それ以降、ヨーロッパへの蚕種の輸出は少なくなっていくのですが、これが生糸の輸出と大きく違う点なのです。生糸は、日本の最大の輸出商品としてアメリカやヨーロッパなどへ、その後も継続して輸出されます。しかし、蚕種は、たまたまヨーロッパで病気がはやり、蚕種が生産できなくなったために、その補充として日本からの輸出に頼りました。ですから、ヨーロッパで蚕種の生産が回復すれば、日本の蚕種はいらなくなります。日本の蚕種業は開港後、隆盛を迎えましたが、それは一時的な現象であったのです(63)。

と述べる。イタリア人を中心としたヨーロッパからの買い付けが下火になると、国内の蚕種業者は、自ら蚕種を携えてイタリアに渡り売り捌く直輸出《じきゆしゆつ》を試みた。その嚆矢が長野県出身の大谷幸蔵《おおたにこうぞう》であったが、彼は蚕種業者の集中していた群馬、長野、秋田、福島、山形の各県で蚕種の輸出を奨励した(64)。

大谷に次いで直輸出に着手し、最後まで善戦したのが、秋田の川尻組《かわしりぐみ》であった。川尻組の頭取川村永《かわむらえい》之助《のすけ》（一八四一 秋田〜一九〇九 秋田）は当時、横浜商人鈴木《すずき》保兵衛《やすべえ》を通じて商いをしていたが、次第に鈴木に不満を募らせ、直輸出を企てた。そのため一八七八年、息子川村恒三《つねぞう》（一八六三 秋田〜没年地不詳）と、慶應義塾出身で外国語に堪能な秋田中学の教師大橋淡《おおはしあわじ》（一八五一 横浜〜没年地不詳）を語学研修、および出張所開店準備のためトリノに派遣した(65)。後に永之助自身もイタリアに渡り一八八一年に出張所を開いたが、前述の理由から経営は思わしくなく、一八八五年にトリノ出張所を引き上げることになる。

大橋淡　大橋淡（イタリア語史料ではOhasi Auasi）は『内部生徒』一二二一番に登録されている。一八五一年、カラク（Cuaracu）を父に、イセ（Ise）を母として和歌山で生まれ、一八七九年一月十六日、二十七歳で「商業特別コース（Corso speciale di Commercio）」に登録した。記録では、誰の推薦も受けていない。

「特別コース（Corso speciale）」を一八八〇年七月十六日に終了し、その後「秋田川尻養蚕会社（Società Bacologica Akita - Kawagiri）の代理店をトリノに開いた」と記されている。これはまさに永之助が企画した川尻組トリノ出張所のことである。「入学時の学力程度」は「英語の基礎知識があり、算数は三〇点満点」であった。

一八七八～七九学年度二月以降の生活態度はすべて三〇点満点、学習態度は二、三、五月が二七点で、四月は二四点、六月は二五点であった。さすがに慶應義塾を出た人物らしく、学年末試験ではイタリア語イタリア文学の筆記・口述・作文、および算数の筆記・口述すべてで三〇点満点を獲得し、その年の「勉学の名誉言及」を得た。[66]

翌一八七九～八〇学年度も、生活態度はすべて三〇点満点、学習態度は十一月が二五点、十二月と一月が二七点、二、三、六月が二八点、四、五月が二九点であり、学年末試験はイタリア語イタリア文学の口述試験のみ受験して、三〇点満点を獲得した。

デ・グロッシの史料では、「上級商業および養蚕業の課程（Corso di commercio superiore e bachicoltura）」に籍を置いたことになっている。[67]国際学院を去った後で川尻組出張所経営に奔走した大橋は、一八八三年七月に帰国する。[68]

川村恒三　大橋と同時に国際学院にやってきた川尻組経営者川村栄之助の息子、十五歳の恒三は『内部生徒』ではKawamura Tzunè と記され、一八六三年に栄之助とTzunà の息子として秋田に生を受けた。秋田を出発し、一八七九年一月十六日に「商業特別コース」に登録し、一八八一年六月三十日に

「特別コース」を終了している。「入学時の学力程度」は「母国語である日本語の読み書きができ、他の勉強はしていない」と書かれている。

一八七八〜七九学年度二月以降の生活態度は六月が三〇点満点、二月から五月までは二八点である。学習態度の評価は概して低く、二、四月が一七点、三月は一六点、四、六月は一八点であった。しかし、学年末試験では少し頑張り、イタリア語イタリア文学の筆記は二四点、口述が二八点、作文が二〇点、算数の筆記二一点、口述二四点であった(69)。

翌一八七九〜八〇学年度の生活態度は十一月から一月までが二八点、その後はすべて三〇点満点である。学習態度は十一月が一八点、十二月が一九点、一月が二〇点、二月から四月が二四点、五月は二一点であった。学年末試験はイタリア語イタリア文学筆記は二三点、口述が一九点、作文が一八点、算数の筆記二一点、口述二四点、この年のみ受験した経理は筆記一九点、口述二九点であった。「一八八一年七月にはイタリア語の特別賞が相応しいとされ、一八八五年二月に川村氏が帰国するときには、当校理事会は彼を日本帝国における代理人に指名した(70)」。

平元弘　平元弘《ひらもとひろし》（一八四五　秋田〜一八九七　秋田）は、『内部生徒』一七三番に Kiramoto Kirossi と記され、タダシまたはタダジ（Tadasi）を父として一八四七年に秋田で生まれたことになっている。前のふたりの到着から三年後の一八八一年十一月に横浜を出帆したと考えられ(71)、翌年二月十六日、日本人として最年長の三十六歳で国際学院の「イタリア語特別コースと商業予備コース」に学籍登録した。「入学時の学力程度」は「ヨーロッパ言語はどれも知らない。日本語の読み書き以外の勉強はしたことがない」と認定された。「受賞者名簿」では一八八一〜八二学年度と一八八二〜八三学年度に「名誉言及」を受けている。[72]

士族の出であった平元は、その漢文の素養をよく示す日記を残しており、一八八三年六月十日に行なわれた授賞式の様子を次のように叙述した。

> 午前学校ニテ昨年試験賞典ノ式ヲ行フ　諸学校長ペーヘロン氏臨席アリテ先ツ校長賞典ヲ行フノ演説畢リテ賞品ヲ初度ヨリ三等まで順次付與セリ　其品ハペーエロン氏手ツカラ各生徒ニ授與セリ　一等ハ金円ノ貨ノ如キ物ナリ　二等ハ銀ナリ　三等モ褒詞状ナリ[73]

前述のように、川尻組はトリノに出張所を開店したが、国際学院との緊密な関係を示す一例が、次に引くデ・グロッシの言葉である。

> 今、これらの外国人が我が町の商業に特典をもたらすことは、多くの生徒がトリノで委託によって購入した品物が帰国後［に持った］価値と、日本の秋田、川尻組とによって証明されている。後者は、蚕種販売のために拠点をここに設け、我が国の蚕種業者が商品売買のために長い旅をする費用と煩雑とを取り除き、他国や仲介者に課徴金を払わずに、我が国の州に本物の蚕種を供給することを可能にしたのである。
>
> 大橋、川村の両氏は学院に生徒としてやって来て、彼らの販売拠点は開店し、成熟し、その機能を果たしたのである。そしてすでに後二人の日本人、平元と田嶋氏が、言語と簿記を学び、前任者を引き継ぎ、またはピエモンテ地方に支社を出すために、学院にいるのである。[74]

しかし、この出張所は前述の通り、一八八五年に閉鎖を余儀なくされる。平元は一八八六年末にトリノを出発し、翌年二月三日に横浜に到着した。その帰国に際し、当時まだ麹町区隼町に住んでいた佐々木三六を尋ねた可能性が指摘されている(75)。

秋田の三人組にとって国際学院での在籍は、あくまでも川尻組の出張所をイタリアに開き、落ちかけた蚕種の販売を盛り返すための手段であった。イタリアで順調に商売を行なうための道具として、語学が要求された。語学習得は多くの場合、このような形を取るが、大橋を除いて残りのふたりが井尻のレヴェルには達することはなかったように思われる。それも、すべて蚕種貿易の衰退とともに、根本的な存在理由を失ってしまった。

コラム③

田嶋啓太郎——群馬県境町のカトリック蚕種商人

島村勧業会社　川尻組と並んで直輸出に積極的に取り組んだのが、現在の群馬県境町《さかいまち》にあたる島村《しまむら》の蚕種業者が設立した島村勧業会社であった。三井物産会社の援助（実際のリスクはすべて三井が負った）によって島村勧業会社は、合計四回の直輸出を行なう。最初の二回は蚕種を日本から持ち込み、イタリア各地で売り捌いた後、日本に帰国した。

第一回目は島村勧業会社の田島信《しん》、田島弥平《やへい》、田嶋弥三郎《やさぶろう》の三人がイタリアに向かった。一八七九年十二月十二日に横浜を出航し、アメリカ大陸を横断して大西洋からフランス経由イタリアに行き、翌年二月二日にミラノに到着した。三万枚に及ぶ蚕種紙を売り捌いて、五月二十二日にイタリアを発ち、七月十六日に故郷の島村に帰着した。彼らは、世界一周を行なった最初の群馬県人となった。この間、田島信は一八八〇年三月二十一日にトリノ国際学院を訪れて、校長デ・グロッシと会った。学院の建物について次のように述べている。

　后一時万国共立学校校長テグロッツシ氏ニ謁ス、酒ヲ馳走サレテ別ル、学校ノ築造至テ狭小ナル造営ナリ[76]

このときの会見が、後の田嶋啓太郎の短期留学につながったのであろう。

第二回目の渡伊は、田島武平と田嶋弥三郎が往復ともインド洋経由で行ったが、商品の蚕種紙は商品の生理を害さないためにアメリカ経由で別送した。彼らは一八八〇年十一月二十八日に横浜を出帆し、翌年六月二十四日に帰国した。

二年間のイタリア滞在　これに対して、第三回と第四回の直輸出は田嶋弥三郎の長男啓太郎《けいたろう》（一八五四　高崎～一九三七　栃木）が中心となり、三年間イタリアに滞在してイタリア語を学ぶとともに現地の養蚕状況を調査することになった。彼は一八八二年一月六日にミラノに到着し、蚕種紙販売を開始した。啓太郎は販売終了後もミラノに残り、翌年一月十日に日本から次の蚕種が届くまでの間、トリノの国際学院で学ぶことになったのである。

『内部生徒』一七九番に登録された田嶋の記録は、名前が誤っていて、苗字はTagimaで正しいが名前が欠けているうえ、父親の名前がGun maken（群馬県）となっている。しかも、出生地は「秋田」と記されている。彼は蚕種販売を終えてかなり時間の経った一八八二年六月三日に、国際学院の「イタリア語特別コース」に学籍登録し、同年八月三日に「特別コース」を終え「ず」に学院を去っている。彼の在学は、ほとんど夏季休暇中の二ヵ月だけということになる。しかし、六、七月の生活態度は二ヵ月とも三〇点満点、学習態度は二ヵ月とも二四点であった。学年末に啓太郎（Cheitaro）は「名誉言及」の賞状を受け、それは今でもご子孫の許に保存されている。冬から春に掛けては蚕種の販売期にあたり、数少ない書簡も居を構えていたミラノで認《したた》められているから、トリノに行くのは稀なことであったと考えられる。たとえば、一八八二年十一月十日から十二日まで、汽車でトリノに赴き、大橋淡の家に泊まって平元らと遊んでいる。「学校へ往キ」とあるから、国際学院にも顔を出したと思われる。

本来は三年間の滞在予定であったが、イタリアの蚕種情勢が変化し、損失が増え、また父親の弥三郎が重病を患ったために、予定より早く一八八三年に帰国した。父の逝去後、啓太郎は弥三郎を襲名することになる。[77]二年間、イタリアで生活した啓太郎は、留学先の習慣に倣って夫人を大切にし、カトリックに改宗した。後に栃木県西那須野町に開拓者として移住する。西那須野町におけるキリスト教の普及は、まさに啓太郎の業績である。[78]

第二章　緒方惟直

万博のフランス語通訳となり、国際結婚をした洪庵の息子

緒方惟直（一八五三 大坂〜一八七八 ヴェネツィア）

幕末の奥医師《おくいし》緒方洪庵《おがたこうあん》の第十子。横浜の仏蘭西《フランス》語伝習所に学び、一八六七年にパリに短期間渡航、ついで一八七三年にウィーン万国博覧会に通訳として参加する。一八七五年四月にトリノ国際学院に入学、翌年六月にヴェネツィアに移り、商業高等学校で日本語を教授。マリア・セロッティと結婚し、娘エウジェニア豊《とよ》を授かる。一八七八年四月四日ヴェネツィアにて死亡。

1　出生から三度目のヨーロッパ出発まで

出　生　幕末の著名な奥医師《おくいし》緒方洪庵《おがたこうあん》の息子惟直《これなお》（図2-1）は、前章で述べたように、日本人として四番目に国際学院に到着した。緒方惟直は一八五三年九月十二日、洪庵の第十子として大坂に生を受け、五日後に十郎と命名された[1]。第十子であるが、先に生まれた九人兄姉のうち四人はすでに夭逝《ようせい》していた。十郎が九歳の一八六三年三月九日、母八重《やえ》と子供たちは、第十四代将軍徳川家茂《いえもち》の奥医師として一足先に旅立った洪庵の後を追って江戸に向かう。同年六月十日、父洪庵は喀血《かっけつ》に伴う窒息死により世を去る。

2-1　ダッフルコートの緒方惟直（国際学院の制服か），年代不詳，個人蔵

パリへ　一八六五年四月一日、幕府は横浜に仏蘭西《フランス》語伝習所（Collège français-japonais）を設けた。ここに、十郎は一八六六年末、十三歳で入学し、この全寮制の学校で徹底したフランス語教育を受ける[2]。次いで同校では、優秀な生徒をフ

ランスに留学させることになり、そのひとりに選ばれた十郎は、翌一八六七年十一月にパリへ到着する。しかし、彼の出発後になされた大政奉還とその勅許の後、王政復古が宣言され、幕府からの奨学金が途絶えた十郎は、一八六八年六月二十五日に帰国した。十郎の初めての渡欧は数ヵ月の短いものであったが、彼の心に強い情熱を植え付けたようである。それを証拠に、惟直はその後二度もヨーロッパを訪れ、ついにはそこに骨を埋めることになる。

翌一八六九年五月一日、大阪舎密《せいみ》局の開校時に学籍登録した四人の生徒のなかに、十郎の名前を見出すことができる。しかし、この舎密局は一年という短命に終わった。

ウィーン万国博覧会へ　一八七〇年、兵部省兵学校准大得業生《とくごうしょう》となった惟直は、翌一八七一年七月、騎兵科教授に抜擢された。一八七二年六月には東京勤務を命じられ、十二月にウィーン万国博覧会事務官随従に転任、「事務局御雇」の身分で「仏語通弁及翻訳」として活動した。この頃、名を惟直と改める。一八七三年一月三一日、惟直は一行とともに横浜を発ち、三月二十二日、ウィーンに到着した。万国博覧会での任務を終えると、同年十二月におそらくヴェネツィアを発ち、翌一八七四年二月に帰国した。

2　国際学院の惟直

イタリアへの関心　惟直の興味がフランスからイタリアへと向かった理由の一つが、前章で述べた日本政府のイタリア語学校への関心である可能性は高い。駐日公使を通じて、イタリア外務省がこれを後押ししている。加えて、国際学院に関する具体的な情報元として、惟直とともにウィーン万国博覧会に参加し、その後「技術伝習生」として国際学院でイタリア語を学んだ、前述の円中文助《まるなかぶんすけ》の名を挙げることができる。[3] 万国博覧会における職務は異なっても、日本の将来を憂うる青年同士、円中と惟直が話をした可能性は十分考えられよう。

国際学院は、惟直が横浜で通った仏蘭西語伝習所と同様、全寮制の学校である。毎日あらゆる時間を当該言語のみで話すことによって、語学習得の目的は短期間に優れた効果を挙げることを、惟直はよく知っていたはずである。惟直は、新しい時代には外国語が不可欠であることを身を以て理解し、この本で語る留学生のなかで、日本にいるうちから最もそれに備えた人物であることは間違いない。

国際学院への入学　クインティーノ・セッラ高校に残る国際学院の史料のうち、『内部生徒』第一巻五九頁は、惟直のトリノ留学の詳細を伝えてくれる。彼は一八七五年四月二十二日に、外国人向けの「商業と言語の特別コース（Corso speciale di Commercio e di lingue）」に登録した。[5] 年下の先輩井《い》尻《じり》儀《ぎ》三郎《さぶろう》がフェ・ドスティアーニ公使の、円中文助が中山讓二ヴェネツィア総領事の、そして佐々木三六《さんろく》が中島才吉ミラノ総領事の推薦を受けたのに対して、緒方のその欄には誰の名前も書かれていない。

しかし、一八七五年二月十九日の『ピエモンテ新聞』は、同日日本から出発した中島ミラノ総領事が、トリノ国際学院に若者数人を連れてくると伝える。(6) 時期的に考えて、この「若者」が佐々木三六と緒方惟直のふたりであることは間違いない。また、第一章で述べたように、理事会議事録は名前こそ挙げていないが、緒方の到着が待たれていることを二ヵ所で記す。最初の議事録が一八七四年二月二十八日であることを考えると、緒方がウィーン万国博覧会から帰国した同じ月に、緒方派遣の知らせがフェ・ドスティアーニから国際学院に伝えられていたことになる。前述のように、円中を通じて万国博覧会開催中に、彼の決心がなされた可能性が高い。(7)

また、「旅の間に病気に罹ったもうひとりの日本人」、すなわち緒方が「直近の情報によると今月末に到着するであろう」と、一八七五年四月十五日の議事録は伝えている。(8) 同月二十七日の寮費納入記録によると、緒方は一二五〇・五〇リラを払い込んでいる。井尻と佐々木より多いこの金額は、イタリア外務省から振り込まれたものと考えられるが、それを証明する書類は現存しない。

「入学時の学力程度」は、「日本語とフランス語を話し、書くことができる。算術と代数の知識がある。イタリア語は全く知らない」と認定された。当時入学した日本人がほとんど日本語の読み書きしか知らなかったのに比べると、二十一歳の惟直の教養は抜きん出ており、後に示す彼の葬儀の弔辞で「教養高いこの好青年」と呼ばれたことが単なる世辞でなく、事実に基づくことがわかる。

勉学態度の評価は一八七五年五月が三〇点満点中二八点、翌月が満点で、学年末試験はイタリア語イタリア文学の筆記・口述共満点、作文も満点、フランス語筆記試験二一点、口述二八点、運筆二七点、風景画二七点を獲得した。たった二ヵ月の勉学の結果、惟直は「勉学態度における名誉言及」を授けられた。[9] 仏蘭西語伝習所で学んだ割には、フランス語の成績は振るわなかったように思われる（二一点はぎりぎりの及第点である）が、全体としては井尻に次ぐ素晴らしい成果を挙げている。

一八七五～七六学年度　翌学年度は十一、十二月の勉学態度が二七点、一～四月が二一点、五、六月が二〇点と次第に評価が下がっている。それでも六月に行なわれた授賞式では名前が挙がっている。一八七六年六月十九日の『ピエモンテ新聞』は、前日に行なわれた国際学院の授賞式について報告し、商業コースで銀メダルを受けた学生のひとりとして「東京出身の緒方惟直氏」を挙げる。[10]『内部生徒』は惟直が一八七六年六月三十日にコースを終了せずに国際学院を去ったと告げる。[11] しかし、後述するように、彼がヴェネツィアに到着したのは六月十九日であり、トリノの日付との間に齟齬がある。どちらにしても、学年末試験を受けたのは「風景画」のみで三〇点を獲得、「一等賞」を授与された。

国際学院には「領事職予備、軍事予備課程」も存在したが、後にヴェネツィア商業高等学校で「領事科」に在籍することになる惟直が、国際学院でその学科に籍を置くことはなかった。日本におけるイタリア語習得の需要とこの事実を勘案すれば、他の日本人留学生と同様、惟直が国際学院に留学した主な目的がイタリア語の習得にあったことは容易に推測できよう。

3　ヴェネツィア商業高等学校への転校

ヴェネツィアへ　一八七六年六月二十日の『ヴェネツィア新聞』は、「商業高等学校　東京の本紙特派員が報道した通り、我が商業高等学校に入学するため若き日本青年緒方惟直氏が昨日ヴェネツィアに到着した」と報じた。(12) ここでいう「東京の本紙特派員」とは、ヴェネツィア在住のグリエルモ・ベルシエ（Guglielmo Berchet 一八三三　ヴェネツィア～一九一三　メストレ）を指すが、当時の『ヴェネツィア新聞』はベルシェが東京駐在であるかのように装って、彼が日本総領事館で収集した情報を掲載していた。同紙は、それまでも岩倉遣欧使節をはじめとする日本人のヴェネツィア到着を「街のお知らせ」欄で報じているが、(13) 政府要人でもないひとりの外国人青年の到着を扱うのは、きわめて異例のことである。

吉田要作と緒方惟直　惟直はトリノ到着後、横浜で同じ仏蘭西語伝習所に通い、在日本イタリア公使付通訳を務めた後一八七三年からヴェネツィア商業高等学校で日本語を講じていた吉田《よしだ》要作《ようさく》に連絡を取ったであろう。吉田は、惟直の父洪庵の適々斎塾《てきてきさいじゆく》（適塾）出身でもあり、正院から自らに帰国命令が下ったときに、すでにヴェネツィアにいた川村清雄《かわむらきよお》（一八五二～一九三四）ではなく、トリノ留学中であった盟友惟直を自分の後継者として呼び寄せた可能性が高い。

また吉田は、岩倉遣欧使節がヴェネツィアを訪問して以来、日本総領事館付で仕事をし（後に名誉領事）、『ヴェネツィア新聞』に寄稿していたベルシェと懇意であった。ベルシェ自身は、後に惟直の面倒をよく見て、後述のようにその死後には墓碑建設を進めた人物である。この吉田―ベルシェの線を通じて、ヴェネツィア新聞社に惟直の到着が伝えられ、記事として報じられたと考えるのはあながち間違いではあるまい。

惟直と吉田要作の関係を考えると、吉田の下宿に緒方が転がり込むことも十分可能であったが、そこにはすでに惟直より四ヵ月早く、同年二月にパリから到着して美術学校で学んでいた画家川村清雄が居候をしていた。(14)川村については次章で詳しく述べるが、アメリカ、パリと滞在を重ね、海の都に到着してからは持ち金もほとんど底をついていた川村を、恩師の子でもある旧友緒方が到着したからといって、吉田は無碍《むげ》に追い出すことができなかったのであろう。(15)惟直は一八七六年のおそらく十月に、帰国する吉田要作（日本帰着は一八七七年一月六日である）の跡を襲って日本語教師に就任する。(16)

4　ヴェネツィア商業高等学校とその日本語コース

ヴェネツィア商業高等学校　ここで、ヴェネツィアに留学した日本人学生の活躍の舞台ともなった、ヴェネツィア商業高等学校とその日本語講座について述べておこう。明治維新と同じ一八六八年に、ヴェネツィアの文化経済的沈滞を払拭するために設立されたヴェネツィア商業高等学校は、現存するカ・フォスカリ大学の前身である（図2-2）。十一世紀に起源を持つヨーロッパ最古のボローニャ大学などと比べるとその歴史は浅いが、トリノの国際学院と同じく、イタリア王国統一後に元の一国の首都から一地方都市となって重要性を喪失した都市を活性化するために計画された、十九世紀の都市振興策の一環として開設された。

一七九七年、ナポレオンの侵略によって一三〇〇年を超える歴史を持つ共和国が瓦解した後、一八一五年のウィーン条約により、ヴェネツィア市はオーストリアの支配下に入る。一八六六年の普墺《ふおう》戦争で、プロイセン側に付いたイタリア王国は、ヴェネト地方をオーストリアから奪還したが、王国の首都がトリノ、フィレンツェと変遷するなかで、ヴェネツィアは共和国時代の求心力を取り戻すことができずにいた。ヴェネツィアは「過去数世紀地中海を放棄したが、欧亜経済交流の舞台に立ち返るべく」商業高等学校の設置が検討された(17)。アントワープやミュールーズの商業学校に倣った同校の設置は、一八六九年の開通を目指すスエズ運河建設を契機として、ヴェネツィアが地中海世界の覇権奪回を志向した動きの一つとして理解される。

日本語コースの設置　ヴェネツィア商業高等学校では、英仏独語のほか、東洋語としてトルコ語とペルシア語が講じられていたが、一八七一年の『学校のニュースと情報』では、すでに日本語と中国語コース設置の可能性が議論されている。[18] これが実現するのは、岩倉使節団にイタリアを案内した駐日公使フェ・ドスティアーニ伯爵の功績による。[19] この講座は公使の発案に基づき、一八七三年十月二十九日に開かれた商業学校教授会で急遽決定された。翌三十日の『ヴェネツィア新聞』は、次いで「授業は来たる十二月一日に開始され、教壇には東京のイタリア公使館職員であった教養溢れる日本人が上るはずである[20]」と伝えるが、この「教養溢れる日本人」とは、フェ・ドスティアーニの通訳吉田要作のことである。この事実は、二〇一六年の調査で発見された商業高等学校理事会長デオダーティの農産商務大臣宛書簡でも確認できる。史料は次のように述べる。

　理事長は、理事会が「イタリア、特にヴェネツィアで痛感されている日本語を学ぶ機会を若者たちに提供する必要性から、また東アジアの国々とイタリアとの貿

2-2 ヴェネツィア商業高等学校の置かれていたフォスカリ宮（*La regia Scuola Superiore di Commercio in Venezia, Notizie e documenti presentati dal Consiglio direttivo della Scuola alla Esposizione Internazionale di Torino 1911, Istituto Veneto di Arti grafiche, Venezia 1911* より）

易拡張がそれにかかっていることに鑑み」、日本語を教えるコースを創設することを決めたこと、そのために年六〇〇〇リラの予算を割り当てることを通知する。選ばれた教授の任命は「しかるべき承認を経て」別便で通知されることになろう。(21)

「別便」では、「日本駐劄イタリア公使館通訳、現在ウィーン万国博覧会の日本委員付のY・吉田氏を日本語の教授として」提案している。これに対して農産商務大臣は、六〇〇〇リラの予算のうち、給与に当てられる具体的な額と吉田氏の下の名前を問い質した。(22)

開講　日本語コースの開講予定日は一八七三年十一月二十九日で、授業は木曜日と日曜日を除く毎日夕方定刻に行なわれる予定であった。(23) フェルラーラ校長は開講式の予告をヴェネツィア紙上に掲載し、「我が国王陛下付の日本国特命全権大使佐野常民《さのつねたみ》氏と駐日イタリア公使フェ・ドスティアーニ伯爵の参加が予定されている」こと、そしてこの講座の導入が駐日イタリア公使の功績であることを明言した。開講式は、予告通り十一月二十九日に盛大な「公の祭典のような規模をとって」行なわれた。(24) 少々長いが当時のヴェネツィアにおける日本への関心の高さを知るために、記事の全文を引用しよう。

日本語講座開講式

予告した通り、昨夜我が商業高等学校において、この講座の開講式が厳粛に行なわれた。この開会式に華を添えたのは、我が王宮付日本全権公使とすべての公使館員、ヴェネツィア総領事館員、駐日イタリア公使閣下、欠席した知事代理の王国議会議員、市長、市議会議員数名、商業学校校長、理事達、教授達全員、教育委員長、その他教育関係者だった。

できごとの珍しさと、ヨーロッパの主要な都市で望まれ、導入されつつあるこの言語の教育に対する関心の高さ、特にヴェネツィアにとって我々の祖先が大いなる特権を伴って先鞭を付けた道を再度獲得できる手段を若者達に与えるその教育に対する興味の深さのため、コンメンダトーレ勲章佩勲者ブラジルのガルチェス氏を始めとする数々の公使たち、立派な淑女たち、そして数多の有名な客人が参加した。

壇上には日伊両国の国旗が交差して飾られ、イタリア国王と日本国天皇・皇后両陛下の御影が置かれていたので、式典の意味が理解できた。

コンメンダトーレ勲章佩勲者フェルラーラ校長が、日本にある天皇陛下の通訳養成学校の最優等生の一人、江戸出身の新任教師吉田要作氏を紹介した。

フェルラーラ氏は望み得る最上の紹介を行なった、つまり次のような素晴らしい演説を行なったのである。紙幅の都合上その全文を紹介できず、一部の印象を伝えるだけで満足せねばならないのは誠に残念である。

校長が言うには、これから始まる教育の新しい枝は本来学校の小さなできごとに過ぎなかったかもしれない。しかし、実際には公式な祭典のような規模を取り、著名人の参列者が華を添えた。校長はこの事実を、「日本で起こりつつある」偉大な経済発展を特徴とし、人類の発展段階を表す穏やかな変革のなかで説明した。日本はつい最近まで世界中でほとんど知られておらず、不当に評価されてきた。素晴らしいできごとがこの国を文明世界へと解き放ち、それは双方にとって大きな驚きであった。日本人は我々と関係を結ぶ価値を認め、他方我々は、独自の芸術、科学、文学を持ち、羨むべき知性と飽くなき知識欲、そして真摯な仕事への疲れを知らない愛情を兼ね備えた民族を彼らのなかに見出した。日本に素早く新しい姿を与えたあの幸運な改革のため、我々が持つこの印象はたった数年の間に巨大になり、常に明確に進化を続けている。

雄弁なフェルラーラ氏は次いでこの新しい状況を語り、産業経済に話を限って、例として、五年前にはこの国の米の輸入額が二〇〇万リラに満たなかったのに、一八七〇年には四五〇〇万リラに達したことに言及した。砂糖の輸入も三年間に一七倍に増大し、原綿の輸入は五倍になった。彼が言うには「唯一減少したと見られる輸入は戦争の兵器であり、それに関して私は日本に称賛の言葉を送りたいと思います」。

同様に氏は、絹、漆器、青銅、鋼鉄、磁器、宝石、七宝《しっぽう》、絨毯《じゅうたん》、天幕、ガラス、和紙、墨、顔料など称賛に値する日本品の輸出にも触れた。

通商の問題には広く触れた。すなわち、今日日本が我々に提示している問題は、文明社会に新たに加わるあらゆる国家が経験したものと同じであると述べた。つまりそれは、我々が彼らから輸入するのに見合うだけ、我々の産品を輸入するように通商項目の帳尻が合うようにするという問題である。この問題を一朝一夕に解決することはできない。絶え間ない働き掛けが必要である。両方の民族が互いに近付き、親密に知り合い、ともに行動を起こすことが肝要である。移民、旅行、研究、資本投資、思想交流、これらが必要である。しかしそこには、人間同士の親密な交流の大前提となる、最も有効なある手段の使用が含まれる。それは、両国の言語の相互理解である。

日本人はこのことをいち早く察知したため、日本ではヨーロッパ言語の語学学校が異常な速さで増えている。ヨーロッパでもまた日本語の習得は普遍的な懸案となり、整備の行き届いた公的教育機関ではどこでもその講座が設けられようとしている。

氏は続けた「これほど強く感じられた必要に対して、我々は無関心でいられたでしょうか。当校の教授会はかなり前からこの需要に応えようとしていましたが、ある幸運な偶然によって、突然それが決定されました。我国の駐日公使フェ・ドスティアーニ伯爵、我国とその君主を代表すべく送られたあの国でその名を振興・高揚し、快いものにするにあたり、疲れを知らない見事な活動を展開したことに関してイタリアが多くを負っている伯爵自身が、ここに御紹介する若き教授吉田氏を差し出したのです」。

弁者は［次のように］演説を締めくくった。「私には教授会が決定した方策が有効かに関する人々の判断が、国王政府が行なってきたことに一致するかわかりません。皆さんが、そして栄えある睦人親王［明治天皇］陛下の公使佐野常民閣下がここにいらっしゃることは、我国民の考えを我々が汲み取り予見し得た、そして急いでそれを行動に移したことで不利益を被らなかったと期待させます。数多のイタリア都市が同じ希望を持っていたし、彼らが我々の先例を模倣して幸運を摑むとしても、それは我々の喜びです。しかし、我々は待つことはできませんでした。イタリアがヴェネツィアを持つという点で、日本語教育は喫緊の課題でした。というのも、アドリア海は東方貿易が展開・繁栄すべき海であり、そのアドリア海の通商を握る運命を担う者はヴェネツィア以外にありえないからです。我々はそのためのあらゆる意見の対立に立ち向かうことはできましたが、それをあえてしませんでした。しかし、この街の利益を忘れ去り、裏切ることだけは、決してできなかったのです」。

好感の持てる青年吉田氏はその後で、利発さと研究への懸念をその顔に覗かせつつ、緒言《しょげん》を発した。彼はフランス語で上手に演説を行なったが、その発音は極東の言語に特有の響きの良いリズムとあの韻律《いんりつ》を伴っており、全く異なる調和を持つフランス語の音には馴染まなかった。多大な好意と大いなる名誉を以て彼に委ねられた日本語講座を開講する前に、学校の理事会、イタリア王国政府、そしてヴェネツィア市に対して、初回の授業を栄えあるものにしようとする優しい励ましに感謝しなければならないと述べた。

彼は子供の頃からイタリアを、特にヴェネツィアを敬愛していたが、日本でこの町の名が昔から有名なのは、大胆不敵なその市民マルコ・ポーロの功績であると述べた(25)。

このような選ばれた聴衆の面前で普通は気遅れするものだが、小さいながらも有用な彼の研究室が両国の友好関係を奨励・強化するのに役立ち、皆に受け入れられてほしいという願いが、緒言を述べる必要からあらかじめ紙面に認《したた》めた考えを読み上げる勇気を、彼のなかに呼び覚ました。

彼は、今日、言語教育が持つ重要性とそれが人間関係の拡大および文明の発展に与える利点について触れ、その教育は両国民の相互理解と友情を容易にするだけでなく、物理的精神的な労力を省き、時空を消滅させると述べた。

彼は、特に日本語・日本文学に話を絞り、科学分野ばかりでなく日本文学の価値をも示した。それは最も高貴で高尚な様式から、最も華やかでうきうきするような様式まで、すべてに当て嵌まることであった。特に叙事詩の分野で日本は勝利を手にすることができるとして、彼は偉大な詩人紀貫《きのつら》之《ゆき》や京都宮廷の美しく優雅な女流詩人小野小町《おののこまち》に言及した。

この言語の学習は今日に至るまであらゆる種類の偏見のため禁止されてきた。その難しさが誇張され、日本語の文字は尽きせぬ謎のように言われてきた。現在国を支配する強力な君主が、寛大な施政で生活や物の動き、発達を改め、文明社会に門戸を開くまでは、その国民までもが蔑視されていたのである。

ここで吉田氏は細《こま》やかな心遣いから、イタリアが日本で評価されていることを示すために、ジェノヴァ公トンマーゾが日本で厳粛・丁重な歓待を受けたことを聴衆に思い起こさせた。

彼は言葉を継いだ。「しかし今や、日本語研究が進捗し、素晴らしい辞書や文法書、数多の書物が日本語の学習を単純容易にしています。私と一緒に勉強しましょう。ほんの少しの学習意欲と粘り強ささえあれば、一般に言われる日本語学習の困難は容易に克服できるのだと皆さんが確信するよう、私は願います。

今世紀はスピードの世紀と呼ばれ、何でも早く行なうことが尊ばれます。意欲に満ち溢れた若者たちが互いに競い合えば、短期間に目的を達成できるし、自分もそのために労力を集中したいと考えます」と述べた。

初めと同様、感謝の言葉で講話を締めくくり、同僚への丁重な謝辞を付け加えた。「自分はまだ弱輩であり、教職という困難な職業を先導する皆さんの助言と助力が必要です」と頼んだ。

次いで、自らの公使の方に向き直り、「ヴェネツィアで日本人達が受けている好意的な待遇を故国に知らせ、天皇陛下の玉座に向かって陛下が我が国でなさった恩義に心からの感謝の意を伝えてください」と依頼した。「故国はたとえ遠く離れていようとも、私の心の奥底に常に大切なものとして在り続けるでしょう」と。

この二つの演説は拍手喝采で迎えられ、それを以て祝典は幕を閉じた。この祝典は我が高等商業学校の記憶の中に必ずや永遠に残るであろう。

推　移　このようにして開設された日本語講座は四〇人近い生徒を集め、[26]功労者フェ・ドスティアーニは、再び日本に赴く前に突然この教室を訪れ、生徒の間に席を取って満足そうに授業を受けたという。[27]四月には、イギリス人ブラックにより二年前に創刊された日刊新聞『日新真事』が、商業高等学校日本語コースについて取り上げ、日伊交流に良い成果を生んで欲しいという日本政府の希望を『ヴェネツィア新聞』が伝えた。[28]

吉田要作は、翌学年度も授業を担当することを了承した。[29]彼の帰国後、教師の職は、本書で取り上げる緒方惟直、川村清雄、長沼守敬《もりよし》へと引き継がれ、紆余曲折はあるものの、現在も多数の学生を集めるヴェネツィア大学日本語学科へと発展していくのである。

吉田は本来フランス語の通訳であるし、当時イタリア語で書かれた日本語の文法書は存在しなかった。カ・フォスカリ大学の古文書館には、レオン・ド・ロニー（Léon-Louis-Lucien Prunel de Losny 一八三七～一九一四）がフランス語で書いた文法書と、二十三歳の馬場辰猪《ばばたつい》（一八五〇 土佐～一八八八 フィラデルフィア）が英語で著した文法書が残っている。[30]ともに一八七三年の刊行であり、ヴェネツィア大学図書館の目録番号の順番を考慮すると、図書館登録も同年になされたと推測される。

したがって、吉田はこの二冊の文法書のうち、どちらかを授業で使っていた可能性が高い。すでに引用した一八七三年十月三十日付理事長デオダーティの農産商務省大臣宛書簡で述べられたように、吉田は年間六〇〇〇リラを俸給としてもらっていたと考えられるが、[31] 後に留学生が教師になると、この俸給は減額されたようである。それがいつだったのかは明確にわからないものの、川村清雄の時には年二〇〇〇リラだったことは確実で、後述するように長沼守敬はそれを年三〇〇〇リラに昇給してもらった。

5　マリア・ジョヴァンナ・セロッティとの邂逅と愛

日本語教師としての緒方　一八七六年十一月、商業高等学校で領事科の生徒と日本語の教師を兼任する緒方の生活が始まった（図2-3）。商業高等学校の学籍記録は、国際学院のようには残っていない。一八七六年から一八七七年までの成績表と卒業者名簿にも、彼の名を見出すことはできない(32)。しかし、日本語教師としての側面については、吉田要作から長沼守敬まで四人の教師に日本語を習い、後にナポリ東洋大学（Istituto universitario l'Orientale di Napoli）で日本語を教えたジュリオ・ガッティノーニ（Giulio Gattinoni 生没年不詳）が、その著書『日本語文法（Grammatica Giapponese）』のなかで次のように触れている。

> 私は、日本語を勉強し始めた当初からその［文法］規則を見つけ出したいと考えていた。その規則をまとめれば、この言語に依然として欠けている小さな文法書とでもいえるものが、できるかもしれないからである。そこで、商業高等学校の日本語教師であった吉田要作氏の許で少しずつ［その規則を］集め始めたが、吉田先生に代わった緒方こりなお《ママ》氏の許で、それは初めて少し進捗を見せた。しかしながら、緒方先生が亡くなると一年間の中断があり、その間私は勉学を放り出し、その後の計画もすべて諦めざるをえなかった(33)。

ガッティノーニにとって、緒方は親身になって日本語を教えてくれた最初の先生だったようである。緒方を慕った生徒が数多くいたことは、後に引く葬儀の記事によっても明らかである。

ヴェネツィアのような小さな街に、短期間とはいえ吉田、緒方、川村の三人もの日本人が住んでいたことは、一時期王都であったトリノと比較しても、十九世紀後半としては驚くべき現象かもしれない。その点に、昔から東西貿易で栄え、ヨーロッパに初めて日本の存在を知らしめたマルコ・ポーロの出身地、東洋に開かれた街としてのヴェネツィアの性格が現れている。

パスポート（図2-4）の記述にある「四尺九寸五分」から判断して、日本を出発した当時の二十歳の緒方は一五〇センチメートルほどの小さな青年であった。この旅券は、年齢の記述や他に書かれている津田仙《つだせん》などの人物から考えて、ウィーン万国博覧会に出向いた際に発行されたものであるが、後に行き

2-3　シルクハットの緒方惟直，年代不詳，個人蔵

先がイタリアに変更されている。この後、惟直の背は少し伸びた可能性もあるが、当時としては普通の背の高さだったかもしれない。事実、川村も一五〇センチメートル代とさほど変わらないし、一八八一年に川村と入れ替わるようにして日本語を教えた長沼守敬も、一六〇センチメートルに満たなかったようである。

マリア・セロッティ「温厚寛容、才気煥発、学問を愛する」[34]惟直は、一八五五年生まれで二歳年下のマリア＝ジョヴァンナ・セロッティ（Maria - Giovanna Serotti　一八五五　パドヴァ～一八九〇　ヴェネツィア、図2-5）と知り合う。ご遺族に遺された写真で見る限り、マリアは世紀末美術が理想とした「宿命の女（femme fatale）」を思わせる影のある美しい人である。彼女との間に、一八七七年九月十日に娘エウジェニア豊《とよ》が生まれたことを考慮すると、[35]マリアとの邂逅は、惟直のヴェネツィア到着から晩秋までの間でなくてはならない。[36]

緒方はドルソドゥーロ二八三六番地に下宿を借り（図2-6は現在の様子）、マリアは同じ六分区[37]二八一三（図2-7も同様）に住んでいた。[38]ともに同じサン・バルナバ運河沿いである。彼らの家の近くには、現在でもヴェネツィア大学の学生たちの溜まり場となっているサンタ・マルゲリータ広場（図2-8）が

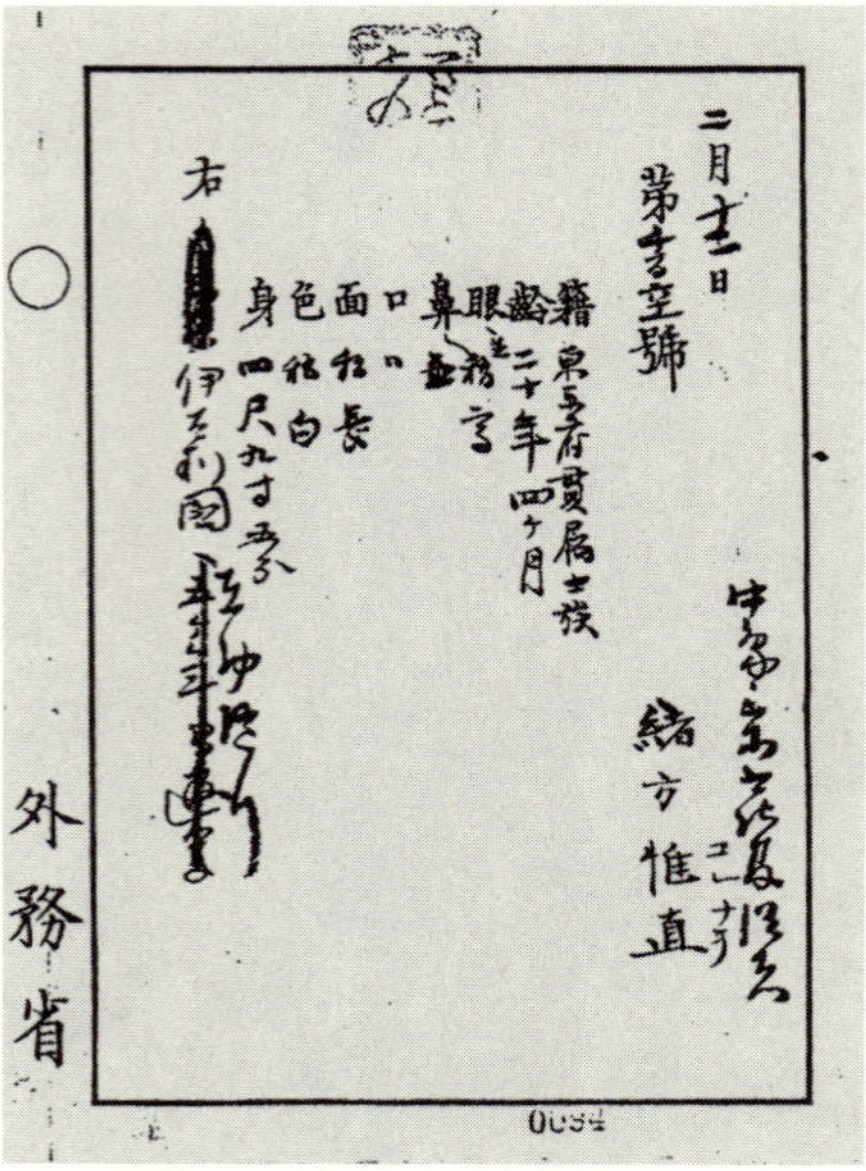

2-4 緒方惟直の旅券，個人蔵

2-5 マリア＝ジョヴァンナ・セロッティ，年代不詳，個人蔵

2-7 セロッティ家の現在の姿（筆者撮影）

2-6 緒方の下宿（Dorsoduro 2836）の現在の姿（筆者撮影）

2-8 サンタ・マルゲリータ広場（*Vecchie Immagini di Venezia*, Venezia 1966, p. 12）

ある。この広場や近くのカッレ（小径）、運河沿いでふたりは知り合ったのかもしれない。彼らの愛情は急速に深まり、その結果として翌年秋にエウジェニアが誕生した。

国勢調査の結果　二〇一五年の調査で浮上した私の疑問は、マリアがエウジェニアを身籠もった時点で、惟直がその責任を取るべく一八七七年四月一日に結婚を試みたのではないかということである。別府貫一郎氏の研究を基礎に、これまで彼らの結婚は、緒方の死の差し迫った一八七八年三月三十日であると考えられてきた。[39]

ところが、ヴェネツィア市立史料館（Archivio Municipale di Venezia）に収蔵される一八八一年十二月三十一日付の国勢調査結果によれば、マリアの父ヴィンチェンツォ・セロッティの家族票（Scheda di famiglia）の第三番セロッティ、マリアの未既婚欄、および職業欄に「既婚（conjugata）」「主婦（casalinga）」と書かれたものが二重線で消され、前者は「未婚（nubile）」と書き換えられている。「結婚日と場所（Data e luogo del Matrimonio）」に書き込まれた「ヴェネツィア、［一八］七七年四月一日（Venezia, 77 aprile 1）」も後に二重線で消去されている。これを記入したのはおそらくマリア自身、少なくともセロッティ家の人間であることは間違いがないから、この日付には信憑性があると考えられる。すなわち、マリアの懐胎が明らかになった時点で、惟直は彼女との関係を正式なものにしようとしたのではないか。

しかし、カトリック教徒と異教徒の婚姻は成立しないため、これが取り消された。エウジェニアは誕生とともに惟直の子として緒方姓を名乗ったが、彼らの結婚は市民法上成立していないため、セロッティ家の家族票を受け取った係官は、未婚のマリアと彼女を母親とするエウジェニアの戸籍上の齟齬を不審に思い、一八八二年三月十八日付で次のような質問を投げかけた。

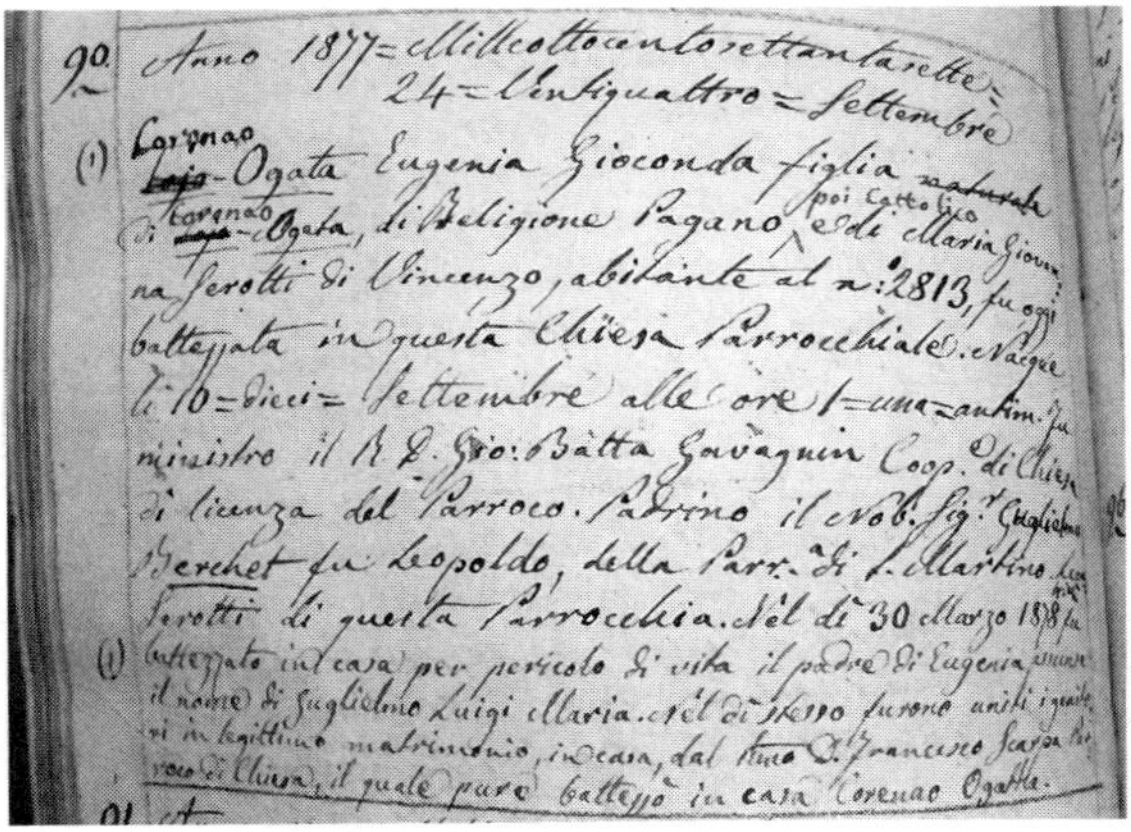
9o. Anno 1877 = Milleottocentosettantasette =
24 = Ventiquattro = Settembre
(1) Corenao Ogata Eugenia Gioconda figlia naturale
di Corenao Ogata, di Religione Pagano, poi Cattolico e di Maria Giovan
na Serotti di Vincenzo, abitante al n: 2813, fu oggi
battezzata in questa Chiesa Parrocchiale. Nacque
li 10 = dieci = Settembre alle ore 1 = una antim. fu
ministro il R. D. Gio: Batta Gavagnin Coop. di Chiesa
di licenza del Parroco. Padrino il Nob. Sig. Guglielmo
Berchet fu Leopoldo, della Parr. di S. Martino
Serotti di questa Parrocchia. Nel dì 30 Marzo 1878 fu
(1) battezzato in casa per pericolo di vita il padre di Eugenia
il nome di Guglielmo Luigi Maria. Nel dì stesso furono uniti i genitori
in legittimo matrimonio, in casa, dal Rmo D. Francesco Scarpa Par
roco di Chiesa, il quale pure battezzò in casa Corenao Ogata.

2-9　エウジェニア＝ジョコンダ＝豊・緒方の 1877 年 9 月 24 日付受洗記録，ヴェネツィア総大司教古文書館，サンタ・マリア・デイ・カルミニ聖堂受洗記録 1871-1893（筆者撮影）

家族表第三番のサロッティ（ママ）、マリアは誰の未亡人か？

どこでいつ誰と結婚したのか？

そして、もし戸籍上一度も結婚せず、一八七（ママ）一年九月（ママ）の結婚以前に教会法上も結婚していないのであれば、彼女の娘である一八七六年（ママ）生まれのエウジェニアにはどの家系が戸籍係から与えられたのか？

これに対し、同日セロッティ家は次のような返答をしている。

第三番に現れるセロッティ、マリアは、一八七八年四月四日ヴェネツィアにて死亡した緒方コルロナオ（ママ）と一八七八年四月一日（ママ）にやっと教会［実際にはマリアの家で］で結婚した。この戸籍から与えられた名前は正確には緒方（惟直の）豊エウジェニアである。

この史料中には日付の誤謬が多いため、どこまで信頼に値するかは疑問であるが、もし一八七七年四月一日の、抹消された結婚記録が正しいならば、これまで考えていたよりもずっと早い時期に惟直は入籍しようと試みたことになる。

豊の誕生　エウジェニア＝ジョコンダ＝豊は一八七七年九月十日に誕生し、惟直により豊という日本名も授かった。同月二十四日に教区教会であるサンタ・マリア・デイ・カルミニ（カルメル修道士たちの聖母）聖堂で洗礼を受けたが、その受洗記録（図2-9）の後半は、時が経ってから書き加えられたものらしくインクの色が異なる。

惟直緒方（一）エウジェニア・ジョコンダは、異教徒、後にカトリック教徒となった緒方惟直とヴィンチェンツォの娘マリア・ジョヴァンナ・セロッティの娘で、二八一三番地に住み、本日この教区教会で洗礼を受けた。九月十日午前一時に生まれた。洗礼を取り仕切ったのは、教区司教の資格を持つ教会の協力者ドン・ジョヴァンニ・バッティスタ・ガヴァニャンである。名付け親は、サン・マルティーノ教区の貴族である、レオポルドの息子グリエルモ・ベルシェとこの教区のレオーネ・セロッティであった。／［以下インクの色が違う］（一）一八七八年三月三十日エウジェニアの父親は生命の危険のため家で洗礼を受け、グリエルモ・ルイジ・マリアの名を受けた。同日両親は、緒方惟直に家で洗礼を施した教区司教ドン・フランチェスコ・スカルパによって、家で合法なる結婚に結びつけられた(40)。

エウジェニアの受洗記録が書かれた時点では、惟直はまだ改宗していなかったから、前半では異教徒になっているが、そこに後半部分の付加とおそらく同時に「後にカトリック教徒」という記述が書き込まれたと考えられる。名付け親が、惟直を可愛がり、後にヴェネツィア駐劄日本名誉領事となるベルシエであることも注意を引く。

6　惟直の死

受洗と結婚　惟直は壊血病（scorbuto）を患う。ビタミンCの欠乏によって引き起こされるこの病気に、陸上で生活していた惟直が罹ったということは、長期にわたってかなり偏った食生活をした結果であろうか。マリアは看病のため彼をドルソドゥーロ二八一三番地の自宅に引き取る。エウジェニアの受洗記録に残る生まれたばかりの娘の住所が母親のそれになっているところを見ると、惟直がマリアの家に移ったのが、病の重篤化した時期か、それより前の娘の誕生を機にしたものかは、判断がつかない。惟直は受洗を急ごうとするが、生命の危険のため、一八七八年三月三十日、マリアの自宅に司教が出向いて授洗した（図2-10）。

二十五番一八七八年三月三十日

上記の日に、以前緒方洪庵の息子惟直と呼ばれた日本人青年が生命の危険のため自宅で受洗し、グリエルモ・ルイジ・マリアの名を与えられた。執り行なったのは、本教区神父フォルトゥナート・ゼッキーニ（ジョヴァンニの息子）であった。［彼惟直は］二八一三番地に居住する。

受洗者は二十三《ママ》歳である。

承認　教区神父スカルパ㊶

そして、間髪を入れずに結婚式が執り行なわれた。

一八七八年三月三十日

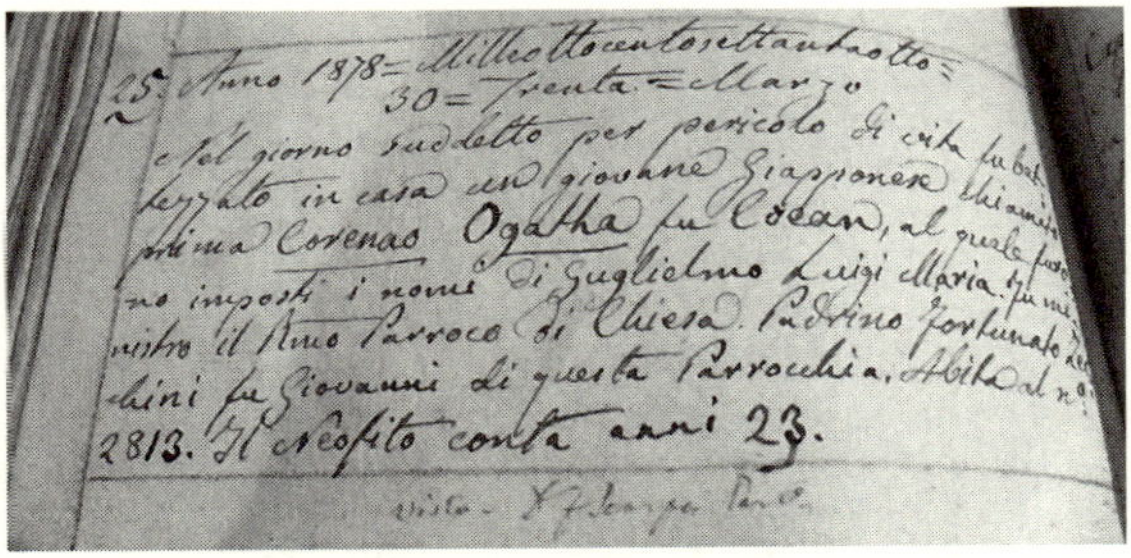
25 Anno 1878 = Milleottocentosettantaotto =
30 = Trenta = Marzo
e nel giorno suddetto per pericolo di vita fu bat-
tezzato in casa un giovane Giapponese chiamato
prima Corenao Ogatha fu Cocan, al quale furo-
no imposti i nomi di Guglielmo Luigi Maria. Fu mi-
nistro il Rmo Parroco di Chiesa. Padrino Fortunato Zec-
chini fu Giovanni di questa Parrocchia. Abita al n°
2813. Il neofito conta anni 23.

2-10 緒方惟直の 1878 年 4 月 4 日付死亡記録，ヴェネツィア総大司教古文書館，サンタ・マリア・デイ・カルミニ聖堂死亡記録 1861-1881（筆者撮影）

独身であることの証明がなされるとともに所定の公示が免除されたため本日教会の教区司教である神父フランチェスコ・スカルパは、ここにいるふたりの口から厳粛に表現された互いの同意に基づき、故緒方洪庵の息子、日本生まれの二十三歳、本教区在住で本日同じ教区司教によって洗礼を施されたグリエルモ（以前は惟直と呼ばれた）と、ヴィンチェンツォ・セロッティとジョヴァンナ・ポレーゼの娘でカトリック教徒、独身、一八五五年八月十四日本教区生まれでここに在住のマリア・ジョヴァンナとを、法に基づき結婚に結び付ける。証人は、資産家フォルトゥナート・ゼッキーニと教会のジュゼッペ・アンドレアン・ヌンツィオであった。[42]

もちろん惟直がカトリック信仰を持っていなければ改宗することはまずないだろうが、死の床においてまでそれを強行しようとしたのは、マリアとの婚姻を合法化し、娘エウジェニアの法的立場を保証するためであったことは、引用したふたつの教会史料が雄弁に物語っている。この記録が証明するように、教会法上のふたりの婚姻成立は三月三十日である。

しかしながら、市役所戸籍係に残された家族票は、マリアが市民法上は「未婚（nubile）」であることを示す。他方、別府氏が調査した惟直の戸籍も、彼が「未婚（celibe）」であることを告げる。[43]

現在のイタリア共和国では、教会法上の婚姻成立と同時に、市民法上も成立したと見做すようであるが、私が留学中に立ち会ったイタリア人の結婚式のいくつかは、大方の日本人の期待を裏切って、市役所で市長が執り行なう味も素っ気も無いものであった。惟直とマリアの結婚は教会法上では認められたが、市民法上は届け出が認められず（または、なされず）、惟直もマリアも「未婚」のまま残ったのであろう。

惟直の死　四月四日、惟直はこのセロッティ家の一室で息を引き取った。サンタ・マリア・デイ・カルミニ教会の死亡記録は次のように伝える。

一八七八年四月四日

洪庵の息子緒方惟直（グリエルモ・ルイジ・マリアと呼ばれた）は日本人の異教徒であったが、マリア・セロッティの合法な夫であり、本日午前二時壊血病にて死亡した。洗礼の秘跡と究極の塗油を受けた。教会の教区司教フランチェスコ・スカルパがこれに立ち会った。四月六日市立墓地に埋葬された。[44]

翌々六日にカルミニ聖堂で葬儀が行なわれ、『ヴェネツィア新聞』はその様子を詳しく伝えている。この記事も長いが引用しよう。

葬儀

昨日サンタ・マリア・デル・カルミネ教会において、商業高等学校日本語講座教授にして卓抜した日本人青年緒方・グリエルモ・惟直氏の葬儀が行なわれた。研鑽を積むため両親によってヨーロッパに送り出された教養高いこの好青年は、少しの間パリに住み、その後トリノの国際学院で勉学を極め、そこからヴェネツィアに移って我が高等学校の領事専攻科で学び、吉田先生の出発後に日本語の教育を請け負った。温厚寛容、才気煥発、学問を愛するこの青年はきわめて感じがよく、同僚や生徒、友人に愛情を寄せ、彼らも同様の評価と愛情でそれに応えた。

事実葬儀には、高等商業学校の教授陣に加えて、多くの生徒、またトリノやミラノからもやって来たこの哀れな緒方青年の友人が多数参列した。

カルラーロ教授はその棺に向かって次のような演説を行なった。

「皆さん、我々をここに集わせた悲しい儀式が普通の自然なできごとであるという点は何も驚くに足りぬことですが、その愛情と希望が突然に絶ち切られてしまった彼の若過ぎる年齢、彼を飾る才能、そして我が校に彼が構えていた教室のことを考えると、我々は何とも悲しみに堪えません。加えてこの儀式そのものが、故人の遠い祖国、彼が思いもかけず我が国にいることの理由、および、現在行なわれているカトリックの典礼のことに考えを巡らさずにはおかないのです。

生まれてきたばかりなのに、人生の甘美を僅かに味わっただけで、自らの義務を予感し、それに立ち向かい、自分の役目を達成するために勇気と体力を感じつつも二十歳で死ぬこと、そして夫を亡くしてからは子供たちのためだけに生きていた愛しい母親の目を再び見ることも叶わずに死ぬことは、理解しがたい大きな悲しみです。

我々が今追悼している青年は、三世紀にわたりその古い文明のなかに閉じ籠もった後、ここ数年、あたかもその三世紀が存在しなかったかのように頻繁に、かつ実り多く西洋民族と交流を始めた極東の子供です。日本との関係は一八五四年に一層重要になり、我が国とは蚕の病気が中心的関心事でした。イタリア人は、健康な蚕の種が豊富にある彼の国でそれを入手しようとして、それまでオランダ人のみと一港だけで許されていた外国人との日本の通商が数港に広げられたことを利用するのに吝《やぶさ》かではありませんでした。そして、外国人との接触を妨げようとする要素をすべて排斥した、あの幸福な変革〔明治維新のこと〕の結果として、より多くの関係が生まれ、人類全体の恒常的進歩を推進するために、自らの努力と我々のそれを結集することを恐れない人の手に権力が渡ったのです。これらの努力を、我々は拍手をもって認め、かつ奨励するものであり、ものごとの持つ力の強さを信じている今、これからも一層重要で役立つ結果を見ることになると信じているのです。

ここでは、日伊両国の関係が展開・強化し、重要性を持ったという事実に伴って、相互理解の必要性が緊急のものとなったことを指摘するに止めましょう。このような状況のなかで、我が校がもし日本語講座を設けなかったとしたら、それは開校の目的に悖《もと》るものと映ったことでしょう。かくして事は運ばれ、教師の座はまず優れた教授、吉田氏に任されました。この人は三年後に特別重要な用事ができたため、日本に帰らざるを得なくなり、同胞の緒方惟直氏がイタリア語を習得し、また我が校の政治商業コースで学ぶためにヴェネツィアに来ていたことから、その代理となったわけです。死が彼を奪うまでに、彼は一年半授業を行ない、かなりの数の生徒を得、成果を上げました。

彼の心の善良さ、機敏、そしてその卓抜した才能、穏健この上ない精神、その性格の忠実と寛容、彼の民族に生まれつきの、または伝統でしょうか、優雅で優しい物腰、そういった諸々のおかげで、我々同僚や外部の人間は多数彼の友人となり、彼に好意を抱きました。彼の他の同胞にも共通なこれらの天分は、世界的に知られており、個々人の交流ばかりでなく、商業の拡大、あらゆる思考の相互交流、文化人のあらゆる風習の認識理解をも期待させるものなのです。

惟直の名を新しいグリエルモのそれと名乗り変えた彼の生涯最後の日々の一日について、私は特に触れるつもりはありません。人の内面に敢えて踏み込むには、自由、特に良心の自由に対する私の尊敬は大きすぎるからです。しかし、皆さんにこれを申し上げるのは、彼自身が明らかにしたように、パリで二年強を過ごして以来、カトリックに改宗しようという彼の思いが、ヴェネツィアでも司祭の許に彼を赴かせ、死の五日前に喜んで洗礼を受けることによって、彼が自分の意図を実現したからなのです。

哀れな異国の人よ、二国民の友情の象徴よ、正直で有用な勤勉の好例よ、遠い異種の文明間の希《ねが》われた融合の担保よ、未だ不当に認識されている興味の間のさまざまな、そして常に重要性を増す交流の証よ、永遠にさらばだ。さらば、素晴らしき青年よ、我々は君に代わって、独り残された君の母君に、君の兄弟に、そして君の甘美な故国に最後の挨拶を送ろう。不幸な君が苦しみの臨終の床で果し得なかったあの挨拶を、君の疲れ果てた思考のなかを彷徨い、君の幽《かす》かに震える唇に登りかけたあの挨拶を、我々は送ろうではないか。[45]」

記事のなかに引用された通り、商業高等学校校長ジュゼッペ・カルラーロ教授は、その優れた弔辞のなかで、「三世紀にわた」る鎖国に続いて、幕末明治初期に日本とイタリアの間で行なわれた蚕種貿易に触れ、吉田要作の跡を襲って日本語教師となった惟直の、善良で優れた人格、能力を余すところなく讃えている。惟直の最後の挨拶を代わりに故国に送ろうという結語は、とりわけ涙を誘う。同日の紙面には、ヴェネツィア駐箚日本総領事であった中山讓二が、他の日本人とともに謝辞の広告を載せた。[46]

埋　葬　このように、緒方の死は同胞のみならず、彼と関わったすべての人びとを悲しませた。彼の

2-11 万聖節，サン・ミケーレ島への橋（*Vecchie Immagini di Venezia*, Venezia 1966, p. 20）

遺体は同四月六日、ヴェネツィア本島北部に位置するサン・ミケーレ島の市立記念墓地の成人共同墓地Dセクション第二八列第七七番に埋葬された。この墓地は十九世紀以降使われているが、発端はナポレオンのイタリア侵略にある[47]。

ナポレオンは、千年近くにわたって存続したヴェネツィア共和国を崩壊に導き、数多くの教会を潰して、そこを飾っていた美術品をフランスへと持ち帰った。その略奪品がルーヴル美術館を飾っていることを我々は忘れてはならない。それと同時に、啓蒙主義に基づく数々の施策の一つとして、ナポレオンはそれまで街中の教会内で行なわれていた埋葬を衛生上の理由から禁止し、城壁外に新たな墓地を作るよう命令を下した。ヴェネツィアではそれがサン・ミケーレ島に作られ、外国人としてもロシア人作曲家イーゴリ・ストラヴィンスキーとその妻、ロシア・バレエ団を率いたセルゲイ・ディアギレフなどが埋葬されている。

緒方は、日本人として唯一この島に埋葬されている。共同溝に埋葬された彼の遺体は、その後、独立した一つの墓に移されることになる。しかしそれは、緒方の二代後の日本語教師、彫刻家の長沼守敬の活躍を待たねばならない。これについては第四章で扱う。

後に残された未亡人マリアと娘エウジェニア豊は、経済的に逼迫した大変な状況を生き抜かざるをえなくなった。この頃は万聖節（英米圏のハロウィンにあたる）にフォンダメンテ・ヌォーヴァからサン・ミケーレ島まで船で橋が渡された（図2-11）。愛する夫を失ったマリアも娘を連れてこの橋を渡ったことであろう。

第三章　川村清雄

ヨーロッパ人に伍して新しい美術を模索したポリグロットの洋画家

川村清雄（一八五二 江戸〜一九三四 天理市）
日本画と西洋画法を学んだうえで、一八七〇年法律を学ぶ目的で渡米、一年後に絵画を志し、パリを経てヴェネツィアに赴く。同地の王立美術学校に学びながら、新設の商業高等学校で日本語を教授。一八七六年より大蔵省官費留学生となり、帰国後に同省印刷局に勤務するが、一年未満で退職、勝海舟の援助を受ける。明治美術会、巴会《ともえかい》の結成に関わる。

1　誕生からヴェネツィア到着まで

江戸の川村　緒方惟直《おがたこれなお》よりも前の一八七六年二月にヴェネツィアに到着し、彼と同時期に海の都に暮らした留学生に、洋画家川村清雄《かわむらきよお》（一八五二江戸〜一九三四天理市）がいる。彼は米仏伊の三ヵ国に滞在し、母国語に加えて複数の言語を話したポリグロット（ギリシア語 poly＝複数、glot＝言語に通じた、数ヵ国語を操る人を指す）であった。近年、川村の回顧展が頻繁に開かれて注目を集めているが、一時期忘れられていたこの画家に研究者の目が向けられたのは、画家の死後半世紀を過ぎた一九八〇年代のことである。

川村は、一八五二年四月二十六日、江戸麴町《こうじまち》に生まれ、幼名を庄五郎といった。[1]数え八歳の一八五九年、幕末の士人によくある芸術のたしなみとして、おそらく祖父の勧めで、大和絵《やまとえ》の画家住吉内記《すみよしないき》に師事し、[2]次いで一八六一年九歳で祖父に連れられて大坂に赴き、南画家《なんがか》田能村直入《たのむらちょくにゅう》に三年ほど就いた。一八六三年に江戸に戻ると、田安《たやす》家の絵師春木南溟《はるきなんめい》に師事する。また、英学を学ぶつもりで通い始めた開成所の画学局で川上冬崖《かわかみとうがい》、宮本三平《みやもとさんぺい》、高橋由一《たかはしゆいち》について西洋画の初歩を学んだ。[3]このように川村は、留学前に日本画の伝統をいくつか学び、すでに西洋画についても知識を持っていた。

アメリカへ　維新後静岡に封ぜられた徳川家達《とくがわいえさと》の小姓として、川村は静岡に移った。そして当時の若者の多くと同様に政治学の勉強を目指して、一八七一年に徳川家留学生としてアメリカに渡る。約三ヵ月後には「日常の会話も用を足せる程度にはできるようになってきた。その一方で学習の方は程度が高くなり難儀をするようになってくる」[4]。川村自身は語学には自信がなかったようで、次のように述懐している。

始終稽古をして居りましたが、私は読む事が嫌ひと見えまして他のものに負けて居ました、だが幸福に絵だけは先《ま》ア宜かツたと見えます[5]。

川村は、後の東京大学総長で美術批評家の外山正一《とやままさかず》（一八四八　江戸～一九〇〇　東京）の勧めや、大久保《おおくぼ》一翁《いちおう》（一八一八　江戸～一八八八　東京）の励ましもあり、勉学目的を絵画に変更し、一八七二年十一月一日から日本公使館書記官であったアマチュア画家チャールズ・ランマン（Charles Lanman　一八一九　モンロー～一八九五　ワシントンD.C.）宅に寄宿、彼に師事して主に風景画を学ぶ[6]。ちなみに川村と同じ日に、津《つ》田《だ》梅子《うめこ》がランマンの許に引き取られている。

パリへ　川村は、外山に古美術研究のためローマに行くことを[7]、ランマンからはパリ行きを勧められた[8]。彼は一八七三年春、本格的な美術教育を求めて、まずパリに向かい[9]、ジャック・ギオー（Jacques Guiaud　一八一〇　シャンベリ～一八七六　パリ）に師事した後[10]、駐仏日本公使鮫島尚信《さめじまなおのぶ》（一八四五　鹿児島～一八八〇　パリ）の紹介で、著名なアカデミスムの画家アレクサンドル・カバネル（Alexandre Cabanel　一八二三　モンペリエ～一八八九　パリ）の弟子オラース・ド・カリアス（Horace de Callias　?～一九二一）に就いて、ヨーロッパ美術の主流である歴史画を学んだ[11]。

主君徳川家の奨学生として海外に出た川村であったが、この頃、明治政府留学生の多くに不祥事が発覚し、帰国命令が下ったことの煽りを受けて、徳川家の留学生にも同様の処分がなされた[12]。しかし、ヨーロッパに留まることを強く望んだ川村は、私費での残留を決意した。このとき手許には出国時に持っていた三〇〇両が残っているだけであった。川村自身は後に「ワシントンでは「肖像」、パリでは「歴史、風俗、風景」、ヴェネツィアでは「装飾画」に重点をおいた」と関如来《せきにょらい》に語っている。(13)

2　ヴェネツィア美術学校での勉学

美術学校入学　川村は、渡欧した主君家達の伴をして、イタリア、フランス、スコットランド、イギリスを周った後で、ロンドンに向かう家達と別れ、一八七六年二月にパリを離れて芸術的関心の高かったヴェネツィアに移る。[14] その際、川村は、パリで懇意にしていた兼松直稠の紹介で吉田要作《よしだようさく》を頼る。前述のように吉田は、東京駐劄《ちゅうさつ》イタリア公使フェ・ドスティアーニ付の公式通訳（フランス語）であるが、ヴェネツィア商業高等学校初代日本語教師として、一八七三年十月以来ヴェネツィアに滞在していた。

同年四月十四日に川村は、一八七五～七六学年度の夏学期にヴェネツィア美術学校（Accademia di Belle Arti di Venezia）に入学した（図3-1）。当時の美術学校の学則によれば、一学年度は十一月初旬に始まり、八月初旬に終わるセメスター制で、四月からが第二学期（夏学期）であった。[15] 川村のように第二学期登録の学生も、稀にいたことが学籍簿からわかる。

木村駿吉は川村の入学について、「試験の上直に許され[16]」たと述べるが、この中途入学の背景には、川村の画学生としての技量がヴェネツィアで認められた事実があるらしい。「洋画上の閲歴」（以下「閲歴」）で川村は、「其れから私の描いた絵をベニスに名誉領事をして居るベリシエン、其の人や彼地の博物館長が見まして其れを学校に見せたんです[17]」と述べている。この「ベリシエン」とは、歴史研究にも多くの業績を残した前述のベルシェである。[18] 中山譲治《なかやまじょうじ》を総領事として新設された在ヴェネツィア日本総領事館に現地職員として雇われていたベルシェは、ヴェネツィア訪問中の全権大使岩倉具視をサンタ・

マリア・デイ・フラーリ聖堂脇にある国立古文書館に案内し、天正（一五八五年）、慶長（一六一五年）の両遣欧使節に関するラテン語文書を大使に紹介、その求めに応じて両使節に関する調査研究をまとめ、『日本使節考（*Le antiche Ambasciate giapponesi in Italia*）』として一八七七年に刊行した。[19]

一八七四年にヴェネツィア総領事館が閉鎖されると、ベルシェはローマ公使館付ヴェネツィア貿易事務取扱として領事の職務を一部遂行したが、川村清雄が帰国する前年の一八八〇年には、在ヴェネツィア日本名誉領事に任命された。川村以外にも緒方惟直や長沼守敬《ながぬまもりよし》、寺崎武男《てらさきたけお》などの日本人留学生に対して、常に温かい配慮を欠かさなかった。[20]したがって、ベルシェが川村の後押しをしたとしても何ら不思議はない。

3-1　川村入学当時のヴェネツィア美術学校（*Vecchie Immagini di Venezia*, Venezia 1966, p. 13）

他方、川村が「彼地の博物館長」と呼ぶのは、グリエルモ・ボッティ（Guglielmo Botti 一八二九 ?～没年地不詳）である可能性が高い。オーストリアからの独立という形で統一イタリア王国に加わった（一八六六年）直後のヴェネツィア市において、美術学校は美術館をその組織内部に含み、校長の下に、教授ふたりと美術館検閲官（Ispettore delle Gallerie）の三人からなる委員会によって運営されていた。[21]

その後の改革で、学校長職は秘書官が兼任することになったが、一八八二年三月十三日の王令で、美術学校と美術館は現在のような独立機関に分割され、美術館長はこの検閲官が引き続き務めることになった。[22] 川村がヴェネツィアに滞在した一八七六～八一年の『ヴェネツィア美術学校紀要』（以下『紀要』）の「教授陣（Corpo Insegnante）」に、この美術館検閲官として名を連ねるのが、グリエルモ・ボッティである。[23] 彼は川村帰国後の一八八二年、前述の王命で美術館長に任命された。[24] したがって、別機関の「博物館長」が美術学校に出向いて川村の絵を見せたのではなく、美術学校の委員であったボッティ自身が同僚に見せたことになる。加えて、「美術」という言葉が日本で生まれたばかりのこの時代に、[25] 川村が galleria を「博物館」と捉えても何ら不思議はない。川村が、内陸の村ミーラで発見したジョヴァンニ・ベッリーニの油絵を見せたのも、この人物である。[26] ベルシェとボッティの少なくともふたりが斡旋したことで、「漸やう」[27] 美術学校への入学が可能になったと、川村は伝える。

この年の学籍簿には「Il sig. Kiyo Cawamura ... s'iscrive per le scuole di Elementi di figura- Architettura, e Ornato[28]［下線部は印刷部分］」と書き込まれている。手書き部分のインクはその濃さが均一で、筆跡も同じであるから、同じ時に書き込まれたものと考えられる。つまり、川村は当学年度夏学期当初から、「人物画基礎、建築、装飾」の三つの scuole に同時に籍を置いていたことがわかる。scuole は「学科」と訳出可能な言葉ではあるが、一八七六年当時有効であった一七九〇年の「学則（statuto）」によれば、教師はそれぞれの scuole を担当したものの、生徒は一つの scuola に属していたわけではなかった。したがって、ここでは「科目」と訳しておく。実際、この時期に生徒は現在のような所謂「学科」には属さず、「人物画」「風景画」「建築」「装飾」といった科目からいくつか選んで登録するのが習いであった。

川村の親友であったエットレ・ティート（Ettore Tito 一八五九 カステランマーレ・ディ・スタビア～一九四一 ヴェネツィア）[29]は、一八七五～七六学年度に遠近法、筋肉学、美術史、群像素描と衣文素描で、翌一八七六～七七学年度は小型裸体素描、大型裸体素描、構図、カルトーンの構図など、登録したほとんどの科目で受賞したほか、カヴォス大賞を受賞している[30]。もう一人川村が名を挙げるオレステ・ダ・モリン（Oreste Da Molin 一八五六 ピオーヴェ・ディ・サッコ～一九二一 ピオーヴェ・ディ・サッコ）[31]も、ティートほどではないが、数科目で受賞している。すなわち、川村が複数のコースに登録したのは、当時の美術学校の習慣に従った結果であるといえる。

3-2 川村清雄《建築習作》(1876 年学年末試験提出作品か), 江戸東京博物館

一八七六年七月二十二日に行なわれた学年度末の建築学初級の試験において、試験委員の教授たちは口述記録で「続く四作品も何の考慮もせずに放っておくことはできず、Secondo Accessit とする。それは一、五一、五七、六二番が付けられたものである」[32]と述べ、五七番の川村の提出作品に授賞した。その結果は『紀要』に報じられた[33]。江戸東京博物館に収蔵される《建築習作》（図3-2）がこれにあたるのではないだろうか。他の受賞者は「1° Premio con lode（賛辞付き一等賞）、1° Premio（一等賞）、2° Premio（二等賞）、1° Accessit, 2° Accessit」のカテゴリーに分けられ、一八四二年の学則は「絵画」の一等賞に金メダルと賞金一〇

○ゼッキーニ、二等賞に銀メダルと賞金一二フィオリーニ（両方とも他の科目ではその賞金額が低い）を与えることを定めている。(34) 川村が受賞したSecondo Accessitは、「次席二等」と訳すのが妥当であろう。夏学期に学籍登録をしたばかりの川村が三ヵ月後に、下位の賞とはいえ他のイタリア人学生と並んで受賞をしたことは、川村の類稀な才能を美術学校の教師たちが認めた証といえる。

一八七六～七七学年度　一八七六年十一月八日に川村は、一八七六～七七学年度の「装飾、人物画基礎、建築（Ornato, Elementi della Figura, Architettura）」の三科目に登録した。(35) その年の末、川村は大蔵省印刷局紙幣寮の「お雇い官費生」になる。(36) それは、川村のヴェネツィア行きを補佐したパリ駐劄日本公使館付二等書記官兼松直稠《かねまつなおしげ》が、川村の経済的窮状を宇都宮三郎《うつのみやさぶろう》に伝え、それを聞き及んだ勝海舟《かつかいしゅう》が口添えをしたことによる。(37)

この経緯に関して、未公刊の史料が太政類典に見出だせる。十一月二十七日付大蔵省上申に掛かる「伊太利国画学留学生川村清雄ヲ紙幣寮雇トシテ更ニ留学セシム」(38) である。「画学図学機械学三科」は紙幣寮に「必用ノ技術」であるから、すでに「伊太利国留学」している「人物モ宜敷学術モ上達」した川村を紙幣寮雇とする旨が述べられている。(39) 次いで、印刷局関係の最初の文書と考えられてきた、一八七六年十二月四日付の在イタリア特命全権公使河瀬《かわせ》眞孝《まさたか》宛(40)の大蔵卿大隈重信《おおくましげのぶ》の文書と、同日付川村宛紙幣頭得能良介《とくのうりょうすけ》の命令書は、川村を正式に紙幣寮付官費留学生に採用することを伝え、(41) その情報は四日後、十二月八日の『ヴェネツィア新聞』に掲載された。(42) 前章で前述したように、緒方の到着が『ヴェネツィア新聞』に掲載されたのは、吉田要作とベルシェを通じてその情報がヴェネツィアに伝わった可能性が高いが、川村の場合は美術学校における彼の高い評価が、この記事につながったのであろう。

興味深いのは、その学籍記録にある「[川村は]書面で休学を申し出て出発した（parti congedandosi con lettera)」という文言である。ただし、具体的な日付と行先は不詳である。丹尾安典氏は一九八六年の論考で、一八七八年十月一四日付の徳川家達書簡(43)から、川村が一八七七年にロンドンを訪れたことを推測している(44)。同氏はまた、一八七七年十一月二十八日付家達書簡から、川村のヴェネツィア帰還が同日付以前であると結論付ける。前述の通り、美術学校の授業は学則により八月初旬までと決められていたから、川村が書面で休学を伝え、おそらく主君家達に会うためにロンドンに向けて出発したのは、それ以前と考えてよい。また、同年十一月十日には一八七七〜七八学年度の学籍登録を済ましているから、彼の帰還は同日以前ということになる。

本学年度末に川村は、「装飾科目（Scuola d'Ornato)」の「衣文と組み合わせた浮彫を油とテンペラで描くデッサン（per disegni ad olio e a tempera dal rilievo aggruppato con drapperie)」で「一等賞」を受賞した。一八七七年七月十九日に行なわれた試験で試験委員たちは次のような講評を残し、そのなかで一三二番の番号を振られた川村の作品を高く評価した。

> 本年は、このクラスから提出された作品がかなり少なかったにもかかわらず、その少数は審査委員会が無視できず、賞を授けたいと考えるものである。それは、他の生徒たちの意欲を掻き立て、この装飾学の主要な目的・目標であるすべての飾り付けというものの基礎であるこの種の研究に、より多くの作品が提出されることを願ってのことである。[脇に：一等賞一三二番]
> よって審査委員会は一等賞を一三二番の番号を持った作品に与える。
> ついで二等賞は、羽を広げ、嘴《くちばし》に黄色っぽい布を咥《くわ》えて運んでくる鷹を描いた一四〇番の作品に。

［脇に：二等賞一四〇番］
審査委員会、ピガッツィ、フランコ、ボルロ、ヴィオラ、カドリン
秘書官チェッキーニ(45)
教授会承認済み(46)

『紀要』では単に「Premio（賞）」(47)となっているが、川村家に残された賞状に記された「1° Premio」と齟齬はないと考えられる。

この年受賞した作品はこれまで、焼失した《画室》（図3-3）、すなわち木村駿吉が伝える「ヱニスの展覧会に出品して」、その後「西郷侯爵家にある静物の大作」である可能性が指摘されてきた(48)。画中の浮彫は、フィレンツェの彫刻家デジデリオ・ダ・セッティニャーノ（Desiderio da Settignano 一四三〇頃 セッティニャーノ～一四六四 フィレンツェ）作の青銅浮彫《子供の洗礼者聖ヨハネ》（一四五〇年、フィレンツェ、バルジェッロ美術館）の石膏模型であるが、この浮彫は十五世紀最高の彫刻家ドナテッロの作品と並んで、当時の美術学校で頻繁に模写や模刻の対象とされていた。江戸東京博物館にはもう一点、学校での習作と考えられる《花籠のある室内》（図3-4、ただし水彩）が残されている。この習作と図3-3のどちらが一八七七年の試験に提出された作品か、今のところ決定的な証拠に欠けるものの、川村の親友ダ・モリンの在学中の作品《装飾画課題》（一八七

3-3 川村清雄《画室》（1876-77 学年度試験提出作品か），焼失

五年、パドヴァ、個人蔵、図3-5）と比較すると、当時の美術学校での試験提出作品の様子が理解できよう。翌一八七八年八月五日発行の証明書下書きは、この作品が当時ヴェネツィア美術学校で高く評価されていたことを伝える。すなわち、

王立美術学校
ヴェネツィア、一八七八年八月五日

本学生徒川村清雄氏は本一八七七～一八七八年学年度装飾学の油画装飾のための写生研究に特に専心したため、審査委員会は彼に名誉言及プラス秀の肩書を与えたが、その理由は昨年同科の同科目

3-4 川村清雄《花籠のある室内》(1877-78 学年度試験提出作品か)，江戸東京博物館

3-5 オレステ・ダ・モリン《装飾画課題》1875, パドヴァ，個人蔵

において審査委員会が一等賞を与えなかったならば値したであろう賞を、今年は彼に与えられなかったからであることを本学校長は証明する。したがって心より、そして川村氏の名誉のために、審査委員会の評価したこの秀でた生徒の作品を教授会が再度見た時に行われた判断を証明できることを私は嬉しく思う。

校長室秘書［校長］(50)

G.B.チェッキーニ

この証明書は、奨学金を給付していた大蔵省印刷局に提出するため、川村が発行を依頼したものと推察される。彼は後に引用する翌一八七七～七八学年度の講評のなかでも、「この秀でた生徒（questo distinto alumno）」と呼ばれ、「名誉言及」を得たが、当該学年度に川村が提出した作品も前学年度の《画室》と同じく、本来なら一等賞に値すると伝える。

一八七七～七八学年度　一八七七年十一月十日、川村は一八七七～七八学年度の「人物画基礎第二コ

ース、解剖学、遠近法、~~建築~~、建築（Elementi della Figura II corso, Anatomia, Prospettiva, ~~Architettura~~, Architettura）」に登録した[51]。一度書かれたArchitetturaが二重線で削除された横に、同じ濃さのインクで再度同じ言葉が書かれているうえ、消されたArchitetturaを事務員が書き損じているようには見えないため、登録時に川村が迷っていた可能性も覗える。

本学年度は「装飾」に学籍登録していなかったにもかかわらず、学年末の試験で「衣文と組み合わせた浮彫を油とテンペラで描く作品（Saggi ad olio e a tempera dal rilievo aggruppato con drapperie）」という「装飾」のコースで作品を提出した。その結果「賛辞付き名誉言及（Menzione onorevole con lode）」を受賞した。

> その構図の気品と制作手法においてこのクラスで他の作品に卓越し、大いに注目に値する作品は、もし当該作品の作者が昨学年度にも賞を取っていなければ審査委員会はそれを賞に値すると考えるところだが、その理由で審査委員会は今、プラス秀を加えて「名誉言及」を与えることで満足しなければならない。［脇に：一一四番名誉言及プラス秀[52]］

このように、川村の作品は本来一等賞に値するものの、前学年度とのいわば「重複受験」と考えられたため「格下げ」された。それでも「プラス秀」を得たところに、川村の才能を教授たちが十分に認めていたことが窺われる。この結果は『ヴェネツィア新聞』に報じられた[53]。

3　美術学校での交友関係

川村の教師たち　川村はヴェネツィア美術学校について、次のような言葉を残している。

彼地《あちら》での学校友達にチートに其れからダモリンといふ二人が御座いました、真に信切《（ママ）》に能く絵を描まして、随分其の人達は貧乏であツたもんですから能く私の方へ遊びに来て泊まツて往ツたり何かしましたが、其の人達が教へて呉れたのが一番身に沁みて幸福《しあわせ》に思ひます、学校は只表面的の事を教へるまでゞしたから。(54)

川村が入学した一八七六年春、美術学校の絵画主任教授はポンペーオ・マリーノ・モルメンティ（Pompeo Marino Molmenti 一八一九 ヴィッラノーヴァ・ディ・モッタ・ディ・リヴェンツァ～一八九四 ヴェネツィア）であった。彼は、ヴェネツィア共和国の歴史を扱った、十五世紀の建築家・彫刻家《フィリッポ・カレンダーリオの逮捕》（図3-6）に見られるように、伝統を墨守するアカデミスムの画家として知られており、この点で川村には「表面的」と感じられたのであろう。しかしながら、次世代を担うジャコモ・ファヴレット（Giacomo Favretto 一八四九 ヴェネツィア～一八八七 ヴェネツィア）、グリエルモ・チャルディ（Guglielmo Ciardi 一八四二 ヴェネツィア～一九一七 ヴェネツィア）に加え、ティート、ダ・モリンらを育てた点は評価される。

美術史家ペロッコは、「十九世紀後半のヴェネツィア絵画は一八七〇年前後に突然活力を得て展開し始める」と述べ、その中心的画家としてティートを挙げる。(55)ヴェネト地方の美術は、ナポレオンによる

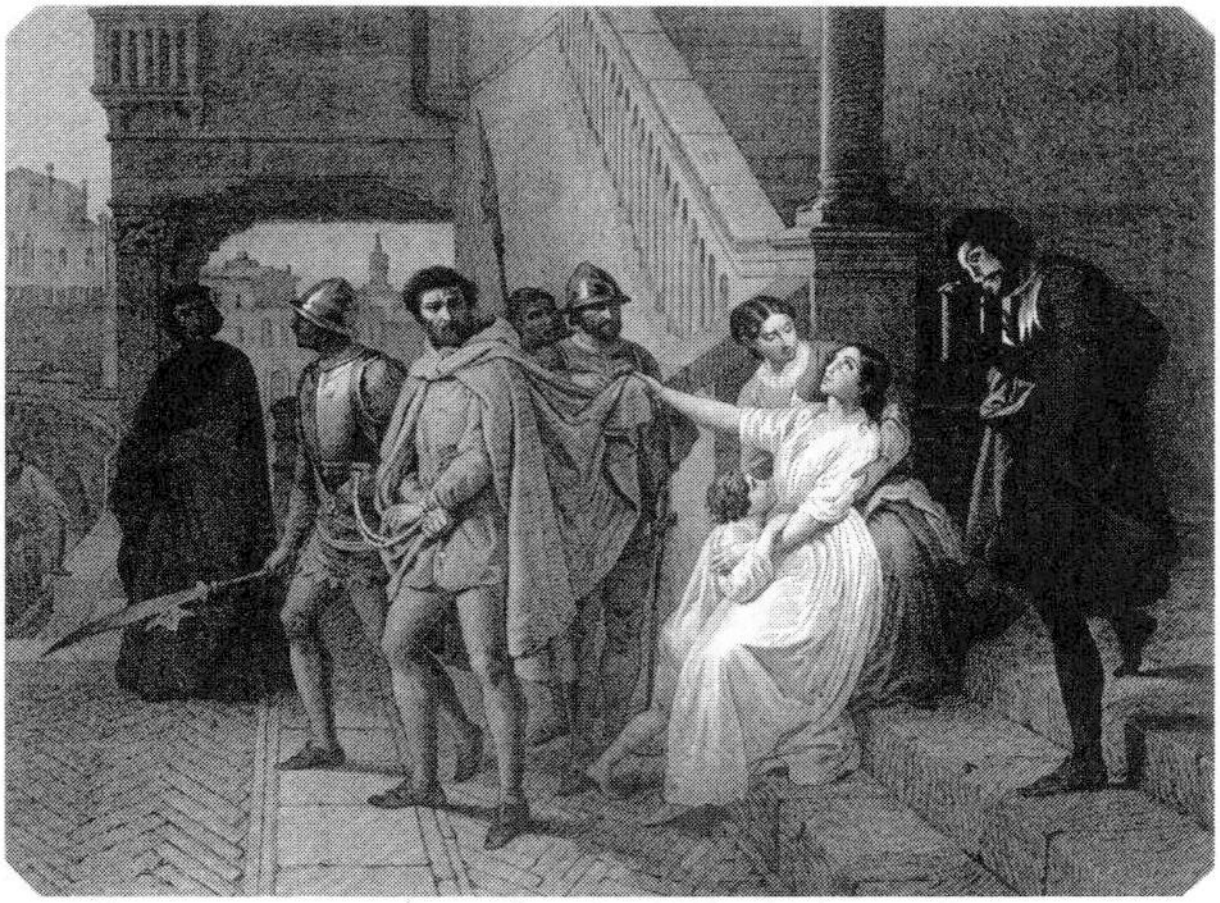

3-6 ポンペーオ・マリーノ・モルメンティ《フィリッポ・カレンダーリオの逮捕》1855，ヴェネツィア，ジョヴァネッリ邸

共和国崩壊と、それに続くオーストリア・ハプスブルク家の支配の下で長い停滞期を経験していた。しかし、一八六一年に統一を達成した新イタリア王国に、一八六六年にヴェネツィアがついに加わった後を受けて、一八七〇年代から活気を帯び始めた。ペロッコが指摘するこのヴェネツィア美術再興の時期に、川村は海の都に到着したことになる。

ファヴレット　二十三歳のファヴレットは、川村が入学した一八七六年当時、恩師モルメンティの「代理教員（supplente）」として「人物画基礎（elementi della figura）」の授業を担当し始めたばかりであった。フランス写実主義絵画の強い影響の下に近代的な主題と技術を用いて描く彼は、新しい時代の旗手として注目され、特に若い画家たちから英雄視されていた。ファヴレットも三歳下の川村を当然知っていたはずである。

幼い頃から病弱であったファヴレットは、父の経営する家具工房ではなく、近所の紙屋で手伝いをしていたが、ある古物商に画家としての才能を見出されて美術学校に入学した。学校ではミケランジェロ・グリゴレッティ（Michelangelo Grigoletti 一八〇一

3-7 ジャコモ・ファヴレット《あるヴェネツィアの岸辺》1881，個人蔵

ロライ・グランデ・ディ・ポルデノーネ～一八七〇 ヴェネツィア）とモルメンティに師事し、頭角を現す。一八七七年に血液感染症で片目の視力を失うものの、健康を回復して翌年まで美術学校に代理教員として留まった[56]。

ファヴレットは親友の風景画家チャルディとともに、一八七八年夏にパリ万国博覧会を訪れ、ジャポニスムとして当時一世を風靡していた日本美術への熱狂を目にする[57]。その三年後の一八八一年にミラノ内国博覧会に出展された作品《あるヴェネツィアの岸辺》（図3-7）は、縦長の画面、およびゴンドラ漕ぎの後景の平面的扱いに浮世絵版画の影響を示す。後述するように、川村は死亡した緒方の跡を襲って商業高等学校で日本語を講じていたが、ヴェネツィア商業高等学校が同内国博覧会に提出した公式報告書に、同講座に関する報告を寄せていた[58]。したがって、ファヴレットが筆を執っていたヴェネツィア

3-8　川村清雄《ヴェニスの景》1906頃，府中市美術館

の美術学校かミラノの博覧会場で、川村が若き教師の絵を見ていた可能性は指摘できよう。

その川村は、帰国後に《ヴェニスの景》（図3-8）と題する水彩画を描いている。確かにゴンドラ漕ぎの後姿はヴェネツィアで頻繁に目にする風景であるが、オールを押す時の力の入った両脚や[59]、背景に建物を平面的に置いた構図はふたつの作品に共通する要素である。川村は画面のそこここを塗らずに残す、日本で所謂「余白」をうまく用いて、運河の水の透明感を表現しているが、「絵」を「色を塗られたもの」（英 painting, 伊 pittura）と捉えるヨーロッパ人には、この概念は理解し難いものであった。古代ギリシア時代からヨーロッパ美術に連綿と引き継がれ、隙間を余すところなく模様などで埋めようとする「空間恐怖（horror vacui）」は、まさに「余白」と正反対の概念である。たとえば、川村の絵を買ったイギリス人画家の言葉を、川村は次のように述べている。

其れから私の絵を評しまして、「真に面白いが只下の白い処は未成であツて往けない、矢張薄くでも、色を付け無くちや絵に成らない」と言ひました。(60)

この画家については後に詳しく述べよう。

風景画の変化　ヴェネツィアでは、偉大な街の豪華な建物を描く「ヴェドゥータ（veduta）」と呼ばれる都市景観図が、風景画として十七世紀以降支配的であった。これは、グランド・ツアーで海の都を訪れる北方の富裕層への土産物として数多く描かれ、その代表的画家がジョヴァンニ・アントニオ・カナル、通称カナレット（Giovanni Antonio Canal 一六九七 ヴェネツィア～一七六八 ヴェネツィア、図3-9）やフランチェスコ・グワルディ（Francesco Guardi 一七一二 ヴェネツィア～一七九三 ヴェネツィア）である。彼らが描いたのは、総督宮やサン・マルコ広場、サンタ・マリア・デラ・サルーテ（健康の聖母）聖堂などの観光名所で、写真のない時代にこれらの名所絵が土産物として客の故国に持ち帰られた。しかし、フランス写実主義の影響を受けたドメニコ・ブレゾリン（Domenico Bresolin 一八一三 パドヴァ～一八九九 ヴェネツィア）は、描く対象を豪奢な建物から朽ちかけた田舎家へと百八十度転換し（図3-10）、彼に続くチャルディなどの世代は、ヴェネツィアという街の原点ともいえる干潟や、一般民衆の穏やかな生活を描くようになった。

一八四二年生まれのチャルディィは、息子を公証人にしたい父親の意向に逆らい、家族ぐるみで付き合いのあった装飾家カルロ・マツェグ（Carlo Matscheg）の家に逃げ込み、一八六四年以降、美術学校でブレゾリンに師事した。一八六六年に学校を中退すると、翌々年から新生イタリア王国の中南部を巡り、フィレンツェでマッキアイウォーリの、ローマでニーノ・コスタ（Nino Costa 一八二六 トリノ～一九〇三

3-9 カナレット《サン・マルコ聖堂と総督宮》1735，ワシントン，ナショナル・ギャラリー

3-10 ドメニコ・ブレゾリン《朽ちかけた家》，ヴェネツィア近代美術館

トリノ）の、そしてナポリでドメニコ・モレッリ（Domenico Morelli 一八二三 ナポリ～一九〇一 ナポリ）の影響を受けた。一八六九年にヴェネツィアに戻り、一八九四年から一九一七年の死まで、美術学校風景画科で教鞭を執った。[61]《陽に映える帆》や《サン・テラズモ島》（図3-11）などでチャルディの描くヴェネツィアは、「ヴェドゥータ」で扱われてきたヨーロッパ一の財力を誇る海の共和国ではなく、のどかな干潟で繰り広げられる、民衆の質素で穏やかな漁村の生活である。広々とした水面やそこに浮かぶ船の表現には、近代美術の一つの特徴ともいえる外光に対する強い関心が見て取れる。

川村が美術学校で直接チャルディに習った形跡はないが、当時の風景画の変化を当然ながら自らの基礎とした。それを証拠に、彼がヴェネツィア滞在中に描いたデッサンや帰国後の《ヴェニス風景》（図3-12）は、街中の一般民衆を温かい目で見つめる。その視点は、チャルディや同時代ヴェネツィアに集った画家たちのそれと共通のものである。これに関連して、一八七九年から一年半ヴェネツィアに住んだ、アメリカ人画家ジェイムズ＝アボット＝マクニール・ホイッスラー（James Abbott McNeill Whistler 一八三四 ローウェル～一九〇三 ロンドン）が、時代に先駆けて初めて民衆を描いたかのような見解が示されたが、後述するヘンリー・ウッズを中心とした画家たちのサークルに入ったホイッスラーも、当時のヴェネツィアの風景画の動向を敏感に察知して表現したと考えられる。[62]

エットレ・ティート　本節冒頭に引いた「閲歴」の一節において、川村はふたりの友人の名前を挙げる。「チート」とはエットレ・ティート、「ダモリン」はオレステ・ダ・モリンのことである。木村駿吉によれば、ティートは「学生でありながらアカデミーの教師よりも優れた腕を持つて」[63]いたという。彼らについては先行研究も触れているが、[64]本節では彼らと川村の関係を中心に考察しよう。

3-11 グリエルモ・チャルディ《サン・テラズモ島》1889，個人蔵

3-12 川村清雄《ヴェニス風景》，個人蔵，神奈川県立近代美術館寄託

ティートは、一八五九年にカンパーニア地方、アマルフィ近郊のカステッランマーレ・ディ・スタービアに生を受けた[65]。母親がヴェネツィア出身であったことから、家族はエットレの幼少期に海の都に移り住み、彼はヴェネツィア美術学校に入学する。オランダ人の両親を持つ画家セシル・ファン・ハーネン（Cecil Van Haanen 一八四四 ウィーン～一九一四 ウィーン）と親交を結び、川村がヴェネツィアに到着した一八七六年には、十六歳で美術学校を卒業した[66]。その後、ティートは写実主義的手法で民衆の生活を、時に諧謔味を交えながら温かい目で描き続け、世紀末ヴェネツィアの代表的画家と目されるようになる。同時代の美術批評家ウーゴ・オイエッティは彼の人物を次のように描写する。

背が高く、がっしりとした体格で、陽に灼け、尖った顎髭《あごひげ》には白いものが混じり、情熱的な南イタリア人特有の大きく動きの遅い目をしたエットレ・ティートは、ほとんど話さず、やかましい仲間たちや面倒な名誉職、無意味な議論を避けた。ドーロ近郊サン・ブルゾンの田舎に何ヵ月も閉じ籠もり、ヴェネツィアに来るときでも「サン・マルコ」広場に現れることはほとんどなかった。そこに現れるときにはカフェ・フロリアンに座り、自分が話すというより人の話を聞いていた[67]。

イタリア人が一般的に「熊（orso）」と呼ぶティートの寡黙な性格は、次に述べるダ・モリンと異なり、川村宛の書簡が全く残されていない事実にも見て取れるように思われる。一八九四年から一九二七年まで、ティートはヴェネツィア美術学校で絵画を教えるが、オイエッティは「仕事をしながら教えることのできる数少ない教授のひとりであった」と述べている[68]。

江戸東京博物館には、おそらく川村の帰国時に記念に渡されたであろうティートの署名入りの遺品が二点残されている。一つはティートが描いたと思われるデッサンをコラージュ風に貼り付けた下に

3-13 エットレ・ティート《友川村に，ティート》，江戸東京博物館

「友川村に、ティート（Tito all'amico Kawamura）」と書かれたものである（図3-13）。一瞥では、二点のカリカチュア風肖像画は同時代の人物を写したものと思われるが、中世風の衣装をまとった登場人物を配した七点のデッサンは、既存の絵画からの模写である可能性が残されている[69]。川村より七歳下のティートは、これぞと思うデッサンを貼り付けて、遠い故国に泣く泣く帰国する友への餞《はなむけ》としたのかもしれない。

もう一点は、川村の名刺の裏にペンで描かれた《日傘を持つ女》（図3-14）である。これは、従来川村のデッサンと考えられてきたが、画面右下に書き込まれた署名からティートの作品であるとわかる。ここにも技巧に秀でたティートの素早いペンさばきが見て取れる。

その他に、ティートが描いたとされる川村の肖像画を、川村は「宝物にしてゐ」[70]たという。関如来は、一九一〇年（明治四十三）十一月二十九日か

3-14 ティート《日傘を持つ女》, 江戸東京博物館

ら『読売新聞』に連載を始めた「淪落《りんらく》の二大天才　川村清雄と小倉《おぐら》惣次郎《そうじろう》」と題する一連の記事のなかで、十一月三十日の紙面にこの肖像画（図3-15）を掲載した。画質が劣悪なため、残念ながら画像を見極めることはほとんど不可能に近い。しかしながら、三点とも川村とティートの仲を十分に推測させる遺品である。

オレステ・ダ・モリン　もう一人の友人ダ・モリンは文字資料も残している。彼は一八五六年にパドヴァ近郊の村ピオーヴェ・ディ・サッコに生まれ、一八七三年から一八七七年までヴェネツィア美術学校に学んだ。入学直後に父親を、次いで二年後に母親を失い、経済的に困窮したが、ティートと同様、学校で数多くの賞を受賞し、それに伴う賞金で学生生活を乗り切った[71]。本節冒頭に引いた「閲歴」で川村が「随分其の人達は貧乏であツた」と述べているのは、事実であったと考えられる。

チャルディと同様、ナポリ美術学校教授モレッリに心酔していたダ・モリンは、ヴェネツィア美術学校での恩師モルメンティの反対を押し切ってナポリに赴き、そこで数ヵ月にわたってモレッリの授業を受けた。モレッリはダ・モリンの絵画、特に人物造形やキアーロスクーロ（明暗表現。イタリア語）に大きな影響を与えた。一年飛び級を許可するというモレッリの手紙を携えてヴェネツィアに戻ったダ・モリンは、一八七八年に美術学校を卒業し、作家活動を開始する。

この頃に川村との仲は一層親密になったようで、一八七九年末にはイタリア統一の英雄ジュゼッペ・ガリバルディを讃えて、英雄の写真を印刷した葉書の裏側に熱狂的な文章をふたりで記している（図3-16）。ここで川村は、ハプスブルク家のオーストリア支配からやっと独立を獲得して統一イタリア王国に加わった、ヴェネト地方出身のダ・モリンと愛国心を共有している。

3-15　ティート《川村清雄像》，焼失

我々オレステ・ダ・モリンと川村清雄は、ジュゼッペ・ガリバルディに多少とも響きの良い称号など必要ないと思う。というのも、ガリバルディはガリバルディであって、残りは後世の人々が付け加えるだろうから。自由と独立の父であるガリバルディは、この世で一番高貴で気高い心を持つ。

ヴェネツィア、一八七九年十二月十八日、メッツェ・アクエ通のアトリエにて[72]

次に引用する江戸東京博物館収蔵の一八八三年二月十六日付の川村

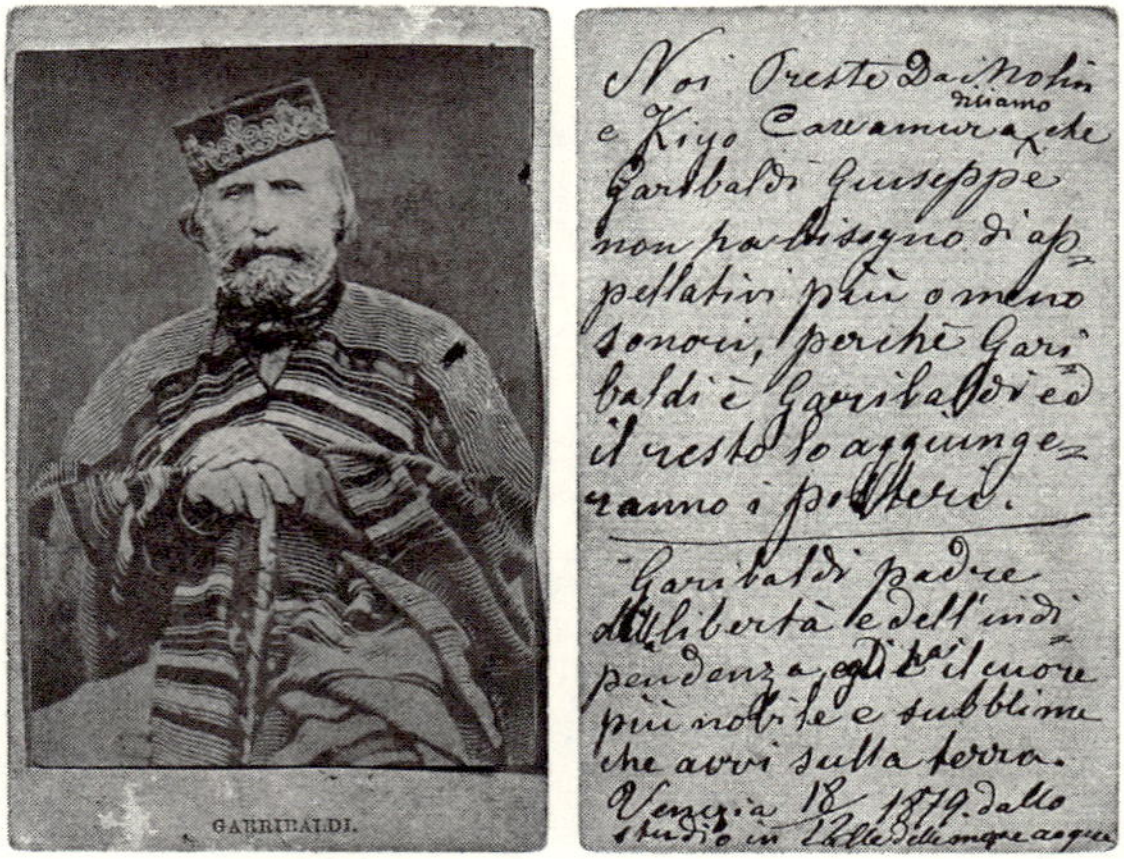

3-16 「ガリバルディ賛」1879年12月18日，江戸東京博物館

宛書簡の筆跡と比較すると、この宣言にも似た文章は、明らかにほとんどダ・モリンが書いている。次の手紙はふたりの親密な間柄をよく示している。

親愛なる友、清雄

ヴェネツィア、一八八三年二月十六日

君が故郷に着いてから未だに君の手紙を受け取っていない。その理由は定かでないが、君が何か悪いことをしたと俺は思っていない。

だとしたら何故、親愛なる友よ、俺に手紙をくれないのか、どうか教えてくれ。

君に［頼まれていた］箱も送ったのに、君の受取りさえ届かない。

君が健康だということは少なくとも聞き及んでいるし、そう願いたい。

俺は精神的に病んでいる。最近つらいことが沢山あった。誓ってもいい、こんな風に生きるくらいなら死んだほうがましだ。聞いてくれ。

君がヴェネツィアにいた頃、俺には愛人［恋人］がいた。彼女はエリザ・マリーニ嬢だった。俺は彼女に何の不満もなかった、いや、聞いてくれ、彼女は［判読困難：心からか］俺を愛してくれたし、今も愛している。もし、君が俺たちの中を取り繕ってくれなければ、彼女は苦しみのあまり死んでしまうだろう。俺も彼女をこの上なく愛している。でも、俺の可哀想なエリザの親戚[73]は意地悪だ。ああ、可哀想なエリザ、可哀想なオレステ、君に話すことができたら。誓ってもいい、俺はつらい、でも仕方ない。君だけが俺からこの苦しみを取り除くことができるだろう。ここからが俺の言いたいことだ。

親愛なる友よ、できることならエリザと日本で一緒に暮らせるような仕事を、もし君が俺に見つけてくれるなら、是非行きたい。俺が望むのは、暇な時間に絵を描いてヨーロッパに送れるよう、その仕事があまり時間を割くものでないことだ。

君は俺の弱さをもう知っているはずだから、その点については君に言う必要はないね。

ここヴェネツィアで俺は絵を何枚か描いて、そのうち二枚をパリのサロンで売った[74]。とどのつまり、まあ運が良かったよ。知ってるかい？　俺は彫刻、つまり粘土細工も楽しんでいる。そして、この芸術でも何かしたい。絵を描くより簡単だからね。だから、もし君が日本のどこかの学校でデッサンや絵画、または彫刻の教師として、はたまた日本での画家として俺を迎えてくれるなら、それは君が友人に対してできる最高の思いやりというべきものだ。君にはいろいろと伝手《つて》があるから、そんなことは君にとって難しくないだろう。それに、俺が君にとって役に立つならば、喜んでそうするよ。

俺の街、ピオーヴェ・ディ・サッコでは洪水で大きな被害が出て、俺の親戚はみな無一文になり、俺もあの頃はそうだった[75]。

3-17 オレステ・ダ・モリン《自画像「オレステ・ダ・モリン私自身」》，江戸東京博物館

親愛なる友よ、俺を幸せにしてくれ。
ロレンツォ[76]は元気だ。結婚したがっている。
ローマの展覧会に展示されている最高の作品は、ヴェネツィアのルイジ・ノーノ氏のものだよ。[77]
美術サークルで君の作品を見られるかと思ったが、残念だった。

たとえ答えがノーであっても、俺を君に結びつけるあの友情に免じて心から君に頼むよ、返事をくれ、そうすれば一生恩に着る。
日本に行くことができるなら、君の望むことを何でもする。
俺を大切に思ってくれ、そしてキスを受けてくれ。

君の誠実なる友人
オレステ・ダ・モリンより

次の住所に手紙を書いてくれ。
オレステ・ダ・モリン
イタリア、パドヴァ県
ピオーヴェ・ディ・サッコ(78)

出身地ピオーヴェ・ディ・サッコの生家のある通りには、現在ダ・モリンの名前が冠されている。

川村とダ・モリン　続いて、作品の比較を通じて川村とダ・モリンの関係を検証しよう。江戸東京博物館収蔵の眼鏡をかけたベレー帽の男の肖像（図3-17）は、これまで川村の作品と考えられていたが、

3-18　ダ・モリン《自画像》，パドヴァ，ヌオヴァ・アルカディア

画面右下にある「私オレステ・ダ・モリン自身（Io stesso Oreste Da Molin）」という署名からダ・モリンの自画像であることがわかる。諧謔味を帯びた後期の自画像と比較すると、この若き画家の自画像は真摯な若者の表情を見せる、稀有で優れたデッサンである。それは、パドヴァのヌオヴァ・アルカディアに収蔵される比較的年代が近いと考えられる油彩自画像（図3-18）と似た相貌を見せる。東京の作

3-19 川村清雄《(ここでは) オレステ・ダ・モリンの肖像》, 江戸東京博物館

3-20 ダ・モリン《「陽気な」自画像》, パドヴァ, 個人蔵

品はデッサンに過ぎないが、木炭で黒く塗った背景と画家の顔とのコントラストが、観る者の心を射抜くような鋭い眼光を一層際立たせる。画家の額、鼻、顎と眼鏡、およびシャツの襟には白くハイライトが付けられている。

江戸東京博物館には口ひげを蓄えて笑う、川村による《帽子を被る男》(図3-19)のパステル画が収蔵されている。パドヴァの個人コレクション蔵になる一九一八年頃の作と考えられるダ・モリン作《「陽気な」自画像》(図3-20)と比較すると、独特の笑いから、川村のデッサンのモデルはダ・モリンであると推測できる。川村はおそらく、ティートと同様、ダ・モリンとも互いをモデルに絵を描き合ったのであろう。

加えて注目したいのは、おそらく同一モデルを素描したと考えられる目黒区美術館収蔵の三点の男性裸像習作(図3-21はそのうちの一枚《座る男》)である。これらのパステル画は、『川村清雄研究』においては年代を特定せずに留学中の習作とされ、二〇一二年の展覧会カタログではヴェネツィア留学中のものと推測された[79]。それを裏付けるのが、ダ・モリンが紙にテンペラで描いた《男性裸像》(図3-22)である[80]。ふたりのデッサンが、同一青年をモデルとしていることは明らかである。このことから、川村のデッサンはヴェネツィア美術学校での習作であったと考えるのが妥当である。

最後に、川村留学中の代表作として頻繁に取り上げられる《少女像》(図3-23)に触れたい。本作は、若き画家の優れた技術を窺わせる作品として有名である。これと並置したいのが、ダ・モリンの描いた《少年像》(図3-24)である[81]。カンヴァスの裏に一八七八年の年記を持つこの油彩画は、ナポリから戻ったダ・モリンが川村と親交のあった頃の制作ということになり、この作品を川村は当然見ていたはずで

3-21 川村清雄《座る男》，目黒区美術館

3-22 ダ・モリン《男性裸体習作》，ヴェネツィア，個人蔵

ある。ピオーヴェ・ディ・サッコ出身の画家の作品には、ナポリで学んだモレッリ風の粗く暖かいタッチがいっそう支配的であるものの、顔貌の描き方、特に鼻の頭や額へのハイライトの付け方、顔に比べて一層粗いタッチで描かれた衣服の表現は、両者に共通するといえよう。

美術史家パオロ・ティエートは、ダ・モリン作品の解説のなかで、彼が自分のふたりの子供をはじめ、近所に住む子供たち、または小径（calle）や広場（campo）で偶然出会った子供たちをモデルにしていたと指摘しながらも、この作品のモデルについては全くわからないと述べている[82]。太く短い鼻梁と深い眼《がん》窩《か》、美しい黒髪と大きな黒目は、両者のモデルが姉弟ではないかと疑わせるほどである。川村とダ・モリンが、先ほど引いたガリバルディ賛の葉書裏に文章を認めたメッツェ・アクエ通りのアトリエに、近

3-23 川村清雄《少女像》，東京国立博物館，東京文化財研究所画像提供

3-24 ダ・モリン《少年像》，パスクワーレ・デ・リエロ・ヴォッラーロ・コレクション

3-25 川村清雄《サンタ・マリア・デイ・カルミニ聖堂鐘楼》,江戸東京博物館

3-26 フォンダメンタ・ゲラルディーニから眺めたカルミニ聖堂鐘楼(筆者撮影)

所に住む幼い姉弟を招じ入れ、彼らをモデルに仲良く絵筆を動かしている姿を思い浮かべるとしたら、想像が過ぎるとお叱りを受けるであろうか。

ここで江戸東京博物館に収蔵される一枚の水彩画（図3-25）に注目したい。この作品はサンタ・マリア・デイ・カルミニ聖堂の鐘楼を描いたものとして知られるが、その角度から聖堂の南、運河を渡ったフォンダメンタ・ゲラルディーニから眺めたものであること（図3-26）が理解できる。川村がデッサンをしたこの場所には、前章で論じた緒方惟直の没した場所、すなわち妻マリアの実家、セロッティ家がある。川村は、自分より四ヵ月遅れてヴェネツィアにやってきた一歳下のこの青年について何も語らないが、緒方の死に至る一年半の間にふたりの間に全く交流がなかったとは考えにくい。川村は病床の緒方を訪れ、朋友が窓から毎日眺め、朝夕その音を聴いていたであろう聖堂の鐘楼を描いたのではなかろうか。

4　美術学校の外へ

新制学校　一八七九年一月十四日、川村は一八七八～七九学年度の「普通科三年（anno III del Corso Comune）」に籍を置いた(83)。「試験登録（Esame 1879 (a.a. 1878-79) iscrizione）」所収の「口述記録（Protocollo Verbale）」よれば、川村は学籍を置いた普通科三年に属する五つの科目に登録はしたものの、学年末の試験にはいずれも欠席している。

具体的に述べると、川村（Cavamura Ciro または Cavamura Cyro）は、一八七九年七月十九日に行なわれた「建築基礎：珍しい様式の繰型の応用と扉や窓等の建築部分図（Elementi di Architettura applicazione delle modanature dai rari stili e porzione di fabbrica come porte finestre etc.）」、「建物全体に応用される陰の理論（Teoria delle ombre applicata alle intiere fabbriche）」、「遠近法研究：難問、視覚を変えた建物の遠近法（Studio della prospettiva problemi completi prospettiva fuor d'angolo dei fabbricati）」と、七月二十三日に行なわれた「さまざまな部位のプロポーション、および体重と年齢に拠る形態とプロポーションの違い（Proporzioni delle varie parti e differenza di forme e proporzioni a seconda del peso e dell'età）」、「人体骸骨標本からの模写：実物写生（Copia dello scheltro umano – disegno dal vero）」のすべての「試験に現れなかった（non si presentò all'esame）」のである(84)。一八七六年から一八七八年まで、川村は少なくとも一つの科目で試験を受けているが、この年には全く受験していない。これはなぜなのだろうか。

学籍簿を見ると、本学年度から様式が大きく変わっている。学校名は「ヴェネツィア美術学校（Accademia di Belle Arti di Venezia)」から「ヴェネツィア王立美術学院（Regio Istituto di Belle Arti di Venezia)」となり、登録科目がこれまでのように複数から、「普通科三年（L'anno III del Corso Comune)」一本に絞られている。この変化は、一八七八年九月八日に公布されたイタリア国王ウンベルトの王命に基づく美術学校の学制改革に拠る。そして、それが川村の美術学校での勉学にも影響を与えた可能性が高い。まず十九世紀半ば以降のヴェネツィア美術学校の変化を追ってみよう。

「いとも晴朗なる共和国（La Repubblica Serenissima)」末期の一七五〇年九月二十四日に創立されたヴェネツィア美術学校は、ナポレオンの侵略に伴う共和国の崩壊（一七九七年）と、ウィーン条約に基づくオーストリア支配への移行（一八一五年）の後、ヨーロッパ全体で美術動向が急速に変化したにもかかわらず、カノーヴァの新古典主義的教育方針を固持していた(85)。

これに対し、建築家ピエトロ・セルヴァティコ・エステンセ（Pietro Selvatico Estense 一八〇三 パドヴァ～一八八〇 パドヴァ）は、一八四〇年代に校長に就任すると、美術学校の改革に乗り出し、自然光の下での裸体習作、石膏からでなく外光の下での実物による衣文習作、全時代の建築モティーフの学習等の新機軸を打ち出した。しかし、セルヴァティコの改革は保守派の教授たちに阻まれ、一八五九年彼は辞職に追い込まれる。

歩みを緩めた改革の例外は、写実主義の流れを取り入れた初の風景画科である。この科はまずフランチェスコ・バニャーラに、次いで、前述したようにブレゾリンに託され、その門下からチャルディが輩出した。他方、工芸への強い関心が生まれるなか、当初は美術学校もこの動きに対応したが、各地に工芸学校が設立され始める（パドヴァにはセルヴァティコ自身が一八六七年に工芸学校を創設）と、ヴェネツィア美術学校は一八七二年に、絵画・彫刻・建築のいわゆる純粋美術のみの教育に専念した。セルヴァティコの改革もその後の反動も、めまぐるしく変化し続ける教授や生徒の要求を満たすことはできなかった。[86] 一八七八年九月八日、文部大臣デ・サンクティスは改革を打ち出し、セルヴァティコの革新的な考え方を引き継ぐ新たな学則が設けられた。[87]

美術学校の組織は、教授の団体であるコッレージョ（collegio 以下「カレッジ」）と学校であるイスティトゥート（istituto 以下「学院」）に分けられ、カレッジは学院で教鞭を執る教授たちで構成され（第一条）、教授は資格審査を経て国王が任命した（第二条）。学院は「予備科」「普通科」「専科」の三科に分けられ（第三三条）、「予備科」は一ヵ年で、算数、幾何と装飾の素描、イタリア語、美術史を教えた（第三四条）。続く「普通科」は三ヵ年で、叙述的幾何学、陰影理論、遠近法、建築モティーフ、装飾、人物、解剖学、イタリア語、美術史を教えた（第三五条）。この普通科を終了すると、絵画、彫刻、装飾、風景画、建築の三ヵ年の専科（建築だけが四ヵ年）から一つを選んで進学することができた（第三六条）。どの専科でも文学を含めたイタリア語と美術史の授業は続けられた。これらの内容は、川村と入れ替わるようにしてヴェネツィア美術学校で彫刻を学んだ長沼守敬《ながぬまもりよし》（第四章参照）が、帰国直後の一八八七年秋、龍池会会合で行なった「伊太利国威尼斯《ウエニス》美術学校の概況」と題する講演の内容と合致する。[88]

しかし、この新しいシステムに生徒たちは狼狽し、美術史や文学（イタリア語）を最終学年まで学ぶことに疑問を感じた。それまで無料であった学費が突然三〇リラに上がったことも生徒や家族を驚かせ、生徒数は半減した。下の学年はある程度の人数を確保できたが、上級にはほとんど生徒がいなかった。[89] 学制改革に狼狽したのは、生徒ばかりではなかった。川村の若き教師ファヴレットも、締め付けの厳しい新体制に少なからずショックを受けたひとりであった(90)。

翻って我々の川村に目を戻すと、学費の支払いに加え、イタリア語など、あまり興味のないと思われる科目まで強制的に履修せざるを得なくなったことが、すでに「只表面的の規則的の事を教へる」として興味を失いかけていた学校からの離反を加速させたとしても無理のない話である。その後、帰国する一八八一年まで川村の学籍記録は、美術学校古文書館には見出せない。

街の中へ　学制改革によって美術学校から一層気持ちが離れたであろう川村の目は、外国人画家も多く集うヴェネツィアという街そのものに、おそらく向けられていったように思われる。この時期の川村の活動を垣間見ることのできる史料の一つに、学制改革が取り沙汰されていた頃の一八七八年七月付スロヴェニア人画家イヴァン・ポズニクの川村宛覚書がある(91)（図3-27）。

レターヘッドには最上段に Venezia, 次に総督宮を表わす版画の下に伊仏両語で Palazzo Ducale, Le Palais Ducal と印刷されている。ついでイタリア語で Armeno（アルメニア語）と書かれた下にキリル文字のアルファベットが、また Turco（トルコ語）と書かれた下にアラビア文字が、すべて手書きで並んでいる。この書簡は、ポズニクが川村を前に、アルメニア語とトルコ語はこう書くのだよと言いながら、アルファベットを書いてみせる姿を彷彿させる。解読困難な後続部分は、紆余曲折の後にアラビア文字で書かれたトルコ語で、内容はアラーの神への賛辞であるとわかった(92)。

裏面の数行は、実はアルメニア語ではなく、キリル文字で書かれたスロヴェニア語で「川村清雄と出会った記念に、画家イヴァン・ポズニク、ヴェネツィア、一八七八年七月」という内容であることが明らかになった(93)。ポズニクが川村と出会った嬉しい驚きのなかで、この文を認めた様子が目に浮かぶよう

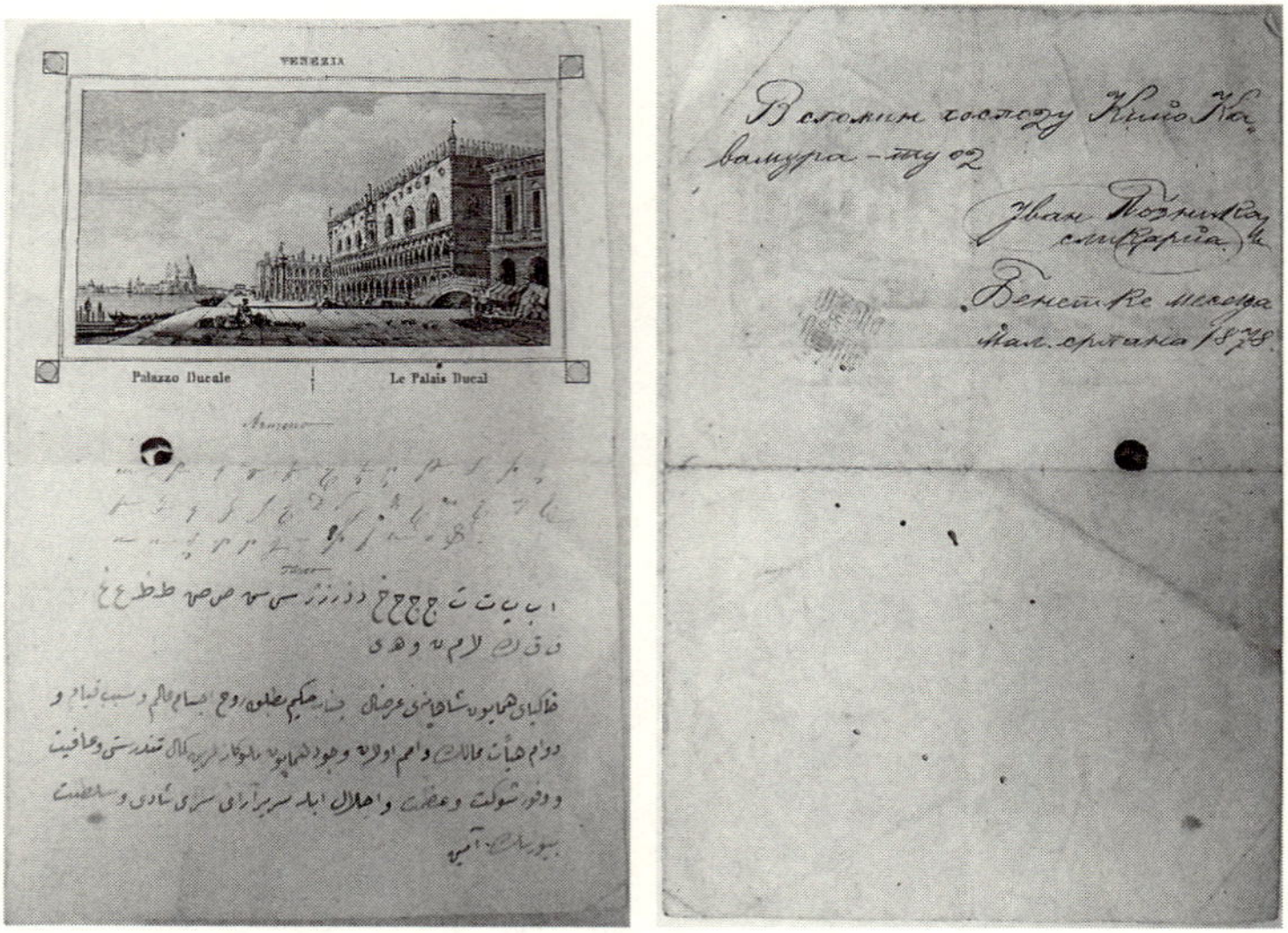

3-27 川村宛イヴァン・ポズニクの覚書，1878年7月，江戸東京博物館

である。このスロヴェニア人画家がいかなる人物であったのか、今のところ判然としない[94]。

美術学校古文書館収蔵の「証明書提示記録(Protocollo degli esibiti)」なかに、川村宛の発送許可証が二〇一五年の調査で見つかった[95]。一八八〇年五月一六日付証明書番号二二三号がそれで、川村が一枚の絵(dipinto)を発送したと伝える。当時は美術品をイタリア国外に送る場合、生徒は学校に許可を申請する必要があった。証明書の写しは残念ながら残っていないので、具体的にどんな作品をどこに向けて発送したのかは不明であるが、これに対応する可能性のある記述が清雄の父、帰元《きげん》の家計簿に見出だせる。一八八〇年十一月十九日付で「彫刻部より郵便ニ而清雄より油画相廻り候間為受取出頭候様申来候ニ付直ニ出頭」とある[96]。この二つの史料が同一作品を指すならば、清雄が祖国の父に向けて、勉学の成果を示そうと自らの作品を送ったのではなかろうか。そして、その作品は時期的に考えて、前述の《少女像》である可能性が高い。

日本語教師としての川村　この頃、川村は前章で述べた緒方の死から一八八一年十月末の帰国まで、ヴェネツィア商業高等学校において日本語を教えた。第二章で述べたガッティノーニは、由緒ある出版社アルド・マヌツィオから一八九〇年に上梓したその著書『日本語文法』のなかで、「緒方先生が亡くなると一年間の中断があり」と述べている[97]。また、川村自身も一八八一年のミラノ内国博覧会の際に、ヴェネツィア商業高等学校が出版した学校紹介の日本語教授法のなかで、「長い研究の後、一八七九年十月に」日本語の教育法を決定したと述べる[98]。すなわち、緒方の病気が重篤になって授業ができなくなってから、一八七八年四月四日の緒方の死をはさんで一年間、日本語の授業は中止された。しかし、川村を新しい教員に迎えて授業が再開されたのが、一八七九年十月の新学期なのか、またはそれより前なのかは現時点では確定できない。つまり、川村のいう一八七九年十月が授業再開時なのか、すでに再開していた授業のなかで彼が教育方法の最終案を編み出した時期なのかは、はっきりしない。

川村は日本語教師としても優れた人材だったようである。ガッティノーニはその指導の様子について、前に引いた箇所に続き、次のように語る。

授業が川村清雄氏の下に再開された時、彼は［文法規則をまとめようという］私の意図に気付いて私の学力向上を促し、彼の気遣いに溢れた指導の下、私は以前から思い描いていたレヴェルにほぼ到達した。次いで、［私の］文法書の最初の草案を上記の学校［ヴェネツィア商業高等学校］の校長騎士勲章佩勲者フランチェスコ・フェルラーラ氏に見せるよう仕向けたのは、彼である。私がこの目的のためにのみ行なったこと、そしてこの言語に寄せる私の愛情がいかに深いかを見た彼は、私に何冊かの日本語の原語の本を貸してくれた[99]。川村はガッティノーニの希望を叶えようと親身に助力したようである。

川村は当該講座の教育方針に関して、一八八一年にミラノで開かれた内国博覧会で報告を行なった[100]。それによると、川村の授業はドイツの言語教育者フランツ・アーン（Franz Ahn 一七九六 アーヘン〜一八六五 ゾースト）の教育法に基づいた独自のプログラムである。アーンの入門書は、十九世紀から二十世紀初頭にかけて人気を博し、東京大学総合図書館にも仏・独・伊語の三ヵ国語の入門書が収蔵される[101]。これらの入門書の構成はほぼ同じで、第一コースが発音を序に、文法、作文、語彙の三部構成を取り、第二コースは使用者の母国語と学習言語の間の練習問題、学習言語の文法、語彙の三部に分けられる。

これに対して川村は、週三回の夜学の日本語の授業を、学校の指示に従って一年目の初級と二年目の中級に分ける。初級では片仮名を使って文法の初歩とアーン式の作文を行ない、中級では平仮名を学びつつ、アーンの作文、簡単な物語のイタリア語から日本語への翻訳などを行なうのに加えて、日常会話にも習熟する。

緒方の章で述べたように、初代教師の吉田要作はレオン・ド・ロニーと馬場《ばば》辰猪《たつい》のテキストを使った可能性が指摘できるが、その後、出版されたいくつかの日本語文法書にも、川村は満足していなかったようである。報告書のなかで彼は次のように述べる。

すべての文法書を精査し、現在さまざまな東洋語学校で提案されている教授法を熟考したところ、教授［川村自身のこと］はそこに文法規則の混乱と誤謬のみを見出した。したがって、それには価値が認められないと考えたので、弟子達に辿るべき道を明示し、同時に彼らの勉学上の困難をできる限り受け入れやすいものにする方法を作り上げなければならないと考えた(102)。その結果、川村はアーン法に基づく独自の授業方法を編み出したのであろう。

川村は、吉田が受け取っていた六〇〇〇フランの三分の一、二〇〇〇フランの年俸をイタリア政府から支給されていたが、明治政府印刷局から奨学金を受けていたから、生活はそれほど苦しくはなかったはずである。しかしながら、数人の友人から借金をしていた記録が残っている。

5　ヴェネツィア美術サークル

「明治美術会のやうなもの」

ここで、美術に話を戻そう。川村は「閲歴」のなかで、ある展覧会に出品した絵を「英吉利《イギリス》の絵師が」購入したと述べる。すなわち、

幸ひに其時分絵師の倶楽部、明治美術会のやうなもので一ツの展覧会を開いた時分に私が其の「リーコに言われた」精神で水彩を描いて出しましたんで、一枚が桜に鳥一枚が日本の大森の風で女が傘を地《つち》へ挿して栄螺《さざえ》や貝を焼いて居る、向ふが波打際で其処を旅僧が通ツて居る、上の隅へ群青の式紙を見せて四方の縁の右の上から松を描いて鳥渡《ちょつと》千鳥をあしらひ左の下の処へは桜草を和《やわら》かく出して蛙を一匹飛ばせました、其れで其の松の所から半分処《とこ》まで真黒く縁を塗ツて左の中程から桜草の上まで金を押して一番下に真白で絵具を塗らないで紙の地を其儘に見せたんです、丁度英吉利の絵師が来て居まして大変それを褒めて百五十フランクで買ツて往きました、翌る日私の処へ来て「左様《そう》いふ絵があるなら何枚も買ふから」といひましたが生憎他に描いた物は皆遣り損ツて居ましたんで損をしました、其の人が言ひますに、「日本人の意匠が面白い、仏蘭西には無いが英国には水彩画の展覧会があるから、お国へ帰ツても是非それへお出し成さい」ツて其れから私の絵を評しまして、「真に面白いが只下の白い処は未成であツて往けない、矢張薄くでも、色を付け無くちゃ絵に成らない」と言ひました。[103]

先行研究は、イギリスで活躍したアメリカ人画家ホイッスラーが、破産後の一八七九年から翌年にか

けてヴェネツィアに滞在したことを理由に、この「英吉利の絵師」がホイッスラーであると推測した。(104)

しかし、筆者が数年分のヴェネツィア新聞の頁を繰ったところ、一八八一年に開かれたヴェネツィア芸術サークル（Circolo artistico veneziano 以下「サークル」）の展覧会において、川村の絵をイギリス人画家ヘンリー・ウッズ（Henry Woods 一八四六 ウォリントン〜一九二一 ヴェネツィア）が買ったことを伝える『ヴェネツィア新聞』の一八八一年九月二十七日の記事（図3-28）を発見した。

Vendite all' Esposizione artistica. — Ieri vennero venduti i seguenti oggetti:

Cavamura Kyo: Fantasie giapponesi (quadro acquerello), Sala XXIII, N. 23, acquistato dal signor Henry Woods.

Zasso Giul.: Barca, paron (quadro ad olio), Sala V, N. 11, acquistato dal sig. barone Raimondo Franchetti.

Rinaldo Antonio: Pescivendolo (id. id.), Sala VII, N. 2, acquistato dal suddetto.

Lavezzari Gio.: La Pergola (id. id.), Sala X, N. 13, acquistato dal suddetto.

3-28　1881年9月27日付『ヴェネツィア新聞』（筆者撮影）

同じヴェネツィア芸術サークルについて、ダ・モリンは前に引いた手紙(105)のなかで「ここのサークルで君の可愛らしい作品が見られるかと思ったが、残念だった」と語る。原文でいう qui al Circolo は「サークル」が大文字であるから、特定の機関を指すと推測されるが、同じ史料に挟まれたもう一通の一八七九年十月二十日付書簡によってそれが裏付けられる。この書簡は川村自身がサークルから受け取った会費の督促状である。

　　　　ヴェネツィア　一八七九年十月二十日

ヴェネツィア美術サークル

会員各位

ピサーニ邸への事務局移転に伴い当会事務局に重くのしかかる臨時支出のため、理事会は、関係各位が滞納中の月会費を至急お支払い戴くよう強く要求せざるを得ません。
事務局は、各位がこの依頼を快く受け入れて戴けると確信し、各位に敬意を以て［欠損］お願いする次第です。
理事会に代り秘書　［署名］
川村清雄殿
注意：貴殿の未払額は、一八七八年十月から一八七九年十二月と三回分を入れて、九七・五〇リラになります。お早いお戻りを。(106)

前半は会員全体に向けて書かれた文言で、後半が川村個人への督促である。すなわち、サークルの本部が、現在ヴェネツィア音楽学校の置かれるサント・ステファノ地区のピザーニ邸(107)に移転したことに伴って不測の出費が嵩んだため、会費の迅速な支払いを会員全体に求めているのである。

美術サークルの成立　このサークルに関しては、ヴェネツィアにおいても基礎となる研究がいまだ存在しない。そこで、聖マルコの（通称マルチャーナ）国立図書館に所蔵されるこのサークルの一八七五年、一八七七年および一八八三年の定款（Statuto）と、数年にわたる『ヴェネツィア新聞』の記事から、サークルの概要を明らかにしよう。

最初の定款は一八七五年四月十六、十七日に開かれた会合で当該定款が定められたと告げる。しかし、三月十一日付の『ヴェネツィア新聞』は、それに先立つ興味深い事実を伝える。すなわち、五〇人近いヴェネツィア、および外国の芸術家が共同で展示即売会を催し、その売上をすべてサークルの設立・運営費に充てるというものである。ヴェネツィア以外のイタリア諸都市や外国から参加した画家として、パッシーニ、モゼー・ビアンキ、ファン・ハーネン、オディエーらの名が挙がっている。同展覧会は、三月十八日から総督宮の十人委員会の間で行なわれ、作品は初日から続々と売れて、前述の四月中旬のサークル設立の運びとなるのである。

四月二十六日の『ヴェネツィア新聞』は、サークル本部がサン・ベネデットのモチェニーゴ邸[108]に置かれ、その建物の所有者であるジョヴァネッリ王子もサークルの会員となることに同意したと伝える。一八七五年の定款に拠れば、設立会員は、ヴェネツィア美術学校教授画家エウジェニオ・デ・ブラース、同じく画家ビアンキ、同じく彫刻家ルイジ・ボルロ、画家チャルディ、長沼守敬の恩師となる美術学校教授彫刻家アントニオ・ダル・ツォット、同じく彫刻家ルイジ・フェルラーリ、美術学校教授で川村の教師の一人画家ジャーコモ・フランコ、同じくモルメンティ、画家オディエー、パッシーニ、ファン・ハーネン、ルドヴィーコ・ザンドメーネギ、美術学校教授画家ケルビーノ・キルヒマイヤーなど錚々たるメンバーである。三月から四月上旬にかけて新聞ではサークルの名称がCircolo artistico veneziano, Club artisticoと定まらないが、四月下旬の定款で前者に決定された。

一八七五年の定款第一条はサークルの目的を、絵画・彫刻・建築という素描の芸術とそれに直接由来する芸術の促進にあると規定する。これは十六世紀にジョルジョ・ヴァザーリが定義した純粋芸術としての素描の芸術という古い概念にサークルが依拠することを示す。しかし、第一一条では会員資格を「ヴェネツィア在住で、美しい術、すなわち絵画・彫刻・建築・音楽および文学を制作または愛好する者」とし、音楽・文学を包含している。この点は日本における初期の「美術」概念と興味深い一致を見せるが[109]、一八七七年の定款第九条では、このなかから音楽家が除外されて、川村のいう「絵師の倶楽部」に近づくことになる。

また、一八七五年の定款第一二条は、普通会員の月会費を五リラと定め、入会金三〇リラは、入会後一年以内に三ヵ月毎の四分割で支払ってもよいとする。会費を三ヵ月滞納した会員は、退会と見做した（第四六条）ため、前述の督促状が書かれることになるが、川村は一年分を滞納している。川村への請求額九七・五リラは、一八七八年十月から翌年九月までの滞納一二ヵ月分と一八七九年十月から十二月までの前払い三ヵ月分小計七五リラに、入会金三〇リラのうち支払いの残っている三回分二二・五リラを加えた金額であろうと推測される。川村が入会したおそらく一八七八年七月頃に、入会金三〇リラのうち四分の一の七・五リラと数ヵ月分の会費を支払ったのであろう。その後、一八八一年九月の展覧会に出品するなど、川村がこのサークルに加入し続けることを考えると、彼はこの督促状に従って滞納分を支払ったことになる。

展示即売会　一八七九年二月二十六日の会合で、同年七月十五日から三十一日までサークルの部屋を会場に展示即売を旨とする「近代美術と産業応用美術の展覧会」を開催するための提案が承認された(110)。この展覧会にはサークルの会員のみが参加でき、絵画（油、水彩、パステル、細密、テンペラ、素描と版画）、彫刻（大理石、木彫、プラスチックと青銅）および、芸術的価値の高い家具の三部門で作品が募集された。ライモンド・フランケッティ男爵が賞金として一〇〇〇リラを拠出し、絵画と彫刻の二部門で分けることも公言された。

七月二十九日の『ヴェネツィア新聞』は、金賞がファヴレットの《花嫁・花婿を待って》に授けられ、男爵寄付になる賞金一〇〇〇リラをチャルディの風景画《マッツォールボ島》と、ダル・ツォットの彫刻《ジュレイ像》が五〇〇リラずつ分けたことなどを伝えた。このことからもこのサークルには美術学校関係者が多く加入していたことがわかる。展覧会は八月十五日まで延長されたが、『ヴェネツィア新聞』が売却作品を報じることはなかった。

また、翌年にも同じ「近代美術と産業応用美術の展覧会」が七月二十五日から八月十五日まで、本部の引越先であるピザーニ邸の部屋を用いて行なわれた。この年の売却作品は、『ヴェネツィア新聞』が七月三十一日から八月十四日まですべて報じたが、そこに川村の名前を見出すことはできない。一八七九年の第一回と翌年の第二回の展覧会評は、『ヴェネツィア新聞』紙上に載ることはなかったが、両者をまとめた小冊子が一八八〇年に出版された[111]。しかし、そこにも川村の名前は見出せない。

一八八一年の展示会　これに対して一八八一年の展覧会は、複雑な経緯を辿る。前年の展覧会終了一ヵ月後の一八八〇年九月十四日、『ヴェネツィア新聞』は、翌十五日に予定されたサークルの会合の議題の一つとして、「一八八一年の展覧会を第三回万国地理会議の開かれる九月に開くか否か」を掲げ[112]、十一月二十七日の会合で提案通り決議された[113]。年が明けて一月十七日の王立美術学院教授会で、議長のジョヴァネッリ王子（サークルの会長でもあった）は、サークルが選出した企画委員会に美術学院も合流することを提案し、受け容れられた[114]。

一八八一年にはミラノで内国博覧会が開催されることもすでに決まっており、サークルの作家の多くはそちらに出品することをサークル理事会も美術学院教授会も熟知していたが、内外から人の集まる万国地理会議という機会を最大限利用するために、展覧会の開催が決定された[115]。出品の範疇は、過去の美術作品を含めて「古美術、近代美術、応用美術」とされたが、サークルの作家たちの作品である近代美術と応用美術の作品は展示即売の対象であったのに対し、中世から十八世紀までの美術作品を所有者が展示した古美術展は販売対象外であった。近代美術品はピザーニ邸のサークルの部屋に、古美術は総督宮の三階に、そして応用美術品は美術学院の彫刻の間に展示された[116]。

『ヴェネツィア新聞』は九月十一日から十月二十日まで、近代美術と応用美術の部の売却品をすべて報じ、その数は二〇〇を優に超えた。そのなかで九月二十七日の記事に、

> 美術展での売却　昨日以下の品が売れた：川村清雄《日本の幻想》（水彩画）第二三室、第二三番、ヘンリー・ウッズ氏により購入（後略）

と川村の名を見出すことができる。この記事に従えば、その購入日は九月二十六日で、彼の親友ティートの代表作ともなる《サン・パンタロンの魚市場》が展覧会で売却が報じられる二日前（実は一週間前）のことであった[117]。ダ・モリンが前述の手紙で、lavoro でなく lavoretto という敬愛の情を込めた縮小辞を付けて「君の何らかの可愛らしい（小さい）作品を見たい」と言っているのは、ダ・モリンの川村に対する親愛と敬意の表れと思われる。

一方で、川村はこのときすでに、万国地理会議のためにヴェネツィアを訪れていたローマ駐剳日本公使鍋島直大《なべしまなおひろ》（一八四六　江戸〜一九二一　東京）と書記官斎藤桃太郎《さいとうももたろう》（一八五三　東京〜一九一五　東京）の訪問を受けていた。長沼が伝えるところに拠れば、

> 間もなく日本公使館から呼び出されて出かけ、私の希望を話すと、今ヴエニス高商の日本語の講座は、吉田要作がやめ、次はやはりウインナの博覧会に吉田と一緒に来た緒方惟直が間もなくその後を継いだが、不幸異郷の空に斃れたので、印刷局の官費生となつて来てゐる河村（ママ）清雄が代つて先生

をしてゐるが、印刷局から帰朝せよと云つてきてはゐるのだが、若し河村がどうしても帰らぬと云へば君はどうする積りかと、詰問された。私も覚悟して、私は私で処決するから御心配なく。真逆か、貧民給与者となつて、日本人の体面を汚すやうな事はしないと、悲壮な返答をしたのであつた。やがて、バルボラーニ公使はその郷里へ帰ることになり、それを見送つて別れを告げ、愈々《いよいよ》私も身の振り方に窮したが、鍋島侯の情けでその居候となつた。併し、依然河村は先生をやめるとは云はぬ。そこで百武《ひやくたけ》［兼行《かねゆき》］氏はわざわざ書記生の斎藤桃太郎氏といふ人をヴェニス迄やつて、君は官費生でしかも日本語教師の俸給迄貰つてゐてい丶かも知れぬが、長沼は遙々《はるばる》母や妻を故国に残して伊太利へ来たものの、占むべき椅子とてなく居候の有様である、それに君には帰朝命令が来てゐるのだから、此の際是非勇退して欲しいと説得した（ものであらう、斎藤氏が格別の要事もなくヴェニスへゆく筈はないのである）ので、河村も漸くやめる気になり、私は愈念願叶つてのヴェニス行とはなつたのである。(118)

長沼守敬は、斎藤桃太郎が公使鍋島直大に付いて第三回万国地理会議で日本代表を務めたことは知らなかったと見えるが、彼らが川村を説得したことはわかっていた。川村は、大蔵省の帰朝命令を斎藤から繰り返されるとともに、長沼の来伊に伴う勇退を勧められた。その意味で、この時期はヴェネツィアという美術市場で初めて作品が売れた川村にとって、嬉しいと同時に辛いものであったろう。

《日本の幻想》　川村は「閲歴」で二枚の水彩画が売れたと言っているが、九月二十七日の『ヴェネツィア新聞』は、川村の作品を quadro acquerello, acquistato と単数扱いしている。ただ、タイトルは《Fantasie giapponesi》と複数形になっているので、二枚を対作品と考えて一作品と数えた可能性も捨てきれない。この問題には、後で立ち返ろう。

ヘンリー・ウッズ　さて、川村の《日本の幻想》を購入した画家ヘンリー・ウッズとはいかなる人物であったのか。雑誌記事[119]とモノグラフ[120]以外には、この画家に関する個別研究は管見の限り存在しないが、ホイッスラーに関する近年の研究は、ヴェネツィアにおけるウッズとの関係に数多く言及している。[121]

ヘンリー・ウッズはイングランド北部のウォリントンに生まれ、幼くしてリヴァプール画派の動物画家ウィリアム・ハギンズ（William Huggins 一八二〇 リヴァプール～一八八四 クリスルトン）に感化されて、画家になる決意をする。[122] 地元の美術学校で銅メダルを受賞、奨学金を得てロンドンのサウスケンジントン工芸学校に学ぶ。しかし、絵画教室のないサウスケンジントンでステンド・グラスを学んでいたウッズは、教師から工芸の才能のなさをあからさまに指摘されて落胆し、美術館で巨匠の作品を模写しながら絵画への道を歩み続けた。[123]

ロンドンでは将来の義理の弟となる三歳上のリューク・ファイルデス（Sir Luke Fildes, 一八四三 リヴァプール～一九二七 ロンドン）と知り合う。ヴェネツィア美術学校教授デ・ブラースの作品に心酔していたこともあり、ウッズはファイルデスの助言に従って、一八七六年に初めてヴェネツィアを訪れてこの海の都に魅了され、二年後の一八七八年から一九二一年の死までここにアトリエを構えることになる。

そこでウッズは、憧れのデ・ブラース以外にもパッシーニ、ファン・ハーネン、フランツ・ルーベンスなどの画家たちと親交を結ぶ。ヴェネツィアに集っていた画家たちは、同時代の庶民の生活をカンヴァスに留めようとするリアリスム（イタリアではヴェリズモ）[124]の流れを汲む集団であった。そのなかで、一八七九年から一年間滞在したホイッスラーと一八八〇年に知り合う。しかし、ラスキンとの裁判に勝訴し

3-29 ヘンリー・ウッズ《昔の作家の安売り》1882

たものの全財産を失って金銭にだらしなかったホイッスラーに対して、ウッズはあまり良い感情を抱いていなかったことがファイルデスに宛てた書簡から浮かび上がる。(125)

ウッズの作風は、ヴェネツィアの calle（小径）や campo（広場）に集う幾分理想化された娘たちを、明るく幸福な雰囲気のなかに描く。ウッズのモノグラフを執筆したグレイグは、「同時代を描いた点で、彼はカルパッチョ、ロンギ、十七世紀オランダ絵画、ホガース、ウィルキーや日本の浮世絵画家と並んで「歴史画家」であった」と評価する。(126)

ウッズが川村の作品を購入した一八八一年には、ホイッスラーはすでにロンドンに戻っていた。この年ウッズが描いた《リアルト橋の袂で》と《ゴンドラ漕ぎの求愛》が評価されて、一八八二年ロイヤル・アカデミーの準会員となる。川村が国際市場で初めて自分の作品を売った一八八一年は、ウッズにとっても人生の転機となったのである。翌一八八二年の《昔の作家の安売り》（図3-29）において、中心に座る店主の後景に、浮世絵のように和服を着て髷《まげ》を結った女性の絵が描かれているのは、川村との出会いと無関係ではないように思われる。

ウッズの日記　ここで一八八一年九月二十七日の『ヴェネツィア新聞』の記事に立ち返ろう。この記事は作品売却が前日の九月二十六日であると伝えるが、サウスケンジントンのヴィクトリア・アンド・アルバート・ミュージアム内国立美術図書館（National Art Library）に収蔵されるウッズの書簡と日記からは、異なる日付が浮かび上がる。一八八一年九月十八日の日記は次のように始まる。

今日はとても暖かい。今日朝食後、ロビンが来て、後に我々は「サークル」の展覧会に行った。日本の画家の手になる水彩画を観た。買いたいと思う。ヴェネツィアの若い画家たちは皆ファヴォレット［ファヴレットの誤り］を真似しているように思われるが、彼は組み合わせ（combination）を行なっている。(127)

これがウッズの川村に関する最初の言及である。三十二歳のファヴレットは、いまやヴェネツィア画壇の新しきリーダーであり、若い画家たちにとっては英雄的存在であった。ファヴレットだけが注目されるこの風潮をウッズは批判的に捉えており、川村はその「流行」とは一線を画して、「組み合わせ」の手法で独自の道を歩んでいると評価する。それが何と何の「組み合わせ」なのかは一〇日後のファイルデス宛書簡で明らかとなる。

ウッズは三日後に川村の水彩画を購入する。

一八八一年九月二十一日水曜日

好天。太陽はなかなか顔を出さない。それで辺りは、どこもかしこも、とても白く見える。地面は湿気や露を吸って、最近朝は黒々としている。

ジュデッカ島で仕事をした。

ロメオが今朝私と朝食を摂った。

正午に私は「サークル」に行き、日本人画家による「日本の幻想（Fantasie Giapponesi）」という題の水彩画を買った。彼の名前は川村清雄という。一五〇フラン払った。美しいものの対価としては大した額ではない。

その後リアルト橋の辺りで仕事をした。(128)

この記述は、購入期日を除けば『ヴェネツィア新聞』の記事と同じであり、また川村自身が「閲歴」で述べた金額とも一致する。期日は、当然日記の方が信憑性に勝るから、実際の購入は九月二十一日ということになる。川村は翌日、ウッズが会場に再び立ち寄り、同様の作品の購入を持ちかけたと伝えるが、その記述はウッズの日記には確認できない。しかしながら、金銭的に常に困窮していた川村にとって、ウッズの申し出は励みになったのであろう。その後、別の絵の制作を開始した節がある。それを証拠にウッズの日記は、同年十月二十七日に再度川村の名前を挙げる。

今日もう一枚の水彩画を川村から一〇〇フランで買った。(129)

ふたりが、二度目にどこでどのように会ったのかは明らかでないが、川村はヴェネツィア滞在の最後に近い日にウッズに絵を買ってもらったのである。もし、この絵が「閲歴」のなかで彼が長々と説明している作品だとするならば、自分の絵を理解してくれたウッズにもう一枚の絵を買ってもらおうと、自らに残されたヴェネツィア滞在期間の最後の最後まで、懸命に作品を仕上げていたことになる。というのは、川村は三日後の十月三十日にナポリ港を出港し、一八八一年十二月十四日横浜に帰国しているからである。(130)

十月三十日の船にナポリで乗るには、少なくとも二十八日にはヴェネツィアを引き払わねばならない。すべてを整理しての帰国は容易ではないはずだ。だからこそ、最後の日までウッズに買ってもらう絵と格闘し、後ろ髪を引かれる思いで愛した海の都を後にする川村の姿は我々の涙を誘う。帰国後の川村が徹底研究して一枚の絵を仕上げる様子は、木村駿吉《きむらしゅんきち》が生き生きと描写している。(131)ウッズに売った二枚目の絵も、最後まで格闘して仕上げたと容易に推察される。だからこそ、川村はこの二枚目の絵のことを、三五年経っても微に入り細を穿って覚えていたのではないか。「閲歴」で彼が細かく述べているのは、帰国直前にウッズに売った、この絵ではないかと私は考える。

さて、『ヴェネツィア新聞』の記事の翌二十八日、ウッズは新聞の切抜を添付してファイルデスに手紙を認めた。その内容は次の通りである。

ヴェネツィア、一八八一年九月二十八日

親愛なるリューク

同封したヴェネツィア新聞の切り抜きを見れば、僕が絵を買ったとわかるだろう。半分自然的半分日本的で、とても魅力がある。それに一五〇フラン払った。その若い日本人画家は喜んでいたよ。ここで画家が絵を買うのは驚くべきことだとわかっているさ。もし、昔のものを買ったなら、それをイングランドでティツィアーノの作品として売って金儲けをすることもできたから、全く違うことになっただろう。でもね、僕は［百五十フランという］その金をうまく使ったと思っている。「サークル」のこの展覧会はかなり売上がいい。(132)（後略）

ウッズは川村の作品を心底気に入っていたようである。様式の似た十六世紀の作品をティツィアーノ作と偽って売れば、それ相応の金儲けができたことは自分でもよくわかっている。ヨーロッパの画家が、同時代の、しかも年下のアジア人画家の作品を買うというのは、当時としては相当注目すべきことである。

6　川村を取り巻く外国人画家たち

新しい美術　日記と書簡から明らかなように、ウッズは、川村の水彩画が「自然的な（natural）」ものと「日本的な（Japanese）」ものの「組み合わせ（combination）」であるため、「とても魅力がある（very charming）」と考えている。「自然的な」ものとは、当時のヨーロッパ最先端のリアリズムの主題や技法に棹差《さおさ》すと考えることができよう。

他方、「日本的な」ものは、浮世絵木版画を中心とする日本美術への熱狂的な情熱である、ジャポニスムのいう「装飾的」な平面性と考えられる。二年後の一八八三年にフランスの美術批評家ルイ・ゴンスが、多大な影響を与えたその著書『日本美術』の序文冒頭で述べた「明確な考えは、明確に表現されねばならない。日本人は、世界随一の装飾家である」(133)という言葉が体現しているように、日本美術の第一の特質が装飾性にあると、当時のヨーロッパで考えられていたことは間違いない。それとともに、フランス、イタリアにおける日本美術批評において、浮世絵木版画を中心とする日本美術が「大衆画派（école vulgaire, scuola volgare）」(134)として、まさに台頭していた写実主義に同調する新しい美術と考えられていた点は、見逃してはならないだろう。

川村は、師とも慕っていたマルティン・リーコ・イ・オルテガ（Martín Rico y Ortega　一八三三　エル・エスコリアル～一九〇八　ヴェネツィア）について次のように述べる。

リッコは水彩よりも油絵が主《おも》で、何か本国の政府に言付けられて来た事でもありましたか毎年ベニスに来て居ましたが、其の人が屢々巧拙を説いて聞かしたんです。其の中《うち》に最も私が有難く思ひまする事は「汝《おまえ》は日本人である、日本人は実に意匠に富んで筆に器用な物を持ツて居ます、其れを捨て、無闇《むやみ》に西洋を取りたがるのは間違だ、日本人は日本のを建て、往《ゆ》かなくちや往《い》けない」ツて例へば一筆に描く遠雁《とおかり》、あゝいふ事を非常に褒めて居ました「実に尽くした物だ」ツて。(135)

また、木村駿吉は、川村がリーコから受けた影響を「リッコの教訓」という章を設けて事細かに説いている。その一部を引用する。

君はわざわざ欧州まで学びに来て上手に油画を描くが、日本には大した画家がゐるではないか、僕等は日本画を沢山持つてゐて非常に敬服してゐるのだ。日本と欧州とは天地も違い気候も違い空気も違い、土壌も違い風景も違い色彩も違い人間の感情も違い、祖先伝来の宗教風俗習慣も違い、絵画の発達し来つた隠れた原因も違ふのだから、僕等が日本画に感服してもその精神を呑込んで日本人の通り描くことが出来ないのと同じ様に、君が欧州の画を真似て上手に描いた処で、到底欧州人の魂を呑込めるものではない、君の欧州画はこれで充分だから、帰つたら日本画家に就てみつしり学ぶが良い。(136)

そのリーコから受け取った一八八一年十月八日付の書簡が、江戸東京博物館に収蔵されている。それは、まさに川村自身と木村が伝えることと一致する。

私は、あなたがヨーロッパ滞在中に絵で大変な進歩をしたことを証明できるのを嬉しく思いますが、もし今後それを継続できないとしたら、大変残念なことです。

いつも自然を範として仕事をし、優れた作品を観ていれば、あなたは祖国の名誉となる偉大な芸術家となることでしょう。
しかし、あなたの持っている日本の趣味を失わないようにしてください。それは一八七八年のパリ万国博覧会で私たちが見たように、現代芸術に触れてまったく独自の魅力へと変容するのです。
ヴェネツィアの友人たちを忘れないで下さい。お気を付けて、さようなら。

心からの友情をこめて
マルティン・リーコ

ヴェネツィアにて、一八八一年十月七日(137)

ローマに居を構え、毎夏ほとんどヴェネツィアを訪れていたこのスペイン人も、ウッズと同様に西洋現代美術と日本美術の融合を説く。リーコは、歳の離れた川村に、常に敬称を用いながら、「Ne perdez pas pourtant votre goût japonais（あなたの持っている日本の趣味を失わないようにしてください）」と告げ、その日本趣味は「qui, modifie avec l'art moderne, a un charme tout particulier comme nous avons vu à l'Exposition de Paris de 1878（一八七八年のパリ万国博覧会で私たちが見たように、現代芸術に触れてまったく独自の魅力へと変容する）」と述べている。

ジャポニスムの熱に浮かされたパリ万国博覧会で、ヨーロッパの芸術家たちが目指していたのは、単に日本美術を模倣することではなく、それと自らの最先端の動きを融合させて新しい芸術を生み出すことだったことが、このリーコの言葉から明らかとなる。それは、ウッズを始めとするヴェネツィアに集う内外の画家たちに共有されていた概念ではなかろうか。事実、グスタフ・クリムトやポール・ゴーギャンの絵がまさにこの概念に沿った造形であることは、誰の目にも明らかであろう。これこそがジャポニスムを推進させた「新しい美術」の探求の底にあるものである。世紀末の画家が、日本美術の影響を強く受けながら、独自の新しい方向性を模索したことは自明のことであるが、それを言葉で言明した例は比較的少ないといえよう。

ウッズのサークル　ここで、ウッズがヴェネツィアで担った役割を考察しよう。ウッズはホイッスラーとの関係について、ロシア人画家ウィルコフ（またはルソフ）をホイッスラーに紹介したのは自分であると、ファイルデス宛の書簡で述べている。[138] 最初は仲の良かった二人が仲違いするきっかけとなったのが、ホイッスラーの画風を簡単に模倣できると、ウィルコフが豪語したことであった。現存するホテル、バウアー・グリュンヴァルドで、ホイッスラーの友人のあるアメリカ人が、ホイッスラーの絵を褒めたときにそれは起こったと、同時代の史料を基に美術史家マクドナルドは述べる。ウィルコフが、自分ならホイッスラー風の絵を六枚、彼の絵と区別がつかないほど上手く仕上げてみせると豪語したのに対し、その友人はそれができたらシャンパン・ディナーを驕《おご》ろうと請け合ったという。六週間後にウィルコフは負けを認めることになる。

［バッハーによれば］最終的に、国際審判団（オランダ人を父としてオーストリアで生まれたファン・ハーネン、スペイン人リーコ、ウッズ、ドゥーヴェネク、カーティスとバッハー）がカーザ・ヤンコヴィッツに集い、神経質に審判を待つホイッスラーを傍に、すべての絵を間違わずにホイッスラーとウィルコフに言い当てた。

リーコは少々異なる話を伝える。議論は夕方始まり、審判団はオーストリア人パッシーニとファン・ハーネンが一方に、ヴュストと彼自身が他方について、三枚を除いて残りを正しく言い当てたという。[139]

ヴェネツィアでの画家たちのこの交流を証明するのが、ウッズの日記である。たとえば一八七八年九月三日の日記は、

夕食の後でファン・ハーネンと私は散歩をし、リアルト橋の近くでビリアードをした。[140]

と述べるし、その五日後にも彼と朝食を摂ったことが記されて、ファン・ハーネンとの親交が窺える。ファイルデスがヴェネツィアに来ていた一八八一年二月下旬には、サン・マルコ広場のカフェで寛ぐファイルデスとファン・ハーネンにウッズも加わり（二月二十一日）、二十八日にはファイルデスとともにサークルを訪れている。サークルに行った記述は三月にも十八日、二十三日と散見される。

同年六月二十三日にウッズは、当時流行し始めた海水浴のためにリド島に行く。六時出航の船の上で自分の妹ファニーと、その夫となるファイルデスと出会い、ファイルデスと海水浴をした後、パッシーニと一緒にヴェネツィア本島に戻り、サン・マルコ広場に現在も残るカフェ・クワードリで夕飯を摂る。その後、ふたりでデ・ブラースに会っている。同様の「甘い生活（Dolce vita）」は夏の間中続き、そして前述した九月十八日の川村の絵との邂逅となるのである。

ウッズの日記から浮かび上がるのは、ヴェネツィアに集う外国人画家の多くと深い交流を持った彼の姿である。その対象は、ウッズの憧れの的であり、彼が一八七八年にヴェネツィアに定住するきっかけとなったデ・ブラース（一八八一年十月二十一日）やファン・ハーネン、川村とも親交のあったリーコ、マリアーノ・フォルトゥーニ・イ・マルサル未亡人（一八八一年十月九日）におよぶ。これに前述のマクドナルドの記述を加えて勘案すると、ヴェネツィアに定住していたウッズが、海の都に短期・長期的に集

まる国際的な画家たちを取りまとめるキーパーソンとして機能していたことを窺わせる。

画家たちの求めたもの　エウジェニオ・デ・ブラース（Eugenio De Blaas, ドイツ語でオイゲン・フォン・ブラース Eugen von Blaas　一八四三　アルバーノ・ラツィアーレ～一九三一　ヴェネツィア）は、ローマ近郊アルバーノ・ラツィアーレでオーストリア人を両親に生まれた。一八五六年に一家はヴェネツィアに移り住む。エウジェニオはローマとヴェネツィアの美術学校で教鞭を執った父カールに師事して頭角を顕し、十七歳にして校内のセルヴァティコ賞を受賞する。[141]その後、ヴェネツィア王立美術学院教授を務め、一八八四年から一八九〇年まで絵画の名誉教授となる。

3-30 エウジェーニオ・デ・ブラース《恋文》1904

彼は、ヴェネツィアの漁師やゴンドラ漕ぎ、美しい女性たちをキャンヴァスに留めた。たとえば、《物想いの時（Momento pensieroso）》や《恋文（La lettera d'amore）》（図3-30）がそれをよく示す。

ウッズとよく出掛けていたファン・ハーネンやパッシーニも、それぞれに《靴がきつくて（Der Schuh drückt）》や《ヴェネツィアの運河の人々（Figures on a Venetian canal）》のような作品で、街の人々の生活を描いた。いわゆる「風俗画」の範疇に入るこれらの作品は、前述のファヴレットにも共通する新しい傾向で、特にデ・ブラースのそれがウッズを心酔させた。

ウッズの生涯については前述したが、彼はデ・ブラースの作

3-31 ウッズ《愛神の魔法》1885, テート・ギャラリー

風を模倣した作品をヴェネツィアで描き、ロンドンで発表した。例として、テート美術館に収蔵される《愛神の魔法（Cupid's Spell）》（一八八五年、図3-31）は、ウッズが時折デッサンをしていたジュデッカ島で恋に落ちる若いカップルを、クピドの大理石像の前に描いている。男の職業を示唆する漁具や網が掛けられたクピド像には、顔と左手に強い陽光が当てられ、その振り上げた左手に持った愛の矢から、前にいる若いカップルに魔法がかけられているように見える。男はうっとりとした眼差しで、衣を縫う女の仕草を見つめている。一瞥《いちべつ》では、女はそれを意に介さず、裁縫に集中しているように見えるが、よく見

ると両手の間にピンと張られているはずの糸は撓《たわ》んでおり、実は彼女が気もそぞろであることが見て取れる。ふたりはクピドの魔法にかかって（enchanted, incantati）恋に落ちているのである。ヴェネツィアの一般民衆を主人公としたおとぎの国の背景には、ジュデッカ運河が広々と鏡のような水面を見せている。空と水面にはほとんど色が塗られていないが、これは川村が行なっていた日本の余白をウッズなりに解釈したものと考えることもできる。

　ウッズの生まれ故郷ウォリントンの博物館美術館に収蔵される優品の一つ《最初の聖体拝領のヴェール（The First Communion Veil）》（一八九三年、図3-32）は、遠方に見えるアルプスの麓に広がるヴェネト地方の農村に三人の娘を描く。前景の向かって左側に座る女性は、おそらく彼女の娘がもうすぐ迎える最初の聖体拝領の際に髪を覆うヴェールを縫い、その横では奥の畑から刈り取ってきたトウモロコシの束を柱に立て掛けて、彼女の仲間がおしゃべりをしている。このふたりは、イタリアの強い日差しが作り出す心地よい日陰に身を休めている。その日差しの真只中で階段を下りる三人目の娘は、畑で刈り取ったキビ束を抱えてこちらに向かっており、もうすぐ彼女も前景のふたりのおしゃべりに加わることであろう。この小さな村は、イタリア統一後ののんびりした雰囲気を良く伝えている。

3-32　ウッズ《最初の聖体拝領のヴェール》1893，ウォリントン博物館美術館

しかしながら、トウモロコシは、この地域を半世紀にわたって支配したオーストリアのハプスブルク家が、家畜飼料として強制的に栽培させた作物である。今はダイエット食品として人気のあるポレンタ（トウモロコシの粉を火に掛けて練り上げたもの）も、もともとは貧しい農民たちが飢えをしのぐために仕方なく食べていたものである。ウッズのこの美しい絵には、その暗い歴史の影は微塵も感じられない。

ウッズの作品の特徴は、これらの絵に見られるように、幾分理想化された美しさを持つ街や村の陽気な娘たちが、夏の熱い日差しやそれが作り出す心地よい日陰のなかで、休んだり仕事に励んだりしている様子を描くことにある。これは彼がデ・ブラースから引き継いだテーマである。

彼らの作品に共通の登場人物はしかし、ファヴレットやティート、ダ・モリンらのイタリア人作家の作品では、影を持って登場する。イタリア人画家は、一般民衆の喜びとともに、苦しみにも目を向けている。たとえば、ダ・モリンの描く《喜びの王国》（図3-33）と《苦しみの王国》（図3-34）という対作品（一八九一年）は、普通の人々の喜怒哀楽をオムニバス風に描いた傑作である。この対作品を川村は当然目にすることがなかったが、ピオーヴェ・ディ・サッコ出身の友人が熱弁を振るうのを、留学中の川村はおそらく聞いていたはずである。それは、日本風に洗練された形を取って、彼の《貴賤図》（図3-35）に現れているように思われる。遠景の向こう岸を牛車で通る貴族の行列を、川のこちら側で眺める年老いた母親を連れた貧しい娘は、しかし全く羨望や嫉妬を見せず、事実を淡々と受け入れているように見える。

リーコ　マドリード近郊エル・エスコリアル生まれのリーコは、海の都に魅せられた画家のひとりである。スペインの首都にあるサン・フェルナンド美術学校で学び、一八六〇年に政府給費を得てパリに

3-33　ダ・モリン《喜びの王国》1891，ピオーヴェ・ディ・サッコ，生協信託銀行

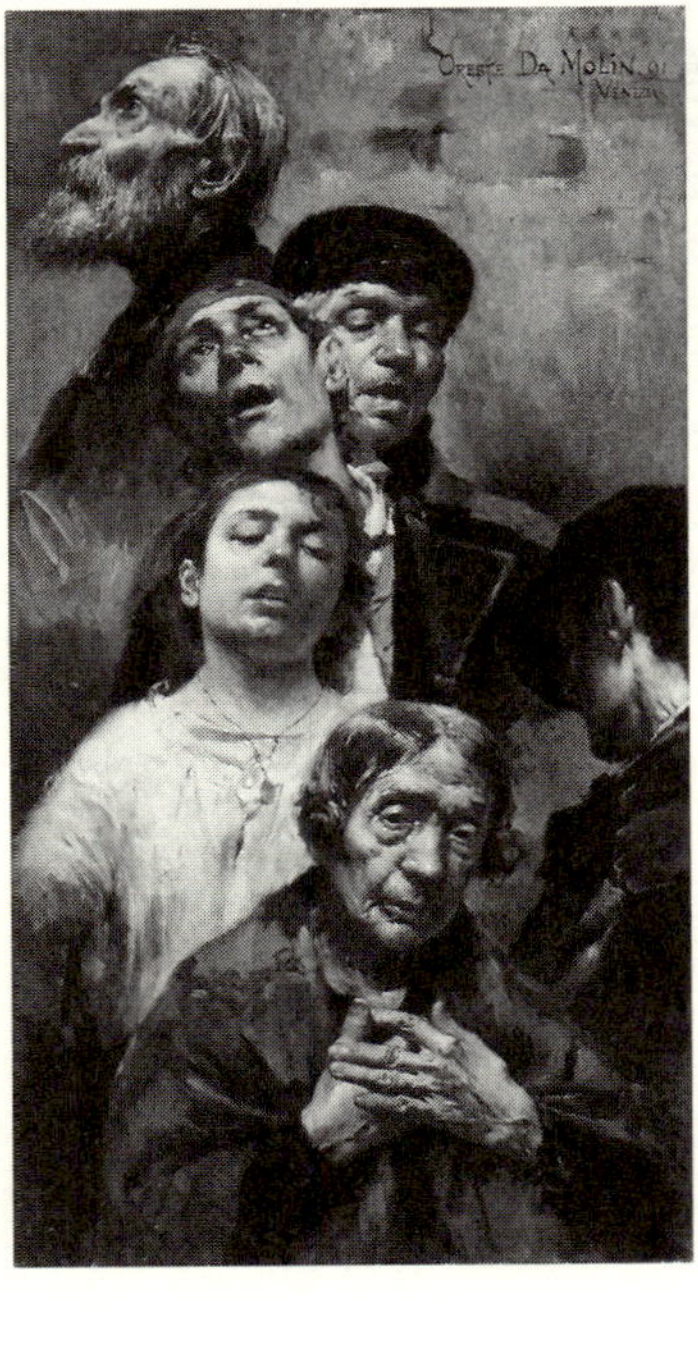

3-34　ダ・モリン《苦しみの王国》1891，パドヴァ，市立美術館

3-35 川村清雄《貴賤図》1898 頃，唐津市

留学した。普仏戦争の勃発に伴い、一八七〇年末頃にフランスを離れ、故国に戻る決心をする。その後、親友の画家マリアーノ・フォルトゥーニ・イ・マルサル（Mariano Fortuny y Marsal 一八三八 レウス～一八七四 ローマ）の招きに応じてグラナダのフォルトゥーニの別荘に居候をした。一八七三年のヴェネツィアへの旅は、彼の絵を劇的に変え、様式を完成に導いたとされる。ヴェネツィアに魅了されていたリーコは、一九〇八年四月十三日に同市で没するまで、毎夏をこの海の都で過ごした(142)。

前に引用した手紙から、川村が一八七八年のパリ万国博覧会にリーコと同行したことは明らかである。一方、彼の主君である徳川家達は数度にわたる手紙で、川村のパリ行きの日程を尋ねている(143)。これらから、川村がリーコとパリを訪れたのは一八七八年七月中旬以降であることがわかる。ふたりが知り合ったのは、時期的にもう少し前である可能性が高いが、川村が触れているように、リーコはスペイン政府からたびたび命を受けて仕事をしていたらしく、パリ万国博覧会でのスペイン政府展示では、一八七四年十一月に死去した親友フォルトゥーニに捧げる回顧展を企画した。[144] このセクションは一等賞と同時にレジオン・ドノールを受賞した。[145]

リーコは、《サン・ジョルジョ・デイ・グレチ聖堂の鐘楼の見えるサン・ロレンツォのリオ》（一九〇〇年頃）に見られるように、ヴェネツィアの景色を地中海の強い外光のなかに強調して描き出す風景画家であった。水面や建物の壁に照り付ける夏の陽光の輝きを、ヴェドゥータが対象とした歴史的建築物でなく、ブレゾリンやチャルディと同様、街中の一コマとして描き出している。その風景には人物も描かれているが、リーコの関心はあくまでも光である。

しかし、リーコは、彼としては少々風変わりな作品を残している。マドリードのカルメン・ティッセン・ボルネミサ・コレクションに収蔵される《ヴェネツィア》（図3-36）と題される縦長の作品が、それである。美術史家カサドは、「これは尋常でない遠近法が使われているために衝撃的な作品である。水平的というより長方形のダイナミクスを持っている」[146]と述べる。たしかに、水平線が画面下から三分の一ほどの所に設定され、その上はどんよりと曇った空のみが覆っている。しかも、空と水面はところどころ色が塗られていないように見える。この作品はジャポニスムの文脈では安藤広重の木版画《深川洲崎十万坪》に代表されるように、水平線を下から約三分の一の所に置き、空を広く取った構図の浮世絵版画と比較することができよう。リーコの作品は、広々とした空を「余白」として、彼なりに解釈したのではないか。

フォルトゥーニ　リーコは前述の通り、世紀末の著名な服飾デザイナー、マリアーノ・フォルトゥーニ・イ・マドラーゾの父親マリアーノ・フォルトゥーニ・イ・マルサルの親友であった。[147] 川村の述べる

3-36 マルティン・リーコ《ヴェネツィア》，カルメン・ティッセン・ボルネミサ・コレクション

ところでは、リーコがフォルトゥーニに日本の浮世絵木版画を見せ、後者がそれを研究して自らの作品に生かした結果、出来が良くなったという。川村はフォルトゥーニの死後にヴェネツィアに到着したため、このスペイン人と知り合うことは叶わなかったが、未亡人とは面識があったらしく、彼女の求めに応じて革製の扇子に絵を描いた。川村の言葉を引こう。

西班牙《イスパニア》人でリツコといふ人がベニスに毎年来て居ましたが、其の人が最も有名な水彩家のフルツニーの友人でした、リツコが日本絵を大層好いたですね、絵草紙や春画などを沢山持つて居ましたが絵草紙の彩色《いろどり》に驚いて大層褒めました、其れで先《ま》ア私に色々咄をするには「此の通り鞄《かばん》の中へ始終携帯して歩く位だ、其れで実はフルツニーにも見せた事があるが然る処フルツニーが只黙ツて兎も角貸して呉れツて持て往くと一月程たツてから、如何《どう》も妙だと感心した」と言ひました、其れでフルツニーの水彩の能くなツたのもリツコが日本の絵草紙を見せたのが与《あずか》ツて力があるのです、其れから大いに画風を変じて来たのですね、此のフルツニーの水彩の盛なる事は世界にも無い位です

(中略)

前《ぜん》申しました通りフルツニーは上手な人で日本絵のみならず却ツて東洋のものが好であツたさうです、死んでから画室の参考品を売ツたのが幾万フランクとか大層な物でした、此の人の描いた水彩で大きい物ぢや御座いませんが一枚が五千円程に売れましたさうで、私は本人は存じませんでしたが未亡人に羊の腹で張ツた扇を描《か》いて呉れと言はれまして、是れへ日本絵で豆の花と雀を描きましたら其れが大層気に入ツて百フランク呉れた事がありました。

フルツニーが得意に成ツて人に見せて居た日本の絵草紙は例へば大井川で蓮台に人を乗せて河越す処なんかでした、又春画なんぞも表現《エキスプレツシヨン》を非常に褒めて居ました、だが日本の春画だけで支那のは往けないと言ツたさうです、其の西洋絵は遠近濃淡を注意して少しの物でも放すが主意で、後の物をボーツと描いて前の物を影も濃く線も太くするから放れて浮いて見えるが如何《どう》も淋しい、日本の画は此の放さうといふ考が無くて前の物も後の物も密着《くつつ》いて居るから絵が賑やかです、つまり

フルツニーが日本画に感心したのは此処の所で此の人の絵は放さうといふ気分を捨てヽヒタリヒタリ付けてあります、例へば犬芝居の図ですが前で犬が芸をして居る処も後の桟敷《さじき》に人が見物して居る処も其の桟敷へ掛けてある毛氈《もうせん》の模様も皆同じやうに密に書いてあツて遠近が殆ど無いから絵が平ツたく見えて少しも浮いて居ませんが成程賑かに見えます、此処《ここ》等が日本画から工風したのでありませうか。其れから日本の絵は白い処へ白い物を描きます、同じ白いと言ツても種々《いろいろ》種類があるから、是れは描ける筈ですが放れて浮いては見えません、然かし細いのですね、白に黒い色で描けば放れる事は放れるが猛悪《もうあく》になります、音楽で言へば極高い調子を急に低い調子にしたんで耳障りなと同じ事です、白い物を白い処へ描くといふのが如何にも日本絵の細かい気分で面白う御座います、其れから月耕《げっこう》の絵なんぞ感服するのは絵の具が濃いので、空の色なんぞ彼様《あんな》濃いのは洋画では用ひませんが日本には実際幾らも彼様《あん》な空があります、月耕の絵で騎馬武者が居て桜が散ツて居る処が巧拙はありますがフルツニーの絵を見るやうな心持がします、彼《あ》れでウンと形をしめて水彩の具合をやれば結構だらうと思ひます、月耕に逢ツた時言ツてやれば大変あの人の徳だらうと思ひます。[148]

川村によれば、フォルトゥーニのジャポニスム的要素は、リーコが彼に貸した浮世絵木版画（絵草紙）の研究成果である。加えて、たとえ「閲歴」が一九〇六年の発行であることを勘案しても、川村の視点は、西洋絵画を学ぶ画学生の下からの視線では決してなく、同じく新しい美術を目指す画家の同等な視線である。ここで川村が述べている大井川の渡しの浮世絵木版画と、尾形月耕の騎馬武者が桜を愛でる図は、それぞれ二代目歌川広重（重宣《しげのぶ》）の《大井川かち渡り》と尾形月耕《日本花図絵》であろうが、

《犬芝居の図》は同定不能である。

リーコもフォルトゥーニも、川村や彼の美術学校の友人たち（ティートとダ・モリン）よりかなり歳上である。それは前述の川村宛リーコの書簡で、スペイン人が川村に対して敬称（vous）を使っている距離感からも明らかである。しかしながら、だからこそヨーロッパを渡り歩く彼らの視点は、美術学校の生徒たちより広く、ジャポニスムなどの新しい動きにいっそう鋭敏だったのであろう。

フォルトゥーニの作品のなかで、日本美術との関係でよく論じられるのが、彼が没する一八七四年に制作された《日本風サロンにいる画家の子供たち、マリアーノとセシリア》である。ふたりの子供は、平らに広げられた日本の織物の前に置かれた横長のソファでくつろいでいる。彼らの周りには、二枚の着物が無造作に置かれている。織物によって背景が平坦に描かれているため、そこに見える梅の木や蝶々は、ソファの向かって左側に置かれた緑色の植物と同一平面上にあるかのように描かれている。この平面的扱いがフォルトゥーニの日本美術の解釈といえよう。

7　帰国

川村清雄にとって、一八七六年から一八七八年までのヴェネツィア留学の前期は、主に美術学校を中心にイタリア人の教師や友人たちから、新しいヴェネツィア美術の動向を学んだように思われる。しかし、リーコとの邂逅と美術学校の学制改革をおそらく契機として、一八七八年以降は、活動の場をヴェネツィアというヨーロッパ有数の美術市場に求めたようである。

川村は、英仏伊語を巧みに操るポリグロットであった。川村にとって語学はまさに道具だったが、それを自らの至上命題である絵画のために見事に使いこなしている。この道具を用いて、当時ヴェネツィアに集っていたイギリス人、スペイン人、スロヴェニア人など、国際的な画家集団と関わっていく。駆け出しの画家であった川村が、すでにキャリアを積んでいたこれらの画家たちと同等にこのグループに加わっていたとは考えにくいとしても、歳下のティートがグループの一角を占めていたことを考え合わせると、このティートやリーコ、はたまた教授デ・ブラースや、今回明るみに出たウッズなどの口から、日本美術の素養をしっかり身に付けたうえ、油絵の技法にも優れていた才能溢れる日本人画家の名が、グループ内で告げられた可能性は低くないかもしれない。川村は、一八八一年のサークルの展示即売会で、初めて自らの作品が公の場で売れたことに心から喜びを感じていたであろう。そして、いよいよこれから作家として海外で活躍を始めようとした矢先に、日本に帰国せざるを得なくなった。

ヴェネツィア商業高等学校での日本語講師を継ぐことになる長沼守敬は、このときすでにナポリに到着し、ローマに移って日本語講師の座が空くのを待っていた。長沼の親友松岡壽《まつおかひさし》（一八六二 岡山〜一九四四 東京）はその日記のなかで、一八八一年十一月一日二十三時五分発の夜行列車で、長沼がヴェネツィアへ旅立ったことを伝える。(149) 加えて、『ヴェネツィア新聞』は、十一月十四日に長沼の授業が始まったと伝える。また、川村に金を融通していたダ・モリンは、その金を二度に分けて長沼経由で返金しても

3-37 川村清雄《ヴェニス図》，個人蔵

3-38 川村清雄《たまはばき》1928 以前，江戸東京博物館

らっている。これに関する川村宛長沼の書簡と領収書が、十二月三日と二十九日付で江戸東京博物館に保存されている。[150] すなわち、川村はウッズから得た金を親友への借金の返金にあて、まだ会ったことのない長沼に後始末を一任して断腸の思いで帰国したのであろう。川村と親交のあった関如来《せきにょらい》は、前述の記事で友の痛恨を代弁するように、次のように述懐する。

> かくて、清雄は成績も最優等に、母国からの優待をも蒙り、校内の競技や展覧会等には、常に一等賞の栄誉を担ひつゝ、益励精して居るうちに、印刷局からの招致あまりに急なるため、未だ卒業の月桂冠を戴く[151]に及ばずして、前一年に同校を退き、茲《ここ》に可憐の天才は、千万無数なる希望の光明に照らされつゝ、十年ぶりに母国の土を踏んだ。時は明治十四年の秋である。さるに、嗚呼《ああ》、明治十四年の秋、此の秋は清雄のためには実に終生忘れ可らざる淅瀝《せきれき》の秋である。悲哀の秋である。黯澹凄其の秋である。そもやそも。[152]

川村は同年十二月十四日横浜港に到着し、翌年一月から大蔵省印刷局で「彫刻技手」として勤務する。しかし、その年の十一月には同局を退職し、浮沈の激しい人生を歩むことになる。

川村は、二度とイタリアの地を踏むことはなかったが、愛した海の都を終生忘れなかった。近年発見された《ヴェニス図》（図3-37）は、帰国後四五年経ってから描かれた作品と考えられるが、[153] 我々にヴェネツィアの持つ優雅なエピキュリアン的雰囲気を伝えて余りある。サン・マルコ広場にほど近い王立庭園前の岸辺で、水面に浮かぶゴンドラに乗ってヴェールを冠った上流階級の女性が、お付きのメイドを連れて、同じ船の上と岸辺の欄干の内側とに分かれてクラリネットやヴァイオリン、マンドリンを奏でる楽人たちの音楽を享受している。背景には霧に烟《けぶ》ったサンタ・マリア・デラ・サルーテ聖堂が浮かび上がる。川村は、ヴェネツィアでのデッサンと記憶を頼りに、海の都の享楽的な雰囲気を、生き生きと伝える傑作を創り出したのである。

他方、『歴朝坤徳録《れきちょうこんとくろく》』の扉絵として描かれた《たまはばき》（図3-38）は日本的な平面的デザインの上に、蚕の卵を掃き集める特別な箒を見事なまでの写実的表現で描いている。これこそ、リーコが力説し、ウッズが称賛した、西洋美術の「写実」と日本的「装飾」の「組み合わせ」、融合といえるだろう。

第四章　長沼守敬

原敬、森鷗外とも親交のあった洋風彫刻の創始者

長沼守敬（一八五七　一関〜一九四二　館山）

明治期にイタリアで学んだ最初の洋風彫刻家。東京美術学校彫刻科教授。武家の三男として生まれるが、家督を相続。英語、イタリア語を学んだ後に、一八八一年ヴェネツィアに渡り、商業高等学校で日本語を教えながら、美術学校で六年間に亙って彫刻を学ぶ。アカデミスムとヴェリズモの折衷的様式で、明治期の日本に数多くの傑作を残す。

1　出生からヴェネツィア留学まで

長沼守敬研究の軌跡　川村清雄《かわむらきよお》の帰国を早めた遠因ともなったのは、前述のように彫刻家長沼守敬《ながぬまもりよし》（一八五七　一関～一九四二　館山、図4-1）である。長沼は、一八八一年から一八八七年までイタリアのヴェネツィア王立美術学院で彫刻を学び、帰国後に東京美術学校教授に就任した。しかし、岡倉天心《おかくらてんしん》退任後の新校長と折り合いが悪く、短期間で美術学校を退く。彼は岩倉具視《いわくらともみ》、木戸孝允《きどたかよし》、五代友厚《ごだいともあつ》など明治期の貴顕の肖像、立像を数多く制作したが、ロダンの流れを汲む荻原守衛《おぎわらもりえ》らが現れると、自らの役割は終わったと潔く隠居し、第二次大戦中の金属類回収令でその作品の多くが失われたこともあって、次第に忘れ去られていった。

4-1 壮年の長沼守敬，個人蔵

高村光太郎の評価　詩人、彫刻家として名を馳せることになる高村光太郎《たかむらこうたろう》（一八八三　東京～一九五六　東京）が、評価したただひとりの洋風彫刻家が長沼守敬であった。高村は次のように評した。

> 長沼守敬先生は日本塑造界唯一の実力ある先達である。明治初年伊太利人ラグーザ其他の彫刻家によつて洋風塑造術は本邦に輸入せら

れ、その薫陶の下に近藤由一、大熊氏廣《おおくまうじひろ》、藤田文造（ママ）等の諸氏は日本に初めて塑造による記念像の作家として立つに至つた。現に大熊氏廣作の大村益次郎像は九段靖国神社前に日本最初の銅像として今日でもその稚拙の技を公衆に示してゐる。しかし此等の諸氏は本来塑造家としての素質無く、その作るところ殆ど児戯に等しい観があつて、何等の貢献をも日本彫刻界に齎《もたら》してゐない。日本塑造界が真の価値を持ち、正当に芸術としての領域に入り得たのは、実に長沼守敬先生あつて以来の事である。長沼先生は真に優秀な技量を有し、卓抜な彫刻家として明治年間吾が彫造界の揺籃《ようらん》時代に活躍せられた大才であり、しかも他に比類なき権威であり、今は既に斯界《しかい》を引退せられ居るとはいへ、現に八十の寿を以て健在せられる明治初期彫刻界唯一の現存者である。[1]

長沼に関する研究は、岩手新聞記者で後に岩手県萬鉄五郎記念美術館館長となる千葉瑞夫氏が先鞭を付け、その後、筆者が長沼の留学時代について博士論文のなかで取り上げた。展覧会は千葉氏の努力により、一九九二年と二〇〇六年に開催されるが、[2]失われた作品を含めた長沼芸術の全容解明は、今後の課題として残されている。

出生から上京まで　長沼は一八五七年、現在の岩手県一関市に一関《いちのせき》田村《たむら》藩士《はんし》長沼雄太郎の三男として生を受けた。幼名を武三郎という。一八六二年、五歳の時に父が他界し、二年後には長兄俊蔵も没した。武三郎は俊蔵の準養子となり、小野寺家に養子縁組していた次兄志一に代わって、長沼家を継ぐことになる。一関藩は、政府直轄となった周囲の藩と異なり、藩治が二年続いたため、長沼は旧藩校を継承した教成寮で漢籍を野村盤陽に学んだものの、次第にその道も絶たれた。[3]

一八七三年に北海道開拓使庁官吏となった志一を頼って札幌に赴き、兄から漢籍を学ぶ。翌年上京し、中村敬宇《なかむらけいう》が小石川に経営していた同人舎で英学を学ぶが、学資難から中退する。(4) 長沼はその頃の苦労を、「貧乏して米代がなくなり、七十五銭で買つた和英辞書を十二銭五厘で売ツて飢を凌《しの》いだこともある」(5)と語っている。

フェ・ドスティアーニとの出会い　長沼は、一九三六年に高村光太郎が編集した談話「現代美術の揺籃の時代」（以下「揺籃」）のなかで、「私は伊太利語を学ばうと思ひ立ち、キヨソネの門を叩いて伊太利語を教へてくれと申込んだところ、彼は私から日本語を習ふといふ交換条件で承諾した」(6)と述べる。

幕府創設になる仏蘭西語学伝習所や英語塾に通うだけの経済的余裕がなかった長沼に、一八七五年一月十二日にお雇い外国人として来日したエドアルド・キヨッソーネ（Edoardo Chiossone 一八三三 アレンッアーノ～一八九八 東京）(7)は、現在でも頻繁に行なわれている exchange と呼ぶ語学の交互教授を提案したわけである。しかし、キヨッソーネの許に何度か通っても、イタリア語がうまく覚えられないことを聞き及んだ公使館勤務の曲《ま》垣《がき》如長《じよちょう》が、公使フェ・ドスティアーニに口を利いた。

艦上でのイタリア語習得　公使は、一八七五年、日本に来航予定だったイタリア王国海軍の蒸気コルヴェット艦ヴェットル・ピサーニ号(8)に、長沼を乗せる手筈を整えた。長沼は、三ヵ月間にわたって横浜に停泊していた軍艦に乗船して、イタリア語の勉強をした。長沼は次のように言う。

乗員すべて伊太利人のこととて、私の出来る唯一の会話「これは何といふものか」を連発して、水夫でも誰でも摑へて訊いた名称を手帳に書きつけ、約三ヶ月軍艦内で生活したので大いに得る処があつた。(9)

この長沼の行為は、苦労して聞き出した「これは何?」という質問を唯一の武器として、アイヌ語の研究を行なった金田一京助を彷彿させる。

十四世紀のヴェネツィア共和国の英雄を名に持つこの船は、新生イタリア海軍の要として世界中を航海していた、蒸気機関を併せ持つコルヴェット型帆船で、一八七一〜七三年以来、数回の航海に関して記録が残されている(10)。

ピサーニ号の出港が近づき、長沼がそのまま軍艦に乗ってイタリアに向かう話も出ていたが、渡伊後の身の振り方も決まらず、母親ひとりを日本に残していくこともできない長沼は、結局日本に留まった。ピサーニ号から下船して、公使館に勤務した「オルトリーニ」にイタリア語を学んだ長沼は、しかし、収入もないため、岩手に戻って「百姓でもしようと思ふ」とオルトリーニに相談した(11)。

家督を相続する義務を負う長沼の窮状を知ったフェ・ドスティアーニ公使が、「それは可哀想だから食ふ丈けの費用をやらう、といふ事で伊太利公使館へ月六円で傭はれることになつた(12)」。これが一八七六年二月一日のことである。長沼は、幸運にもフェ・ドスティアーニという非常に面倒見の良い人物と巡り会うことで、糊口《ここう》をしのぐだけの収入を確保しながら、イタリア語を習得することができたのである。

ヴェネツィアへの関心　この時点で、長沼のイタリアへの関心はおそらくまだ漠然としたものであったと思われる。新時代を生き抜くための道具として、語学の一つにイタリア語を選んではみたものの、その使い道はまだ定まっていなかった。それがヴェネツィアへと向けられるのは、緒方惟直《おがたこれなお》に後を譲って一八七六年に帰国した、吉田要作《よしだようさく》との出会いによる。長沼は、一九一一年に『美術新報』一一巻九号へ載せた「三十年前のヴェニス留学」（以下「留学」と略す）のなかで、「ヴェニスに在勤して居た外務省の吉田要作氏が帰朝して、種々ヴェニスの話をされたのが動機で、私は渡航する志望を起こした」[13]と伝える。

当時片親しかいなかった長沼が、おそらく父のように慕っていたフェ・ドスティアーニ伯爵は、[14]一八七七年にブラジル駐箚を命じられる。[15]長沼は同行を懇願したが断られ、[16]彼のイタリア行きは、次代の公使ラッファエッロ・ウリッセ・バルボラーニ公爵が帰国する一八八一年まで持ち越される。二代にわたるイタリア公使に仕えた長沼は、一八八〇年には一八円の給料をもらうようになっており、公使館内の自宅に母モトを呼び寄せ、渡辺ユキと結婚する。

2　イタリア渡航と最初の困難

イタリアへ　一八八一年三月五日に長沼は、バルボラーニの帰国に随行して横浜を出帆した。[17]吉田に聞いたヴェネツィア商業高等学校で日本語を教えながら、葡萄栽培・ワイン醸造技術を学ぼうと考えていたようで、順調な船旅を終えて同月末にはナポリに到着した。[18]

ローマでの居候生活　その後ローマに移り、バルボラーニの紹介でローマ駐箚日本公使鍋島直大《なべしまなおひろ》侯爵（図4-2）の許に居候する。鍋島侯爵[19]との関係は帰国後も続き、長沼直筆の履歴書に拠れば、彼は《鍋島直大胸像》（所在不明）を石膏で作った。この外にも、旧佐賀藩が大隈重信《おおくましげのぶ》を中心として、直大侯の父君《鍋島閑叟《かんそう》公像》を建造する計画を立ち上げた際に、長沼はその制作依頼を受けたが、一九一一年のローマ・トリノ二重万国博覧会に政府代表として参加するため日本を離れねばならず、弟子の武石弘三《たけいしこうさぶ》郎《ろう》を紹介した経緯がある。[20]

第三章で述べたように、一八八一年九月に開かれた第三回万国地理会議に日本代表として出席するためにヴェネツィアを訪れた鍋島公使と斎藤桃太郎書記官が、帰国をしぶる川村清雄を説得した結果、川村は覚悟を決め、十月二十七日ウッズに絵を売った後にヴェネツィアを引き払って十月三十日にナポリを出帆した。長沼は、松岡壽《まつおかひさし》（一八六二 岡山～一九四四 東京）に見送られて十一月一日の夜行列車でローマを発ち、翌日ヴェネツィアに到着した。[21]このときに、ローマで川村と長沼が会った可能性もあるが、記録はない。長沼はローマを離れるに際して、日本公使館の人々から旅費を餞別として貰い、「ヴェニスへ行ってからの一ヶ月程の生活を支へる費用を」も借金している。(22) 彼に快く金員を渡したのは、鍋島侯爵はじめ、侯爵夫人栄子《ながこ》や夫人の従者北島糸子、館員の百武兼行《ひゃくたけかねゆき》、本庄桂一郎、成富清風《なるとみせいふう》、田中永昌《たなかながまさ》、松平定敬《まつだいらさだあき》、斎藤桃太郎らであった。(23)

日本語教師　やっとのことでヴェネツィアに到着した長沼は、当月中旬から日本語の教鞭を執った。十一月十二日の『ヴェネツィア新聞』の記事によれば、一八八一学年度の日本語講座が開講したのは、十一月十四日である。季節はすでに冬に向かい、長沼は湿気の多いヴェネツィアの晩秋を初めて体験したのであろうが、岩手出身の彼の身にはあまり堪えなかったのかもしれない。始まった講座について長沼は、「揺籃」で次のように述べる。

吉田要作君の時は年七千フランの俸給であったが、私の時は何と二千フランの薄給で、之では到底食ってゆけぬ。河村君は印刷局の官費生だったから、俸給は幾らでもそれ丈小遣ひになったであらうが、私の場合は之と違ふ。弱って、食ってゆけぬ事を陳情したが、おいそれと仲々増俸して呉れぬ。やっと後になって三千フランになった。（中略）私の如き者が、日本語の先生となるのは烏滸《おこ》がましいが、生徒と云っても僅かに五六人、併も一週に三度の夜学である。河村君は片仮名で教へたけれど、私は片仮名と少しの漢字を用ゐた。やさしい漢字位読めなくては日本語として通用しないと思つたからであるが、夜学の生徒達は夕飯を食つてから遊び半分に来るのであるから、到底本ものにはならなかつた。当時日本と云へば、支那の属国か野蛮国位に思はれてゐたから、生徒も少なかつたし又本気に勉強しなかつたのであらうが、現

4-2 晩年の鍋島直大

在の如く日本への認識があつたならば、大いに意味ある講座となつたのであらう。
夜学のこととて、昼間は全然仕事がない。遊んでゐても勿体《もったい》ない、何か研究しようと云ふ考へを起こしたのが、私が実際に彫刻を始める動機となったのである。(24)

我々には、長沼が日本に持ち帰った一八八二年三月一日付イタリア農産商務大臣通達が残されている。(25)この通達は、二月二十三日に開かれたヴェネツィア商業高等学校教授会の議決に基づき、「長沼守敬が、ヴェネツィア商業高等学校の日本語教育を委託され、年額三〇〇〇リラを学校の予算から受ける」ことを規定する。一八八一年十一月から翌年二月までの四ヵ月間は年俸二〇〇〇リラだったが、三月からは三〇〇〇リラに増額されたことがわかる。

長沼は自らを、前任者である川村と比較しながら薄給を嘆いているが、長沼の増額要求は主に日本に残してきた家族に仕送りをするためである。年老いた母の面倒を見てもらうためもあって渡辺ユキと結婚し、イタリアへの出発時に妻は懐妊していた。彼らに仕送りをするにも銀行で為替を組む手間と費用が掛かる。これを減殺するため、後に親交を深めるローマ在住の画学生松岡壽《まつおかひさし》に自らの給料の一部を渡し、その金額を日本の松岡家から長沼家に渡してもらうよう取り計らっている。後述するが、松岡が約五〇日にわたる滞在を終えてヴェネツィアの長沼宅を出発する前日の一八八三年九月九日、彼は日記で次のように述べている。

長沼より七十五法《フラン》を受取る　其は氏が留守宅へ送るべきを便宜上余の留守宅より送来るべき学費の内を氏の留守宅へ廻し其代り当地にて前記の金を受取りたり。(26)

という。

彫刻を志す　前に引用したように長沼は、日本語授業の空き時間を利用して、彫刻を学ぶようになったと述べるが、それが後に無二の親友となる松岡の助言に基づくことが、次に掲げる松岡の文章から知られる。数ヵ月におよぶローマ滞在中に長沼は松岡と知り合って、すでに将来の話などをする仲になっていたようである。松岡の語るところでは、

羅馬《ローマ》以外では、トリノに種紙商人が三人居り(27)、ヴェネツィアの美術学校に長沼守敬が彫刻を学んでゐたゞけで日本人は珍しかつた。私の行く前からヴェネツィアに川村清雄が絵を学んでゐた。同人は日本画を加味して一種独特の味ひのある絵を描き天才的な男であつた。

長沼守敬は私より一年ほど後から来り、ヴェネツィアの東洋語学校に日本語教師として赴任した。来伊当時、伊太利亜《イタリア》には来たが何の勉強をしたものかと迷つてゐた。農学の研究をしたいなど、も云つてゐた。ヴェネツィアに赴任と決つたとき、私はどうせヴェネツィアに行くのなら絵か彫刻を学んだらどうだと勧めた。本人も彫刻なら多少心得があるといふので意を決してヴェネツィアの美術学校に入つた。外国で彫刻を学んだのは恐らく長沼守敬を以て嚆矢《こうし》とするだらう(28)。

この「多少心得がある」こととして、長沼は二つの事実を挙げる。その第一は、岩手田村藩にいたときの逸話で、水戸藩の天狗騒動の際に逃亡してきた高橋善吉《たかはしぜんきち》を田村藩の若い侍が匿った。その高橋が水戸彫をよくし、長沼は彼から習おうと考えたものの、その機会もないうちに高橋が捕えられた。彼が家賃代わりに置いていった道具類を使って、見様見真似で小刀の金物などを彫ったこと。第二は、東京でヴィンチェンツォ・ラグーザ（Vincenzo Ragusa　一八四一　パレルモ～一九二七　パレルモ）の許に出入りし、彼が「石膏の型を取るのを見て非常に興味を覚えた」ことである(29)。

しかし、日本で数人の絵師に師事し、開成画学局で洋画の手ほどきを受けた川村や、工部美術学校ですでに洋画を学んだ松岡と異なり、長沼は日本で正式の美術教育を受けたわけではなかった。

3　予備科での奮闘

一八八一～八二学年度　商業高等学校での日本語授業が軌道に乗り始めたであろう一八八二年一月五日、長沼が「予備科（Corso preparatorio）」に学籍登録をした事実を、学籍簿（図4-3）、および初学年度の学費領収書控は伝える[30]。第三章で詳しく述べたように、一八七八年秋にヴェネツィア美術学校の学制が大きく変わり、長沼はヴェネツィア王立美術学院と改名した学校の予備科に入ることになる。それまで正規の美術教育を受けたことのなかった彼が、予備科に入れられたのは当然かもしれない。しかし、本人は基礎理論を学ぶだけでは面白くないと考え、手を動かす「造形演習」を特別に受講する許可を得た。長沼は、次のように述べる。

高橋善吉とラグーザの彫刻ぶりを見て、彫刻は面白いものだといふ考へから、私もやってみようと、暇な昼間を利用してヴェニスの美術学校の予科へ入った。然し予科では、幾何学、遠近法、一般美術史位の科目でつまらないから、直接校長に談判して、特別扱ひをもって彫刻の方を学ぶことが出来た[31]。

学籍簿には後から朱で「造形演習（Esercizi di Plastica）」と付記されており、校長でもあった彫刻科教授ルイジ・フェルラーリ（Luigi Ferrari 一八一〇 ヴェネツィア～一八九四 ヴェネツィア）に「談判」したという長沼本人の言葉を裏付ける。

この学籍簿で興味を引くのは、長沼の名前と出自の書き方である。「Naganuma Moriyoschi (...) di Ju-

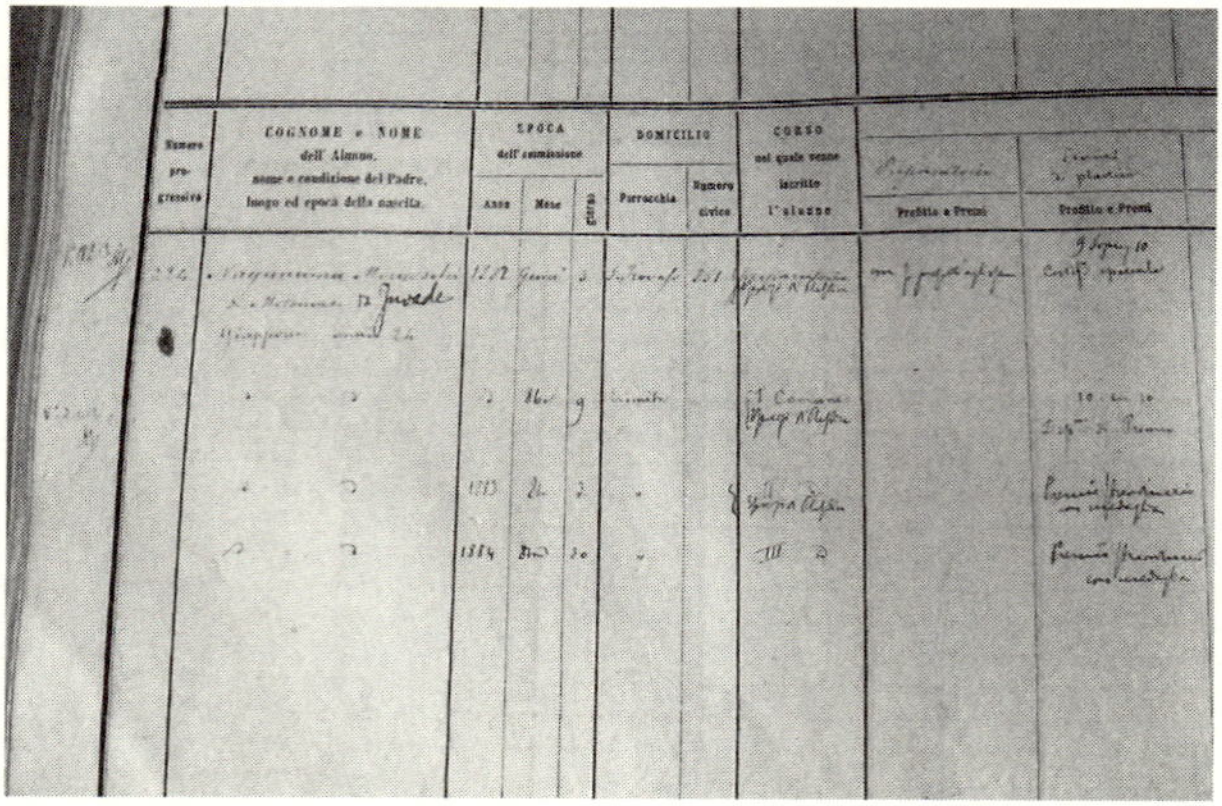

4-3「学籍簿　長沼守敬」ヴェネツィア美術学校古文書館（筆者撮影）

vade, Giappone」のMoriyoschiにはcが入っており、現在のイタリア語では「モリヨスキ」と読むが、ドイツ語の発音では「モリヨシ」と読める。半世紀にわたってヴェネツィアを支配したオーストリアの影響が残った記述なのであろう。Juvadeは、出身地の岩手を長沼が郷里の言葉で「ゆわで」と発音したのであろう、それをそのまま音訳した微笑みを誘う記述である。また、入学時にはドルソドゥーロ六分区八五一番地（Dorsoduro 851）のヴェニエル水路袋小路（Ramo Piscina Venier）[32]（図4−4）に住んでいたことがわかる。

「概況」には「小学校四級を卒《おわ》りしものは予備科に入るを許し中学二級を卒しものは普通科に入るを許す」[33]とあり、彫刻を学ぶのが初めてであった事実が、普通科への登録を妨げたものと思われる。

幾何学素描　王立美術学院での長沼の活動を跡付けるものとして、我々には六一枚の素描や幾何学模様の習作が残されている（萬鉄五郎記念美術館収蔵）。入学直後の一八八二年二月から五月に制作された二七枚に及ぶ幾何学模様（萬鉄五郎記念美術館の整理番号一四類の三枚、一五類の二四枚）、次に一八八二年六月頃から翌年二月末までの日付を持つ二〇枚の人物素描

（整理番号一三類）、最後に一八八三年四月から六月に描かれた石膏製の手と立方形の組み合わせを中心とする一四枚の素描（整理番号一六類）である。これら三グループの習作は、時期的にほとんど重なることがなく、一四類、一五類の次に一三類、続いて一六類というように、まるで学校の教育課程を几帳面に追うかのように制作されている。

これらの習作を、実際に王立美術学院履修課程と照らし合わせてみよう。長沼は帰国直後に、当時の美術行政の中心であった役人に芸術家を加えた団体である竜池会に入会し、前述のように早速留学先の美術学校に関する報告を行なった。そのなかで長沼は、予備科では「遠近画法、装飾幾何、歴史、算術」などを学び、

其れより授業の法は予備科にては遠近画法、此れは教授自ら石盤に図を描き其法を示し且つ説明することにて生徒たるものは右の石盤より写し取り其の法の説明等を筆記す装飾幾何も同し方法にて其他算術は申し上ぐるにも及はぬ通常のことなるが尤も右に申上たる遠近画装飾幾何等の図は浄画して教師の閲を受け後日試験の材料として学校にて収め置くことでありますㅤ(34)

と説明する。これは、第一年目に制作された幾何習作二七枚（図4-5はその一枚）と一致する。つまり、当該習作は「装飾幾何」の授業で先生に「浄画」して提出した作品群の一枚ということになる。

ラッファエッロからの模写　ついで、特に興味深い人物素描について、制作年代を追って検討を加えてみたい。制作年代の判明している素描のなかで一番早い作品は、一八八二年六月十三日の日付と「N.7」を持つ《上目遣いの右向きの女性》（図4-6）と、同月二十七日の日付と「No.8」を持つ《背後から見た左向きの女性》（図4-7）である。「N6」と記された《右向きの男性》の素描（図4-8）にも注

4-4 Dorsoduro 851（筆者撮影）

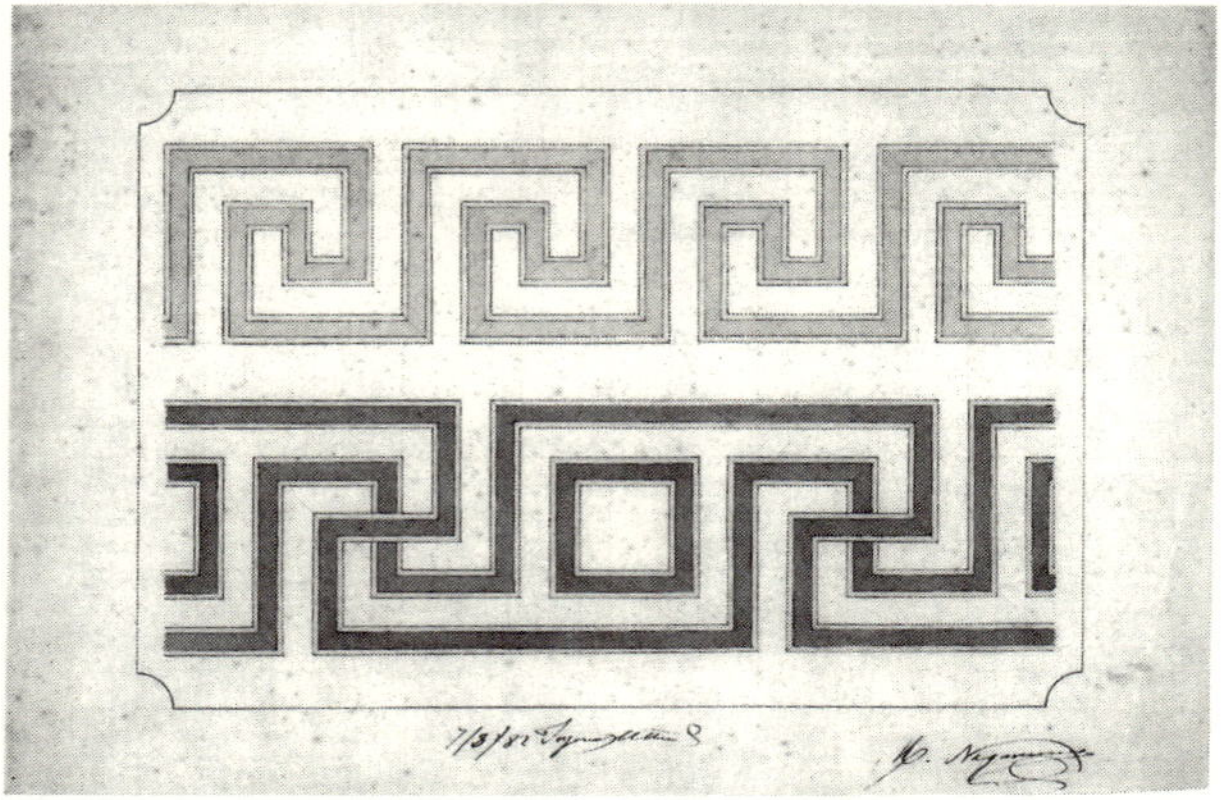

4-5 長沼守敬《幾何装飾図案》1882年3月7日付，萬鉄五郎記念美術館

4-6 長沼守敬《上目遣いの右向きの女性》（ラッファエッロ《キリストの変容》からの模写）1882年6月13日付，萬鉄五郎記念美術館

4-8 長沼守敬《右向きの男性》（ラッファエッロ《キリストの変容》からの模写）日付なし，萬鉄五郎記念美術館

4-7 長沼守敬《背後から見た左向きの女性》（ラッファエッロ《キリストの変容》からの模写）1882年6月27日付，萬鉄五郎記念美術館

4-9 ラッファエッロ・サンツィオ《キリストの変容》, ヴァティカン美術館絵画館

目したい。最後の作品は日付がないものの、女性の顔を描いた前二者と同様に、ハッチングによる陰影が軽く付けられていることから、おそらく同じ時期に描かれたものと推測される。

この三枚は、ラッファエッロ・サンツィオ（Raffaello Sanzio 一四八三 ウルビーノ～一五二〇 ローマ）作《キリストの変容》（ヴァティカン美術館絵画館所蔵、図4-9）からの模写である。二枚の女性の頭部模写は、ラッファエッロ晩年の作品の下段に配された人物群のなかで、癲癇《てんかん》病の少年を左右から指差す二人の女性のものであり、他方、男性の頭部は、その横で癲癇の少年を指差す、図4-7の女性と浮揚するキリストの間で、癲癇の少年を右手で指し示す緑の衣を着た男の顔を表している。

　これらの模写は、オリジナルからの実写であろうか。通常、イタリアの高等教育機関は十月か十一月に始まり、六月末にはほとんど授業を終えて、翌月試験が行なわれる（大学では年三、四回試験期間が設けられ、準備の整った学生から受験する）。その間に、キリスト生誕祭《ナターレ》と復活祭《パスクワ》という二度の比較的長い休暇が入る。この休みの間に学生、特に外国人学生が旅することはよくある。しかし、長沼がラッファエッロの模写を残したのは、学期中の六月である。たしかに、これらの習作は、比較的肉眼で捉えやすい場所に描かれた人物の頭部を選んでいる。一七九七年に侵略してきたナポレオン率いるフランス軍が略奪したラッファエッロの《キリストの変容》は、一八一五年のウィーン条約によってローマに返還され、それ以来ずっと現在我々が目にする位置に置かれている[35]。

　しかし、長沼の「概況」は、予備科に続いて、次のように説明する。

> 普通科にては遠近画法も予備科と異なり建築と共に密着相離れさる科目にて三年間常に古代より著名の寺院宮殿等の写真或は印刷物を遠近画法により画き自在画は初年古画古彫刻の手足面等の印刷物を写し第二年目には石膏にて製せし手足等を写し第三年目には古彫刻を石膏に其の儘写し取りし半身像を手本として学び第二、三の両年間は骨を模写す[36]

すなわち、普通科一年に配された「自在画」の科目で、「古画」の「面」の「印刷物を写し」たものが、この三枚の素描と考えられる。長沼は、一八八二年六月の時点では普通科でなく、予備科に在籍していたものの、翌年から在籍予定であった普通科に属する「自在画」の科目を先取りして、これら三枚の素描を仕上げたのではないか。それを許されたのは、当然その前の幾何学模様を始めとする予備科の課題を、長沼が真摯に、そして良い成績で仕上げたからであろう。なお、画面上に書かれた「N.7」「No.8」という番号は、後述する他の素描では同じ九番をとることから、授業での長沼の番号と解釈するのが妥当であろう。学籍番号であれば、まったく変わることはないはずである。

学年末試験　当学年度の学年末試験は、一八八二年七月四日から十四日まで行なわれたが、長沼は登録した「数学基礎」「遠近法基礎　口述」「幾何装飾基礎」「遠近法習作」「幾何装飾素描習作」「イタリア語」「美術史」のすべての科目に欠席した（「non si presentò＝現われなかった」）[37]。しかし、「造形演習」では一〇点満点中九点の評価を得、「特別証明書」が与えられた。これが萬鉄五郎記念美術館収蔵の一八八二年七月三十日付賞状に見られる「報奨証明（Certificato di Premio）」であり、一八八二年の『ヴェネツィア王立美術学校および学院紀要』（以下『紀要』）では「選考外の功績特別証明書」となって現れ、口述記録には次のように例外的な受賞理由が付記されている。

召集された委員会は、本校において長沼氏が制作した作品の素晴らしさに鑑みて、また氏は予備科に在籍していたが、造形演習は普通科の科目であることから通常の授賞ができないため、この選考外功績証明書を授けることを決議したものである[38]。

以上のことから、長沼は入学一年目に、予備科登録のまま、普通科選択科目である造形演習を履修し、上級学年の課題に挑戦することを許されるなど優れた素質を見せたことがわかる。造形演習の配されていた普通科の生徒でないという形式的瑕疵《かし》のため、彼は予備科でも普通科でも通常の選考対象とはならなかったが、長沼の素質、勤勉は表彰せずに捨て置くにはあまりに卓抜であったため、特別にその功績を讃える証明書を授与するというのが、第一年目に与えられた「報奨証明」の持つ意味である。

このように、長沼に与えられた賞は、一等、二等などの格付けのない特別なものであったが、一般の学生にはどのような報奨が与えられたのであろうか。『紀要』の「学生動向」によれば、一八八一～八二学年度当初に学生登録をした者は一七三名、そのうち授業に出席した者は一一九名、学年末に試験を受けたのは一〇八名である。受験者のうち次学年に進学できた生徒は七六名、追試験による及第一一名、落第二一名である。一度で進級を決めた七六名のうち、受賞者リストに何らかの形で名を残したものは五四名であったから、たとえ一等でなくても、表彰を受けるだけで名誉なことだったのは明らかである。

個々の科、学年ごとに「一等メダル授与」「二等メダル授与」「第一級名誉言及」「第二級名誉言及」の表彰がなされるが、普通科選択授業であった造形演習では通常「報奨の証明」と「同等の名誉言及」のみがなされた。

後に長沼は、「造形演習」のような専門教育を日本においても幼年期から行なう必要性を説いている。「留学」において、「彼地では高等小学の二年位から入学させるのであるから、予備科が要る。美術教育の如きは必しも中学卒業後に限る必要はない、私は早くから特種《（ママ）》の専門教育を施す方が宜からうと思ふ[39]」と述べている。

4　普通科一年――留学生同士の楽しき交流

一八八二～八三学年度　一八八二年十月（8bre）[40]九日に長沼は、「普通科第一学年」と「造形演習」に登録した。住所はDorsoduro（「硬い背中」の意）1327（Fondamenta dell'Eremite（「隠遁者の岸辺」の意）、図4-10）である。この年から長沼は「普通科」で本格的な美術教育を受けることになった。我々に残された史料からは、彼の懸命な勉学の様子が伝わってくる。

美術学院の教師　長沼は、王立美術学院でルイジ・フェルラーリとアントニオ・ダル・ツォット（Antonio Dal Zotto　一八五二　ヴェネツィア～一九一八　ヴェネツィア）に師事した。先行研究は、長沼がアントニオ・カノーヴァ（Antonio Canova　一七五七　ポッサーニョ～一八二二　ヴェネツィア）の系譜を引くアカデミスムを、そのまま受け継いだかと考えてきた[41]。しかし、その理解には疑問が残る。長沼芸術を正当に評価するため、彼の教師たちと当時のヴェネツィア彫刻の流れを概観しよう。

十九世紀中葉、オーストリア支配下のヴェネツィアでは、ルイジ・ボルロ（Luigi Borro　一八二六　チェネグ～一八八〇　ヴェネツィア）、フェルラーリ、ダル・ツォットの三人が彫刻界を担っていた[42]。

一八一〇年ヴェネツィア生まれのフェルラーリは、同じく彫刻家だった父バルトロメオに手ほどきを受けた後、ローマでピエトロ・テネラーニ（Pietro Tenerani　一七八九　トラーノ～一八六九　ローマ）に師事して、静謐なプリズモを学んだ[43]。

テネラーニは、著名なデンマーク人ベルテル・トロヴァルセン（Bertel Thorvaldsen　一七七〇　コペンハーゲン〜一八四四　コペンハーゲン）と共同で制作をした新古典主義の作家である。ナザレ派の画家たちと親交を深め、一八四二年にはヨハン・フリードリヒ・オーファーベック（Johann Friedrich Overbeck　一七八九 リューベック〜一八六九 ローマ）や、トマーゾ・ミナルディ（Tomaso Minardi　一七八七 ファエンツァ〜一八七一 ローマ）と連名で、『芸術におけるプリズモについて』を発表し、ラッファエッロ以前の初期ルネサンス絵画を範に取る、ナザレ派の思想を受け継いだ。テネラーニのこのプリズモを強く受け継いだのが、フェルラーリである。

4-10 Dorsoduro 1327（Fondamenta dell'Eremite）（筆者撮影）

4-11 バルトロメオ・ボン作，ルイジ・フェルラーリ修復《総督宮布告門》

一八三七年に発表した《ラオコーン群像》（現在ブレシャ、トジオ・マルティネンゴ絵画館所蔵[44]）の劇的表現で注目を浴びたフェルラーリは、一八五一年ヴェネツィア美術学校の彫刻科教授に迎えられ、その後は常に新古典主義の影響を受けたプリズモの作品を作り続けた。《ガリレオ・ガリレイ像》（総督宮所蔵）、《グリエルモ・ペーペ将軍像》（コルレル美術館所蔵）など、イタリア王国統一後の新気運を反映した時代の要求に応え、多くの胸像をヴェネツィアに残した。

長沼が就いていた頃のフェルラーリの作品として特に公的重要性を持つものに、総督宮布告門（Porta della Carta）の《有翼獅子の前に跪《ひざまず》く総督フランチェスコ・フォスカリ》の修復（図4-11）がある。一七九七年のヴェネツィア共和国崩壊に伴う動乱で破壊されたこの布告門は、バルトロメオ・ボン（Bartolomeo Bon 一四〇五と一四一〇の間 ヴェネツィア～一四六四または一四六七 ヴェネツィア）の手になるヴェネツィア後期ゴシック彫刻の優作であり、その修復（一八八五年設置）は、プリズモ彫刻家としてのフェルラーリに相応しい仕事であった。また、サン・シルヴェストロ聖堂内中央祭壇に置かれた二体の《天使像》は、その清冽な作風をよく示している[45]。

長沼の師事した若い方の教授ダル・ツォット[46]は、一八四一年ヴェネツィアに生まれ、美術学校で画家グリゴレッティと彫刻家のふたりの教授であるフェルラーリとボルロに学んだ後、一八五八年頃ローマへ赴き、フェルラーリと同じくテネラーニに師事する。一八六四年に《瀕死のペトラルカ》でローマ大賞を獲得した後、ヴェネツィアに戻ったダル・ツォットは、一八七〇年にヴェネツィア工芸学校の彫刻・解剖学教諭に迎えられ、一八七九年には美術学校に移って教鞭を執り続けた。フェルラーリと同じ師を持ったにもかかわらず、彼の作品は師のプリズモより、アドリアーノ・チェチョーニ（Adriano Cecioni　一八三六　フォンテブォーナ～一八八六　フィレンツェ）が推進する、より新しい芸術運動であるヴェリズモに敏感に反応したことを明確に示している。

この時期、ダル・ツォットには実在した人物の記念碑制作依頼が相次ぐ。これらの注文が当時の彫刻家に相貌研究を課題とさせたことは十分考えられるが、ダル・ツォットはそれを理想化せずに写実的に、すなわち真実を写すことに心を砕いた。一八七六年の《ジュゼッペ・シルトーリ像》（図4-12）に続いて、一八八〇年には《フランチェスコ・アヴェザーニ像》を制作し、長沼滞在中の一八八三年に最高傑作とされる《カルロ・ゴルドーニ記念碑》（図4-13、現在カンポ・サン・バルトロメオにある像は後年の鋳造にかかる）を完成した。アカデミスムに真っ向から対立するチェチョーニのラディカルなヴェリズモには及ばないとしても、テネラーニやフェルラーリの静謐な新古典主義的プリズモとは一線を画したダル・ツォットの真実への興味を、その作品群に見て取ることは難しくないであろう。

4-12 アントニオ・ダル・ツォット《ジュゼッペ・シルトーリ像》, サン・マルコ広場入口（筆者撮影）

長沼の考え　ここで長沼が当時のヴェネツィア彫刻をどう見ていたのか検証しよう。

彫刻の先生は当時七十程の老齢で校長を兼ねてゐたルイヂ・フェラリーとその弟子のアントニオ・ダルソットであった。彫刻の当時の世界一般の傾向は、ナポレオン時代にヴェニスの近在から出たカノーヴワの遺風的傾向で、学校にもその作が数多くあった。

大まかにいふと、ミケランヂェロの後、この遺風は行はれようとして行はれず、バラッコ風な仕方のない傾向に堕してゐた時、カノーヴワが現はれて自己の彫刻を完成したのである。カノーヴワは若い時はギリシヤ的クラシックでもない、云はゞ写実的作品を物したが、後老年に至ってはギリシャ的クラシックに還つた人で、一時世界のカノーヴワとまで云はれた高名な彫刻家である。ヴェニスは殊に絵の方がよく、例のチシアンなどが出てゐる。[47]

ヴェニスは彫刻を学ぶには好い土地ではなかったけれども、私はそこを去り難い身であった故に、[48]

4-13 アントニオ・ダル・ツォット《カルロ・ゴルドーニ記念碑》，サン・バルトロメオ広場

そこで学んだ。今から一世紀程前に、伊太利亜の有名な彫刻家にカノヴーと云ふのがあつた、或人は伊太利亜の廃れた彫刻を興した人だと云ひ、或人は却て彫刻の発達を害したと云ふが、兎も角近代の巨匠で、彼が居なかつたらば、伊太利亜の彫刻は益々振はなかつたであらう。カノヴアはヴェニス近在のポサニヨと云ふ処の人で、ヴェニスで業を修めて、其後羅馬に往つてクラシックに変じた、二十代の頃ヴェニスで作つたものは写実風がある。（中略）私等の教師で、当時七十歳位の老人が、微《かす》かにカノヴアの事を知って居た、カノヴアは初め其老教師の父に学んだのだと云ふことであ

つた。(49)

ここで注目したいのは、ヴェネツィアは彫刻よりは絵画を学ぶのにふさわしいこと、そして、カノーヴァはヴェネツィアでは写実を行ない、ローマに出て古典様式に転じたことを、長沼が認識している点である。すなわち、カノーヴァの新古典様式の偉大さは十分認めつつも、長沼自身が住んでいたヴェネツィアという町では、カノーヴァは写実主義の彫刻家であった（その代表作は《ダイダロスとイカロス》（ヴェネツィア、コルレル美術館所蔵）である）という、正しい評価を下していることである。

第一の点について、たしかにヴェネツィア派の絵画は、フィレンツェ派と並んでルネサンス期に黄金時代を迎え、十八世紀にはティエーポロ親子によって落日の輝きを放つなど、長い伝統を誇る。それに比べてヴェネツィアの彫刻は、フィレンツェ彫刻ほどには知られていない。しかし、

ルネサンスはヴェネツィアに遅れて到着し、十五世紀半ばのヴェネツィアの芸術家たちは、彫刻は他の分野とともに制作する従属的芸術であるというゴシック的な見方にまだ捉われていた。しかし、一度ルネサンス様式が勝利を得るや、彫刻において真の古代復興を成し遂げたのはフィレンツェでなく、ヴェネツィアであった(50)

というルネサンス彫刻研究の泰斗ジョン・ポープ・ヘネシーの言葉は傾聴に値する。長沼が、高橋善吉やラグーザを通じて彫刻に興味を持っていたことはすでに述べた。ヨーロッパ人と伍して新しい美術を追求した天才的な川村清雄や、先にローマに到着して着々と歩を進める松岡壽を見て、長沼が彼らとは異なる彫刻という分野で第一人者を目指そうと考えたとしても、不思議はない。

第二点に戻ると、これは長沼の芸術を理解するうえで、非常に重要なことだと私には思われる。たし

かに彼はアカデミスムの彫刻家であり、高村光太郎はその点を大きく評価する。[51] しかし、長沼の様式は、単なる新古典主義とは呼びがたく、彼は写実をも重視した芸術家であった。したがって、ローマ滞在以降のカノーヴァの新古典主義に、直接長沼を結び付けて考えることは、危険であろう。

加えて、十九世紀のナショナリズムの台頭に注目する必要がある。ヨーロッパでは、それまでのようなキリスト教主題の作品ばかりでなく、故国の英雄を顕彰する記念碑が街中に数多く建設されていく。また、日本でも、維新後の近代化のなかで、新しい顕彰の形としての銅像が求められた。[52] それぞれの変化を目の当たりにしていた長沼が、将来的に肖像彫刻の持つ意味を感じ取っていたと考えるとしたら、穿ち過ぎであろうか。

再びラッファエッロの模写について　長沼は、授業の始まった十一月頃から、人物素描を何枚か仕上げている。そのなかで、一八八二年十一月二十九日の日付を持つ《有髭の男性》の線描画（図4-14）は、前述の《キリストの変容》の下段で、癲癇を起こした少年を見ながら左手で変容するキリストを指差す赤いマントの男の顔を描いている。加えて、日付のない《髭の人物と手、足》（図4-15）の線描の男の顔は、同じ《キリストの変容》のなかで、高い山の頂で顔を手で覆いながら光輝く師キリストに話し掛ける弟子ペテロの横顔を描いていると思われる。これらの素描は、後述するギルランダイオの模写と同様、線描画であるから、前者の日付は納得がいく。

新学期が始まってから、長沼が再び《キリストの変容》の模写に取り組んでいることは、長沼がローマでオリジナルのラッファエッロ作品を実写したのではなく、学校の課程に沿ってヴェネツィアで印刷物を写した可能性をいっそう強める。

4-14 長沼守敬《有髭の男性》（ラッファエッロ《キリストの変容》からの模写）1882年11月29日付，萬鉄五郎記念美術館

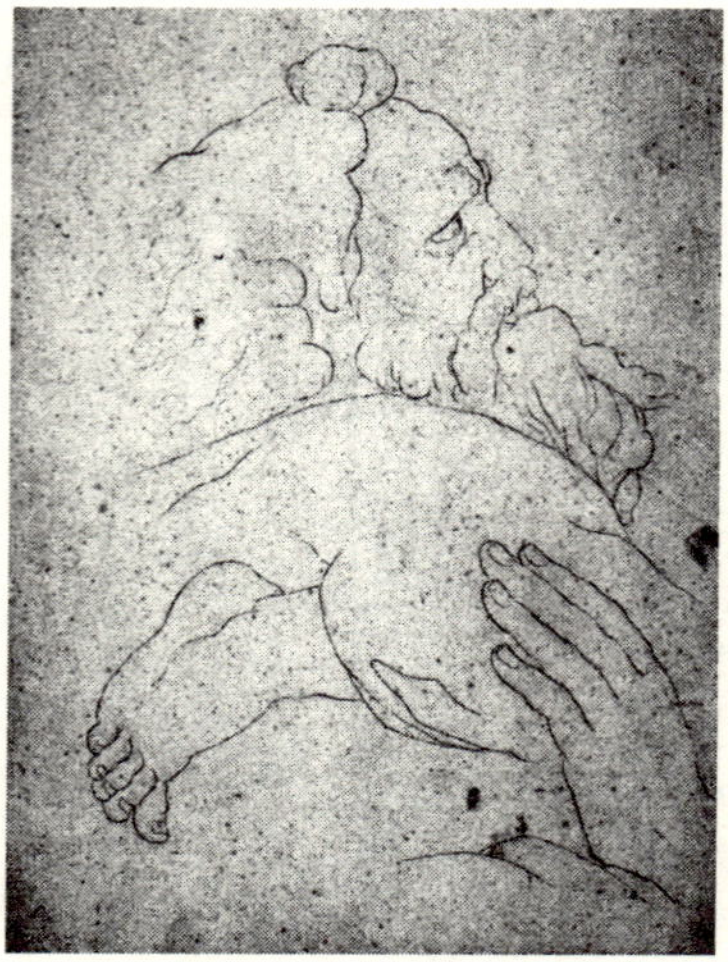

4-15 長沼守敬《髭の人物と手，足》（ラッファエッロ《キリストの変容》からの模写）日付なし，萬鉄五郎記念美術館

ギルランダイオの模写　一八八二年十二月二十日の日付と「N.9」の番号を持つ《帽子をかぶった男性》（図4-16）と、同月二十二日の日付と「N.10」の番号を持つ《帽子をかぶった横向きの男性》（図4-17）、および一八八三年一月二日の日付と「N.9」の番号を持つ《帽子をかぶった振り向く老人》（図4-18）、同月五日の日付と「N.9」の番号を持つ《ヴェールをたなびかせる横向きの女性》（図4-19）、同月八日の日付と「N.9」の番号を持つ《帽子をかぶった男性の横顔》（図4-20）、最後に同月十日の日付と「N.9」の番号を持つ《長い覆いの付いた帽子をかぶる男性》（図4-21）の六点の素描は、すべてフィレンツェのサンタ・マリア・ノヴェッラ聖堂内中央祭壇（トルナブオーニ家礼拝堂）の両壁に描かれた、ドメニコ・ギルランダイオ（Domenico Ghirlandaio 一四四九 フィレンツェ～一四九四 フィレンツ

4-16 長沼守敬《帽子をかぶった男性》（ギルランダイオ《ザカリアへのお告げ》からの模写）1882年12月20日付，萬鉄五郎記念美術館

4-17 長沼守敬《帽子をかぶった横向きの男性》（ギルランダイオ《神殿から追い出されるヨアキム》からの模写）1882年12月22日付，萬鉄五郎記念美術館

エ）のフレスコ画からの模写である。

　このうち四枚が、右壁に描かれた《洗礼者の生涯》のうち、最下段右壁の《ザカリアへのお告げ》（図4-22）の場面から取られている。すなわち、図4-16は画面右下にいる三人のグループの左端の人物、図4-18は画面左下四人のグループの左から二人目（ただし、逆向きに描かれている）、図4-20・21は画面右壁中段の五人の男性のうち、それぞれ左から二、三番目の人物を描いている。同じ右壁の右側下から二段目に描かれた《洗礼者の誕生》（図4-23）からは、画面右端で、果物籠を頭に載せて入口から室内に入って来る若い女性が模写され（図4-19）、残りの図4-17は、左壁の《聖母マリアの生涯》左下段の《神殿から追い出されるヨアキム》（図4-24）の場面で、ヨアキムの右横に我々に背を向けて立つ男性

4-18 長沼守敬《帽子をかぶった振り向く老人》（ギルランダイオ《ザカリアへのお告げ》からの模写）1883年1月2日付，萬鉄五郎記念美術館

4-19 長沼守敬《ヴェールをたなびかせる横向きの女性》（ギルランダイオ《洗礼者の誕生》からの模写）1883年1月5日付，萬鉄五郎記念美術館

を模写したものである。以上の六枚はハッチングによる陰影を用いずに、簡単な輪郭のみで対象を見事に写し取っている。

これらの素描は、ラッファエッロ作品の模写と同様、王立美術学院におけるカリキュラムの反映であり、「印刷物」からの模写と考えられる。ラッファエッロがアカデミスムにとって神格化された存在であったことは、周知の事実であるが、十五世紀フィレンツェ派絵画のなかでも、特に相貌描写の写実性に抜きん出ていた、ギルランダイオが模写教育の対象に選ばれていることは興味深い。また、帽子を被った男性のみを写していることも、注目してよい事実である。

ギルランダイオのフレスコ画では、中央祭壇最下段の画面から、ほとんどすべてのモティーフが取られている（図4-19は下から第二段目ではあるが、比較的目立つ女性を描いている）[53]。

4-20 長沼守敬《帽子をかぶった男性の横顔》（ギルランダイオ《ザカリアへのお告げ》からの模写）1883 年 1 月 8 日付，萬鉄五郎記念美術館

4-21 長沼守敬《長い覆いの付いた帽子をかぶる男性》（ギルランダイオ《ザカリアへのお告げ》からの模写）1883 年 1 月 10 日付，萬鉄五郎記念美術館

しかし、それがフィレンツェでの実写ではなく、美術学院が配布した印刷物からの模写である可能性は、すでに指摘した。

その可能性を補強するものとして、オリジナルとは逆向きに描かれた図4―18の素描を挙げることができる。長沼が故意に一枚だけデッサンを裏返しに描いた（すべての人物を左向きに模写するためであろうか）と考えるよりは、長沼が模写した印刷物の一枚がたまたま逆向きであったと考えるほうが理に叶う。

辰野金吾のグランド・ツアー　加えて、当時イタリアを遊学中だった建築家辰野《たつの》金《きん》吾《ご》（一八五四 佐賀～一九一九 東京）から、ヴェネツィアの長沼の二番目の住所（前述した Fondamenta dell'Eremite の下宿）に宛てられた、五通の葉書を補強証拠として挙げることができる。

4-22 ドメニコ・ギルランダイオ《ザカリアへのお告げ》，フィレンツェ，サンタ・マリア・ノヴェッラ聖堂中央祭壇（トルナブオーニ家礼拝堂）

4-23 ドメニコ・ギルランダイオ《洗礼者の誕生》，フィレンツェ，サンタ・マリア・ノヴェッラ聖堂中央祭壇（トルナブオーニ家礼拝堂）

4-24 ドメニコ・ギルランダイオ《神殿から追い出されるヨアキム》，フィレンツェ，サンタ・マリア・ノヴェッラ聖堂中央祭壇（トルナブオーニ家礼拝堂）

東京駅の設計者として名高い辰野金吾は、ロンドンのロイヤル・アカデミー・オブ・アーツに学び、同時にウィリアム・バージェスの事務所で実務経験を積んだ後、一八八二年五月に海峡を超えてパリに入った[54]。フランスの建築を丹念に見て周ってから、十月初旬にイタリア王国のジェノヴァに移り、ミラノ、パヴィーア、ヴェローナと周って、十月三十日にはヴェネツィアに居たことが知られる。十二月二十日頃までの二ヵ月弱の間、長沼の下宿に転がり込んだりしながら、海の都をじっくりと見たようである。

長沼と辰野の遣り取り　長沼が辰野から受け取ったこれらの葉書から、建築家のヴェネツィア以降の旅程を再構成すると、おおよそ次のようになる。おそらく十二月二十日頃までヴェネツィアにいた辰野は、フィレンツェに到着後、ホテル住まいをしていたが、月極めで部屋を貸しているメゾン・ナルディーニを見つけ、引越した。フィレンツェでは、主に古典主義建築を見て周ったらしい。葉書で、長沼の許に残してきたであろう荷物の郵送を、十二月二十二日夕方の電報で依頼したことを恐縮している。これに対して長沼は葉書で返答し、下世話なことを冗談めかして書いたのであろう、辰野は「君之罪挙テ妻君ニ訴ル余之事ハ決テナシ　御安心々々」と言って、自分自身も元旦の冒険譚を語るのである。辰野と長沼が、ヴェネツィアでいかに意気投合したかが推察できる。

翌年一月二十一日付の葉書から、辰野は同日ピサに移っているが、この葉書の前に、フィレンツェから出したもう一通の葉書が存在したこと（「先便」と述べている）がわかる。ピサには結局一日しか滞在せず、一月二十二日にはシエナに旅立ったのであろう（「多分明日は□□□度取敢迂生シエナ出立」）。その後、別便で長沼に金の無心をしたのであろう、一月二十九日付シエナ発の葉書では、「書留郵便及御葉書共正ニ落掌」したこと、借りた金は「何レ羅馬《ローマ》着ノ上倫敦《ロンドン》ヨリ送金次第ご返却」することを伝えている。そして一週間のシエナ滞在後、一月三十日にローマに入った。

ここで注意を要するのは、第一に、これらの葉書はすべて前記の「隠遁者の岸辺（Fondamenta dell'Eremite）」の下宿宛となっており、交信がすみやかに行なわれていることである。後に陸軍次官になった石本新六《いしもとしんろく》（一八五〇　姫路〜一九一二　東京）は、ヴェネツィアを訪れた際に長沼の案内を受けた。その後、石本が長沼に宛てた、ローマ駅郵便局の消印を持つ一八八六年三月九日付の葉書が、翌十日のヴェネツィア郵便局着の消印をも併せ持つことから、ローマ、ヴェネツィア間は一日で郵便が届いたことがわかる。当時は、駅の郵便局留めにして、そこまで取りに行ったのであろう。現在では家まで届くとは言っても、同距離に一週間から二〇日もかかることを考えると、一〇〇年前の方が郵便制度は立派に機能していたといえる。そうでなければ、一八八二年末から翌年正月にかけての時期に、長沼と辰野の間でこれだけの通信が行なわれること自体、不可能であったにちがいない。

もう一点注意すべきことは、辰野の文面から、長沼がまだフィレンツェを訪れていないと思われることである。すなわち、「当処はさすかに著名の都府丈アリて見物□其ノ夥多□ヲ彫刻物モノ随分アリ君羅馬行之節は是非共当地に立寄ヘシ」、また「羅馬行御決心ヲ□ては如何」と述べていることに加えて、辰野は宿屋に関する情報を長沼に与えている。事実、その直後に長沼はローマを訪れるのである。長沼は裕福な官費留学生ではなかったため、常に金の工面に苦労していたから、辰野の情報は彼にとって貴重だったはずである。しかし、日本の家族宛書簡からわかるように、苦しい経済的状況にもかかわらず、日本に残してきた母と妻に送金しているばかりか、辰野にも気前よく金を貸している。長沼の人柄が知られるところである。

以上のことを勘案すると、遊学中の辰野を尻目に、長沼はヴェネツィアの下宿で、学校の課題であったギルランダイオの画集の模写に精を出していたと考えるのが妥当である。

長沼のローマ訪問　松岡壽は一八八三年二月の日記のなかで、まず用箋《ようせん》に「二月五日　長沼守敬ベニスより出羅、辰野金吾氏と三人浅野［長勲《ながこと》］公使より午餐に招きを受く」と概要を記す。研究者の河上眞理氏は「浅野公使の設宴は、恐らくローマ到着間もない官費留学生辰野を歓迎する目的で行われ、謝肉祭の時期で休暇をとれたであろう長沼もヴェネツィアから呼ばれたのだろう」[55]と推測する。用箋に続いて、日記のノート部分には具体的な記述があり、五日月曜日の日付で「長沼ベネチアより出羅　余の画室に投宿す　晩食後辰野も来り、三人カフエーグレッコに行く」と残している。一週間を経て十一日には、浅野公使より長沼と共に午餐に招かる。夕辰野と三人ファルコーネに至り飲み帰途長沼馬車中に外《がい》套《とう》を失ひ辰野と金をだしあふて贈る。翌十二日午前十一時発長沼ベネチアに帰る辰野と駅に送る。ゼラルジニー氏に同伴を頼み、警察に至り、長沼のために紛失の届けをなし又メッサゼーロ紙に広告をなす(56)

と書かれている。このローマにおける交流で、松岡、長沼、辰野の三人の芸術家の間には、生涯続く友情が芽生えた。外套紛失の件について、長沼自身は弟子の画家寺崎武男《てらさきたけお》に、次のように語った。

その頃ヴエニスでは、アルプスに白い雪が、チラチラと降る頃で、自分（長沼先生）は新調のオーバーを持つて行つた。ところが、羅馬はまだ秋の末頃であるから、その必要はない。愉快に談笑しつつ、三人で馬車に乗つて、羅馬の街を興深く見物しつつ走る中に、話に夢中になつて何時の間にか、新調のオーバーは馬車から落ちてしまつてゐた。後で気付いたがもうおそい、今と違つて当時の伊太利は、持つてる品でも失せる時代故無理な話だ。それも皆今となつては、なつかしい思ひ出である(57)。

長沼は二月を晩秋から初冬と勘違いしているが、事の顚末はほぼ合っている。

石膏習作　長沼は一八八三年四月十六日から六月二十七日の間に、石膏製の手足とオブジェから一二枚の素描を描いている（図4-25は五月九日の日付の習作）。これらは、長沼が伝える「自在画は（中略）第二年目には石膏にて製せし手足等を写」(58)したものである。一見単純な線描画のように見えるが、立体を平面に模写する比較的難しい課題の習作である。この課題は本来「普通科第二学年」に配された科目であると長沼は説明するが、これを彼は第一学年の後半に履修している。このようにして、六年のところを四年に「其年限を特に短縮して貰った[59]」のであろう。

学年末試験　普通科第一学年の学年末試験は前学年度と異なり、長沼は二つの科目を受験している。一八八三年七月三日に行なわれた「装飾」の試験では、五人の試験官の評点の平均で一〇点満点中六点を獲得し、一五人のクラスのなかで八番であった。同月七日の「人物画基礎」では、同じく五人の試験官の評点の平均で一〇点満点中八点を獲得して、五番であった。しかし、それ以外の「幾何」「解剖学基礎」「建築基礎」「遠近法」には欠席したため、六〇点満点中一四点の評価しか得られなかった。

　これに対して同月十日実施の「造形演習」の試験では、前年よりさらに優れた成果を挙げ、ソランツォ、ベザレル、フェルラーリ、モルメンティ、ダル・ツォットの五人の試験官全員から満点を獲得して、「Diploma di Premio（報奨賞状）」を受けた[60]。この年は普通科一年に在籍し、受験もしたことで前年の「形式的瑕疵」の一部を解消したため、「証明書」ではなく同じく一〇点満点を取った他のふたりのイタリア人学生と並んで、「賞状」を受けた。

松岡のヴェネツィア訪問　この年の夏に、松岡は五〇

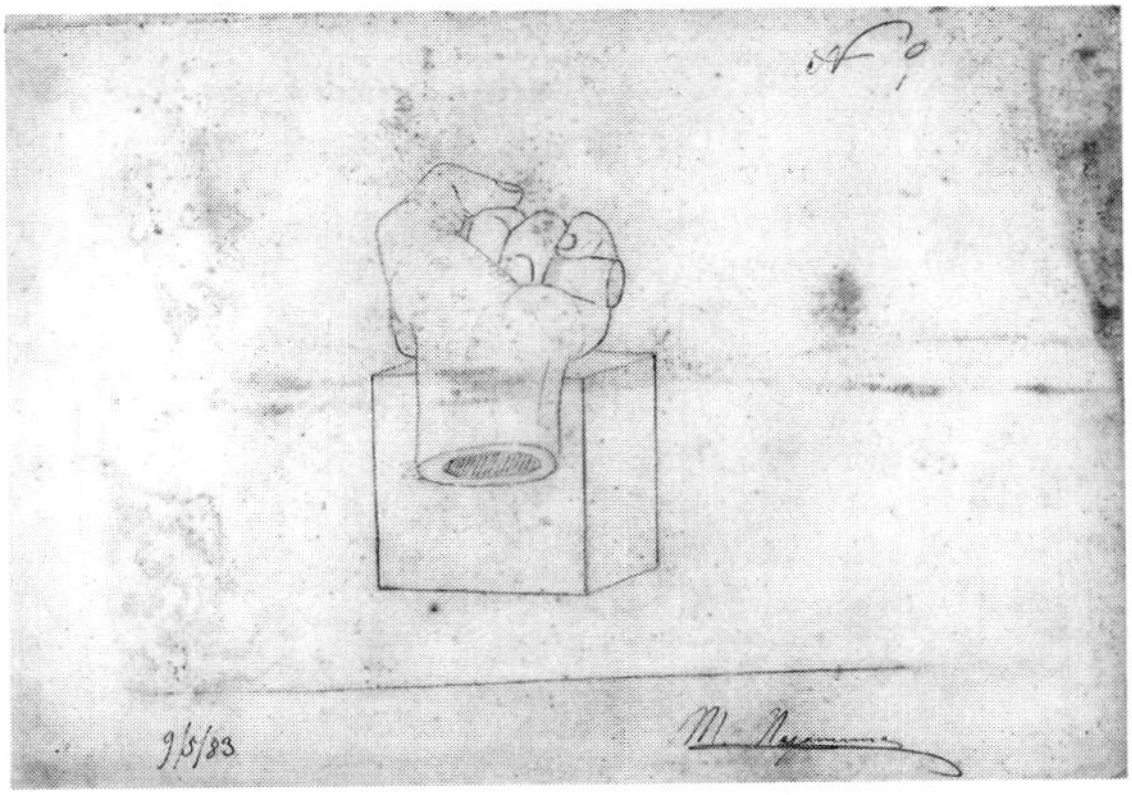

4-25 石膏製の手足とオブジェ，1883 年 5 月 9 日付，萬鉄五郎記念美術館

日近く、ヴェネツィアの長沼の下宿に滞在した。この頃の松岡はローマ公使館で働いており、同館員の百武兼行（一八四二 佐賀〜一八八四 佐賀）とともに、チェーザレ・マッカーリ（Cesare Maccari 一八四〇 シエナ〜一九一九 ローマ）に個人的に師事していた。ローマ王立美術学院にはまだ通っていない(61)。この五〇日の間に、二人の友情はそれまで以上に急速に深まり、松岡がローマに帰ってからは、ヴェネツィア、ローマ間で頻繁に書簡の遣り取りが行なわれた(62)。松岡の日記から二人の「蜜月」を検証しよう。

浅野公使がオーストリアに赴くにあたり、ヴェネツィア案内を頼まれた松岡は、七月二十一日午前十時の列車でローマを発ち、フィレンツェに一泊した後で、「二十六日(63)」朝午前五時四分にヴェネツィアに到着した。公使の一行はグランド・ホテル・ニュー・ヨークに投宿し、松岡は長沼の下宿に入った。下宿代として一ヵ月分六五リラを長沼に支払っている。ともに苦学生らしい配慮である(64)。

同日、公使一行と松岡は、長沼の案内でサンタ・マリア・デラ・サルーテ聖堂や王立美術学院を周った後、船でリド島を訪れた。翌二十三日の早朝五時の列車で、公使の一行はウィーンに発つ。留学生二人は、当然サンタ・ルチア駅に一行を見送ったのであろう。なんとも慌ただしい観光である。

七月二十四日に長沼は松岡を、一八八〇年にヴェネツィア駐箚日本名誉領事に任命されたベルシェの許に連れて行く。長沼自身はベルシェとの関係についてほとんど触れていないが、後述する《緒方惟直記念碑》でも深いつながりがあり、時折互いを訪れる仲だったのであろう。ベルシェ（現在はローヴァ邸はアルセナーレ（国立造船所）にほど近い豪邸で、筆者も以前、ご子孫を訪ねた二度目の時に、美しい庭の藤棚の下で美味しい紅茶を戴きながら話を伺ったことを昨日のように記憶している(65)。

五日後の二十九日朝九時に、二人はベルシェを再訪し、おそらく当日行なわれる美術学校授賞式で長沼が受賞することを報告したのであろう。正午に行なわれた授賞式に列席した松岡は、「長沼二等賞を受領せり」と日記に書き残しているが、前述の通り、長沼は一〇点満点を取った三人の学生の二番目として「Diploma di Premio（報奨賞状）」を受けているから、それを二等賞と勘違いしたのであろうか。

その後、「長沼の紹介でDamolin, Edoardo両氏と相知る」。第三章で述べたように、川村清雄の親友で、彼の帰国後の後始末のために頻繁に連絡を取り合っていたダ・モリンとは、交流が続いていたと思われる[66]。それを証拠に、翌三十日十一時にも、松岡は長沼とともに、ダ・モリンともう一人の画家ルイジ・セレーナ（Luigi Serena 一八五五 モンテベッルーナ〜一九一一 トレヴィーゾ）を訪れている[67]。

午後に松岡は、ヴェネツィアで唯一の「公園（Giardini）」に行って写生をした。このGiardini地区は、一八八七年のヴェネツィア内国博覧会や、一八九五年に始まるヴェネツィア市国際美術博覧会、通称ビエンナーレの会場となるが、この頃はカステッロ地区を挟んで造船所の南側に広がるのどかな区画であった。

八月一日に長沼と松岡は海水浴に行く。現在普及している海水浴、日光浴は、十九世紀まで肌を晒《さら》すことが神への冒瀆《ぼうとく》と考えられ、特にカトリックの国々ではタブー視されていた。イギリスで海水浴の効能が説かれるようになると、新生王国の機運とも相俟ってか、イタリアでも「海浜の発見」が起こり、多くの人が海辺に押し寄せるようになる。ヴェネツィアでは、長い砂浜のあるリド島がその最たるもので、その新しい風潮のなかで、後にトーマス・マン（Thomas Mann 一八七五 リューベック〜一九五五 チューリヒ）の「ヴェニスに死す（Der Tod in Venedig）」（一九一二年）が書かれたわけである。松岡の日記は行き先を告げないものの、おそらく彼らもリド島に行ったのであろう。

八月十五日のフェルラゴスト（初代皇帝アウグストゥスが定めた暑い夏の休暇）、キリスト教では聖母マリア被昇天祭の日に、二人はサン・マルコ広場に行く。そこでは、同年七月二十八日二十一時半にナポリ湾に浮かぶイスキア島のカーザミッチョラ（Casamicciola）を襲った、大地震被災者（死傷者五〇〇〇人）への寄付を募るコンサートが催されていた。七月三十一日の『ヴェネツィア新聞』でこの惨事を知った松岡は、長沼とともに二〇セントを寄付している。

その後、松岡は、長沼の下宿付近のサン・トロヴァーゾ聖堂前の空き地をはじめ、方々で写生を行ない、サン・ジャーコモ・デローリオ、サン・ジョルジョ・マッジョーレ、サンタ・マリア・デラ・サルーテ、サン・セバスティアーノなどの諸聖堂を訪れている。また八月二十五日には、長沼と一緒に、リド島の花火大会を見物に行く。

注目したいのは、八月二十九日の記述である。午後長沼の下宿からほど近いサン・ジョルジョ・マッジョーレ聖堂を訪れた後で、松岡は街の反対側にあるムラノ島にガラス工房を見学に行き、その帰りにサン・ミケーレ島の市立記念墓地を訪れた。彼は「本邦人緒方某の墓に参」ったのである。当然これは第二章で述べた緒方惟直の墓であるが、この時点では現在のような墓碑はできておらず、松岡は共同溝に埋葬された緒方の墓参りをしたことになる。九月二日には「緒方の未亡人の母遺子伴ひ長沼の許に来るに面会す」とあり、松岡はその遺族にも会っている。当時のヴェネツィアにおける、日本人に所縁のある人々の強いつながりが見て取れる。

四日には「午前写生に行く　途中領事に出会」っており、その後、長沼とヴェネツィア新聞社に行った。(68) ローマへの帰還が近づいた五日以降、次第に朝夕涼しくなったこともあるのだろう、松岡は長沼と一緒に、または独りでサン・マルコ広場などを散策している。七日の晩にはサン・マルコの鐘楼に長沼と登り、「眺望佳」とご満悦である。この鐘楼は、一九〇二年七月十四日に突然崩れることになる。

九月十日夜十一時の夜行列車で、松岡はフィレンツェ経由、ローマに発つ。長沼は、サンタ・ルチア駅に彼を見送った。本来は前日に出発するはずであったが、ローマ公使館員の市来某から書簡が届くことになっていたので、翌日に出発を延期した。実際、届いた封書には、浅野公使から贈られた一〇〇円が入っていた。前述のように、九日には、長沼から留守宅同士の相殺のために七五フランを預かった。このようにして、長沼と松岡の長い夏休みは楽しく過ぎていった。

5　最高の評価

一八八三～八四学年度　一八八三年十月三日に長沼は、「普通科二年」と「造形演習」に登録した（学籍簿、図4-3）。

学年末試験では、七月四日に行なわれた「装飾」、七日の「幾何」、九日の「人物画基礎」「解剖学口述」「解剖学習作」、十日の「遠近法」「陰影論」「建築学基礎」のすべてに欠席した(69)。しかしながら、十一日に行なわれた「造形素描特別クラス第二学年」の試験では素晴らしい成果を挙げた。口述記録に記された試験委員会のメンバーは、ボルロ、ロレンツォ、フェルラーリ、モルメンティ、ダル・ツォットの五人と校長のドメニコ・ファディーガであるが、そこに見出せる記述は、

試験委員会が審査した、裸体および頭部、手足の生きたモデルからの習作群は、正規に学籍登録した生徒の日本人長沼守敬氏に属するものであるが、それは、すでに受賞に値すると認められたもう一人の生徒レーヴィ氏の作品に価値の点でほとんど同等であると、躊躇せずに認めることができる。長沼氏は地元の商業高等学校で日本語の教授をしていて忙しいため、特別課程第二学年の生徒たちが出席すべきすべての授業に出ることができなかったが、長沼氏に二等賞など与えられないということを指導教授から知らされた学校としては、長沼氏にメダルを伴う特別賞を与えることを義務として重んじる(70)

と述べる。

ファディーガの訓辞　試験結果を受けて、一八八四年七月二十七日の授賞式で校長ドメニコ・ファディーガは、生徒たちを前に訓辞を述べ、長沼を賞讃した。少々長いが、全体の三分の一にもわたる長沼に関する部分をすべて引用しよう。

話を終える前に、今日は若い一人の外国人の名誉のために、少々述べさせて戴きたい。彼は試験において、そして委員会の判断において、並外れた席次を獲得したのと同様、私のこの報告でも、まさに特別な位置を占めるに価する人物である。

彼は、極東から教鞭を執るためにやってきたが、芸術に対する愛情から、我が学窓に机を並べ、再び生徒として学籍簿に名を連ねた。我が国のある高等教育機関の日本語教師であるこの人物は、自らを門弟となすことを恥とせず、教師としての義務、それに伴う研究を妨げない限りで、最も勤勉で熱意のある、そして、最も従順で精励な学生となった。時間の不足、およびイタリア語の不完全な知識のため、彼はすべての授業に出席することはできず、そのため学則で定められた通常の学年末試験に、他の生徒たちとともに参加して賞を競うことができなかった。

しかし、たった三年間の研鑽（それ以前は素描に関する何らの知識も持たなかった）で、裸体を造形し、実物モデルから頭部を塑造するレベルに達したのである。それは、すべての授業に規則通り出席し、彼の二倍の期間も学院に通う若者のなかでも、ほんの少しの者しか到達できぬほど、卓越した造形である。その成果は、皆さん、それそこに、誰でも見えるように展示してあるため、皆さんの目で見て、容易く納得できるでしょう。

こうした事情を前にして、当然のことながら、彫刻の特別委員会は当惑した。たとえ、彼を他の生徒とともに競わせることができなかったとしても、彼の意志とは全く無関係な原因のために、他の生徒の二倍にも匹敵する甚大な困難を克服せざるを得なかった人物、そしてその困難にもかかわらず、その天賦の才能と強固な意志の力によって、自分を最高レベルに高めることに成功した人物が、彼にとって避けがたい形式上の瑕疵だけによって、全く忘れ去られねばならぬというのは、委員会にとって耐え難いことであった。彼の行為に気付かないかのように振る舞うのは不正であるばかりか、それに気付いていながら考慮に入れないことは、一層酷いことに思われた。

そのため、規則に反することなく委員会の彼への称賛を示すため、委員会は、逃げ道とも言うべき曖昧な方法を探し、そしてかなり幸いなことに、と言わねばなるまい、それを発見することができた。

すなわち、前述の理由のため、彼が属していなかった通常の修学課程には馴染まないともいえるメダルを、正課外で認定しようと提案したのである。

長沼氏が、美術を学ぶ間に特別な地位を獲得したそのやり方は、全く例外的なものであり、その異例さに対応して、このように異例な報いがなされた。

委員会が開かれると、この提案に何の異議も唱えられなかったばかりか、心から受け入れられた。そして（本当を言えばミノス王としての、つまり厳格なる法律遵守者としての評判を得ている）私も、今回だけは、心より望んでこの判断に賛成の意を表したのである。まず、今回、学則は全く犯されていないとたしかに考えるからであり、また、たとえ仮に法の逸脱があったところで、このように特別異例な状況においては、法の逸脱も正当化されるべきだと考えるからである。

実際、審査委員会が全く忘れることのできなかったもう一つの動機がある。それはすなわち、受賞者の出身国に関する考察である。——真に高貴なこの国は、多くのことにこれほど見事に先進性を見せているにもかかわらず、大規模な芸術、記念碑的芸術に関しては、幼児期、いや、アルカイックな時代はおろか、虚無ともいえる状況にあり、その虚無は、まさに完全無垢な状態である。これほど工芸が盛んな国、そしてある視点からすれば我がヨーロッパの最先進国とも対等に張り合えるほどの国民が、西洋文明と頻繁に思想交流しているにもかかわらず、大胆に考え方を変え、さまざまな分野で大規模な芸術、真の芸術である視覚上の美の信奉礼賛を始める必要を全く感じたことがなく、また今も感じないのはなぜなのか、私は何度も自問した。

このことは、日本民族が芸術的感情、それも凡庸なものではなく、洗練された繊細・独特な芸術感情を、その血のなかに兼ね備えていることを考えると、大変不思議で理解しがたいことである。日本からヨーロッパに渡来し、あなた方も目にしたことがあるであろう、その無数の作品が、彼らの芸術感情を異論の余地なく証言している。青銅、七宝、磁器、牙彫《げちょう》、漆器、そして屏風、帳、扇に至るまで、それらは工業製品というよりは、芸術品といえる。それは、芸術色が濃いというだけでなく、青銅の鋳造品や象牙の小像に見られるように、時には芸術そのものが作品の本質でなのである。典型的な様式が異なるにもかかわらず（それは民族や土地柄に拠るため、「我々の様式と」全く関連がない）、味わいや優雅、純粋さや明瞭さにも欠けていない。むしろ、大きく手間を省くことによって驚くべき効果をもたらす。少ない筆致、少ない線、簡潔な輪郭線、明暗のほとんど完全な欠如にもかかわらず、形や対象の性格がしっかり捉えられているばかりか、ときには一層難しい感情表現までがなされる。恋心を抱かせるような作品まで存在し、そこには新しい概念や巧みな構図が常に溢《あふ》れている。すべてがあまりに単純な形態に統合されるため、我々の偉大な芸術家も適わないほどである。しかし、何と言っても茫然とさせられるのは、この国の芸術が、何世紀にもわたって、画派も規則もなく、ほとんど本能的に、感情に任せて、発展し、反復し、続いている事実である。

ここで、私はあの大問題に踏み入るつもりはない。すなわち、多くの国々と同じく、この国もその独自性を失い始めるのか、そして、この点で、ヨーロッパで理解されている意味での文明と進歩という、二つの大きな地馴らし機の非情な法の責め苦を被らねばならないのかという問題である。ここでは、数年前に我が国の大使フェ・ドスティアーニ伯爵の主導によって、東京に美術学校のようなものが作られた事実を述べるに止める。その学校を指導するためにイタリアから三人の教授、すなわち建築に一人、絵画に一人、三人目は彫刻にと招聘されたのである(71)。この機関は、三部門とも誕生直後であっても、かなり学生が多かったので（先に政府が設置した理工科大学と真っ向から対立した建築部門は少ない）、根付くかと思われた。しかし、これも最後には、多くの他のものと同様に消滅してしまった。その理由は私にもわからない。——今日、あの国で記念碑的芸術が将来的に発展する萌芽としては、ヴェネツィアの我が長沼と、現在ローマのアカデミアで美術を学ぶ学生がもうひとりいるだけである。

したがって、より広く一般的な視点から見ても、我が試験委員会の判断と同様に、我々の懸念は、結果的に大いに正当化されると、私には思われるのである(72)。

校長訓辞におけるこの扱いは全く異例なことで、個人について述べるとしても、たとえば、翌一八八五年の講話に見られるように、ペストで亡くなった学生を追悼する程度であった。引用文の前半を一読して理解できる通り、長沼の彫塑の素質を高く評価した講話である。このことは正に特筆に値すると思われる。

ヴェネツィアの長沼作品　留学中の長沼の手になる作品を撮影したとされる写真が三枚、遺族の許に残されている（萬鉄五郎記念美術館収蔵、図4-26から図4-28）。図4-27には、長沼が獲得したと思われるメダルと特別賞状が、中央下段に置かれている。これらの写真はファディーガの「その成果は、皆さん、それぞれそこに、誰でも見えるように展示してあるため、皆さんの目で見て容易く納得できるでしょう」という言葉を裏付ける。写真に写ったこれらの作品は、すべてが石膏（または粘土）製であったため、日本にもたらされた作品はほとんどない。しかし、その高い芸術性は誰の目にも明らかであろう。

《青年裸像》と《スパルタクス》図4-28の《青年裸像》は、他の二枚の写真に写った作品と少々趣が異なる。おそらく粘土塑造の段階で、ヴェネツィアの街の写真家アンジェロ・ボナルディに撮影させたものである。膝を曲げずに両脚をまっすぐ伸ばし、同様に上体も緊張させた、ある種こわばった表現は、他の二枚に写った作品群と明らかに異質である。加えて、自らの名前とスタジオ名を入れて、これ一体のみを単独で写真に撮らせたことに、この像に込めた長沼の意気込みが表れている。この青年像は、一八四七年に発表されてセンセーションを巻き起こしたヴィンチェンツォ・ヴェーラ（Vincenzo Vela 一八二〇リゴルネット～一八九一メンドリジオ）の《スパルタクス》（図4-29）と、その本質において軌を一にするように私には思われる。

ヴェーラの《スパルタクス》は、工部美術学校で彫刻を教えたヴィンチェンツォ・ラグーザが、唯一

4-26 長沼守敬の作品群 1

4-27 長沼守敬の作品群 2

の卒業生大熊氏廣《おおくまうじひろ》（一八五六　鳩ヶ谷〜一九三四　東京）に課した卒業制作の課題（《破牢》と命名）としても知られている。[73]

ヴェーラの生涯　スイスのティチーノ州リゴルネットに生まれたヴェーラは、ベルサツィオの石切り場で働く極貧の子供であったが、その後ミラノの大理石工房に移り、美術学校教師であった兄ロレンツォの手ほどきを受けて彫刻を制作するようになった。[74] その処女作は、一八四六年制作の《朝の祈り》である。しかし、その翌年に制作された《スパルタクス》は、前作とは比べ物にならないセンセーショナルな成功を収めた。注文主である愛国者リッタ公爵とヴェーラの遣り取りを、研究者ロメオ・マンゾーニは次のように伝える。

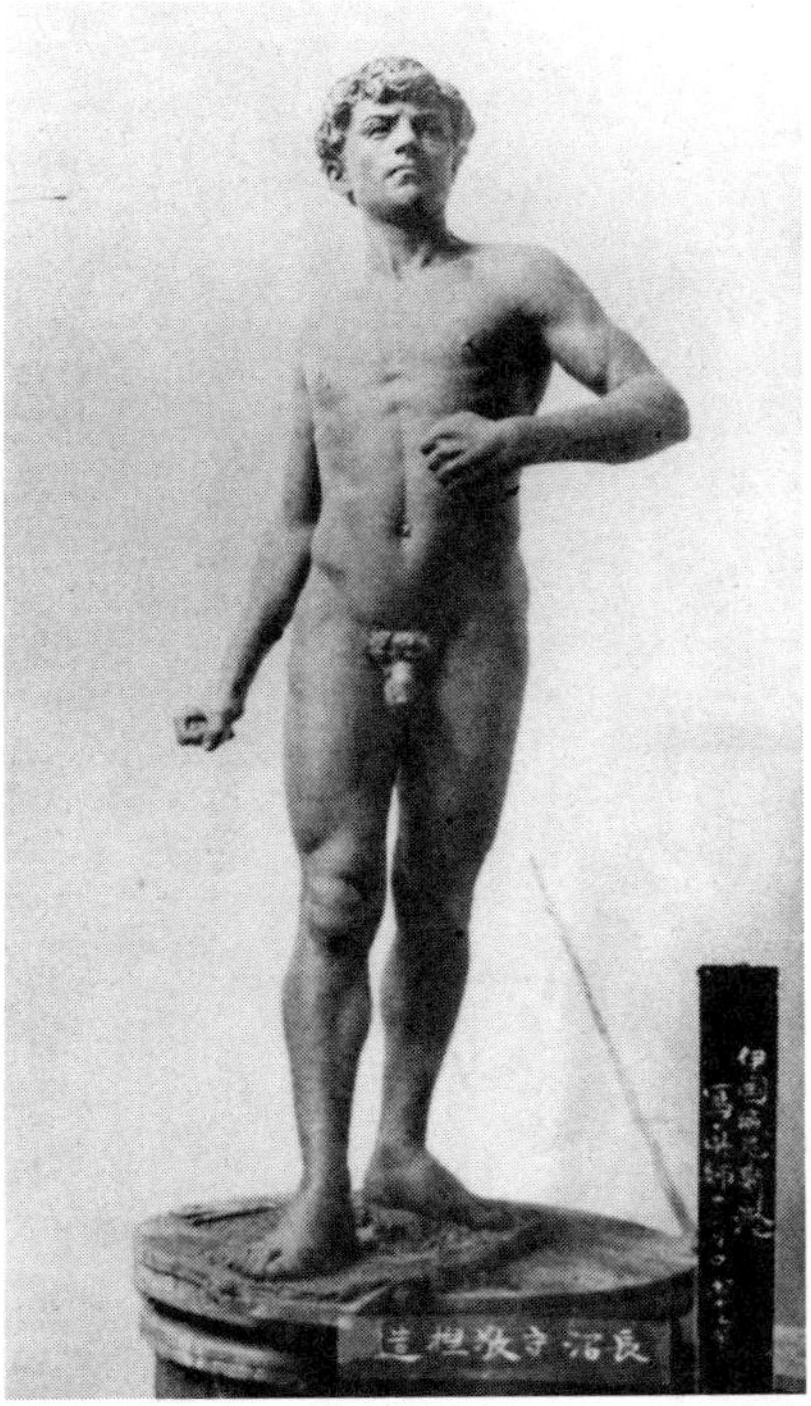

4-28 長沼守敬《青年裸像》

4-29 ヴィンチェンツォ・ヴェーラ《スパルタクス》1847, 石膏, ヴェーラ美術館

［ヴェーラは］ミラノ帰着後に、ローマで発案した《スパルタクス》の原型を取り出し、兄のロレンツォを通じて愛国者リッタ公爵に見に来て欲しいと頼んだが、リッタは「完成の暁に見に行く」といい、自らの邸宅のどこにこの彫刻を置くかは決まっているので、制作を急ぐよう［弟］ヴィンチェンツォに伝えさせた。完成後、リッタは、親友の画家フランチェスコ・アイエツを伴って《スパルタクス》を見に出掛けたが、アイエツは「これはミケランジェロの作品に匹敵する」といい、リッタ伯爵は、目に涙を浮かべて無言でヴェーラの手を強く握った。これは単なる巨匠の傑作に止まらない。敵に負けても屈服はしない民衆の、苦痛に満ちた魂が、怒りに沸々とたぎりながら、この大理石の中に震えているのだ。（中略）怒りに震えるこの形態、復讐が象るこの外見は、優れた芸

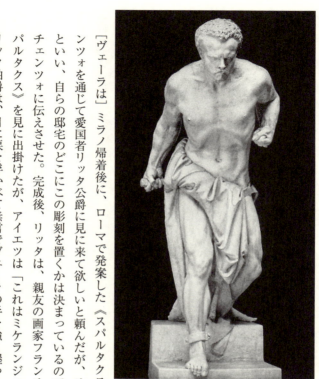

術作品の域に止まらず、故国の生きたイメージ、故国のために死んだ人々の象徴とその賛美、そして運命の明確な図像なのである。(75)

一八五一年、《スパルタクス》はブレラ美術学校で公開され(76)、その日から「偉大なるヴェーラ」と呼ばれた彼の工房は、芸術家や市井の人々の巡礼の地となった(77)。

他方、美術史家ボルツェッリは、次のようにヴェーラを評価する。

ヴィンチェンツォ・ヴェーラは、ロレンツォ・バルトリーニ［の芸術］を完成の域にもたらした。彼によって芸術は、人間らしく、真に我々のものになり、そして、我らが時代のものとなったのである。彼こそは、芸術の重要な部分である美を損なうことなく、真実を表現しうる使徒なのだ(78)。

たしかに、ヴェーラの《スパルタクス》は、オーストリア支配に対して愛国心を鼓舞する傑作ではあるが、その点ばかりが強調される嫌いがある。しかしながら、この作品は古典的理想主義とイタリアのヴェリズモという新しい流れを、最高度に調和させた傑作と考えられ、だからこそセンセーショナルな成功を収めた。それゆえ、彫刻家としてのヴェーラは、カノーヴァ、ロレンツォ・バルトリーニ（Lorenzo Bartolini　一七七七　サヴィニャーノ・ディ・プラート～一八五〇　フィレンツェ）に連なるイタリア近代彫刻を、時代の要請に沿って完成させた当代最高の彫刻家という評価を得たし、だからこそ、近代イタリア彫刻の最先端の流れを具現する作品として、ラグーザが、日本に新設されたばかりの工部美術学校の卒業課題として据えたのである。

長沼の《青年裸像》　長沼はヴェーラについて何ら評価を残していない。しかし、ヴェーラの評価が非常に高かった当時の美術学院で、彼がそれについて学ばなかったとは考えにくい。半世紀にわたって

4-30 山内勝明写真

4-31 松岡壽《(ここでは) 山内勝明の肖像》

オーストリア支配を受けたヴェネツィアにおいては、なおさらのこと、作品の表す反骨精神とヴェリズモ的表現が称賛されたのであろう。長沼の《青年裸像》は、ヴェーラの《スパルタクス》を強く意識し、自分なりに解釈した新たな若々しい《スパルタクス》だったのではないだろうか。

トリノ展覧会　一八八四年四月から十月にかけて、サヴォイア王家の王都トリノで、「イタリア総合博覧会（L'Esposizione Generale Italiana）」が開催された。会場はポー川沿いのヴァレンティーノ城隣で、会場面積は一〇万平方メートルに及んだという。

この展覧会を見学するとともに、ピエモンテ、ロンバルディアの両地方を周る目的で、長沼と松岡はトリノで待ち合わせた。長沼は、この小旅行について何も記録を残していないが、松岡の日記からふたりのおおよその動きを知ることができる。

松岡と山内勝明　松岡は、一八八四年七月三十一日の午前十時三十五分に、在ローマ日本公使館書記官の山内勝明《やまうちかつあき》（一八四八～一九一二　東京、図4-30）とともにローマを出発し、午後六時三十五分にフィレンツェに到着した。現在は高速列車が一時間半で結ぶ区間を、鉄道が敷かれて約四〇年後の当時は、八時間かかっていた。

松岡は、この山内と同年四月二十四日から五月三日まで、ナポリを中心にカンパーニア地方を周っているうえ、五月末から彼の肖像画を描いていることが日記から知られる。仕上がった《山内勝明の肖像》を七月二十八日に恩師のマッカーリに見せた。山内の若い頃の写真と比較すると、これまでローマ美術学校時代（一八八三～一八八七）に描かれたとされてきた《男の肖像》（図4-31）[79]は《山内勝明の肖像》の可能性があると考えられる。

トリノ博覧会見学　翌八月一日、松岡は山内とフィレンツェを見学し、二日の早朝五時五十五分の列車に乗って、ピサで途中下車、ジェノヴァで列車を乗り継いで夜十一時にトリノに到着する。翌三日、ふたりとも知人の迫水某宅に移っている。その日の午後、ヴェネツィアから長沼が到着した。松岡は「久々振りにて相逢へり」[80]と日記に嬉しさを滲ませる。そこに、国際学院留学後、川尻組出張所経営のためにトリノに留まっていた川村恒三《かわむらこうぞう》と平元弘《ひらもとひろし》が訪ねてきた。このように、イタリアに留学中の日本人の間には、かなりの交流があったらしい。

長沼と松岡は、早速午後四時に博覧会場に向かった。そこで入浴したとの記述がある。サヴォイア王家の墓所のある、近郊のスーペルガを訪れたりもしているが、出発前日の八月七日までほとんど毎日、博覧会場に足を運んで、つぶさに展示を見ている。

4-32 長沼守敬と松岡壽，1884 年 8 月 11 日撮影

ロンバルディアへ　八月八日に長沼・松岡・山内の三人は、列車でミラノに向かい、三日間にわたり、レオナルドの《最後の晩餐》やサン・タンブロージョ聖堂、アンブロジアーナ図書館などの名所を巡った。十日の夕方にコモに移り、翌十一日長沼と松岡の二人は記念写真を撮る（図4-32）。この写真を十三日に受け取りに行った後で、長沼は十一時四十四分の列車でブレシャに向けて出発した。もしかしたら、スイスのベルン駐剳イタリア公使となっていた恩人フェ・ドスティアーニが、夏季休暇でブレシャに帰省していて、旧交を温めたのであろうか。

一方の松岡と山内は、レッコ、ミラノ、ボローニャを経由して八月二十日の夕方ローマに帰着、その晩に長沼から手紙を受け取っている。

6《緒方惟直記念碑》

記念碑の制作依頼　ヴェネツィアに斃《たお》れた緒方惟直の墓が共同溝であることを、以前から不憫に思っていたベルシェは、七月末に行なわれた授賞式での長沼の評価を知ると、緒方の墓碑制作を持ち掛けた。惟直の死から約六年半経った一八八四年九月二十日にベルシェは、惟直の遺体を前述の共同墓地から、永代埋葬許可を伴う個人墓に移す「第五六番第三冊文字Bの認可」を取得する。市役所における煩瑣な手続きと、許可までに要する時間を考慮すると、遅くとも七月二十七日の授賞式直後に申請がなされたと考えるのが妥当であろう。ヴェネツィア市立古文書館（Archivio Municipale di Venezia）に収蔵される史料は、市役所の担当部署が市立記念墓地の検査官に向けて発行したもので、その日付は、四日後の九月二十四日である。それは、次のように伝える（傍線はペンによる書き込み、それ以外は印刷）。

ヴェネツィア、一八八四年九月二十四日

ヴェネツィア市

第四一〇四三／四九九八号第一区

対象

騎士グリエルモ・ベルシェ氏への個人埋葬権の永代許可

市立墓地検査官殿

一八八四年九月二十日に第五六番第Ⅲ冊文字Bの認可により日本の緒方家のためとその名においてヴェネツィア駐劄日本帝国領事騎士グリエルモ・ベルシェ会社に、市立墓地のカトリック部第二冊第八級文字B第四番垂直区画七四に存する個人の墓に、一八七八年四月四日ヴェネツィアにて死亡した享年二十三歳日本の緒方惟直の遺体を安置する権利が与えられたことを通知する。

墓地に関する規則に含まれた規定の遵守の下に行なうこと。

貴殿の職権行使のため、また上記規定により規定された特別登録に関する覚書きに着手すべく、貴殿に通知する。

市長（署名）

一八八四年第八四Prot.に

知事一八八四年九月二十九日

緒方・グリエルモ・惟直は、一八八四年四月四日享年二十三歳で死亡し、成人共同墓地セクションD第二八列第七七番に、墓碑銘とともに埋葬された。

第一二七四．R．G．へ(81)

同じファイルに含まれる一八八五年一月五日付史料で、市長は「蓋の表面に肖像を伴う大理石メダイヨンをあしらい、そのメダイヨンの彫刻は、優れた芸術家に依頼し、かつ浮彫があまり高くならないよう」要請している。この依頼が、名前こそ挙げていないものの、美術学校で優れた成績を挙げた「優れた芸術家」である長沼になされたわけである。その際、浮彫が高くなり過ぎないよう注意が喚起された。

長沼は、九月にはすでに墓碑制作に取りかかっていたかもしれない。次の史料が示すように、十二月二十二日に遺体の移動が行なわれているから、墓碑自体はその前に仕上がっていなければならない。

ヴェネツィア、一八八四年十二月十二日

ヴェネツィア市

四一〇四三／四五五三号第一区

対象

一八七八年四月四日死亡した日本人緒方惟直の死体掘り起こし

市立墓地検査官殿

日本領事騎士グリエルモ・ベルシェ氏によりなされた請願に基づき、また規定に定められた金額が徴収されたことを示す会計記録第一九五／四一により、余白に示した遺体が掘り起こされ、日本の緒方家のためとその名において、ヴェネツィア駐劄日本帝国領事騎士グリエルモ・ベルシェ会社に、永代許可された市立墓地のカトリック部第二柵第八級文字B第四番垂直区画七四に存する個人の墓に移されることを許可する。

掘り起こしと移転は一八八□〔欠落〕年当月二十二日九時に、市の保健当局者の立会いの下、市立墓地に関する規定によって定められた方法を遵守して行なわれる。

当該作業には、墓の代理人会社の代表者が立会い、正確な遂行が行なわれるよう任務を負った市立墓地検査官に、本許可書を明示することができる。

市長（署名）

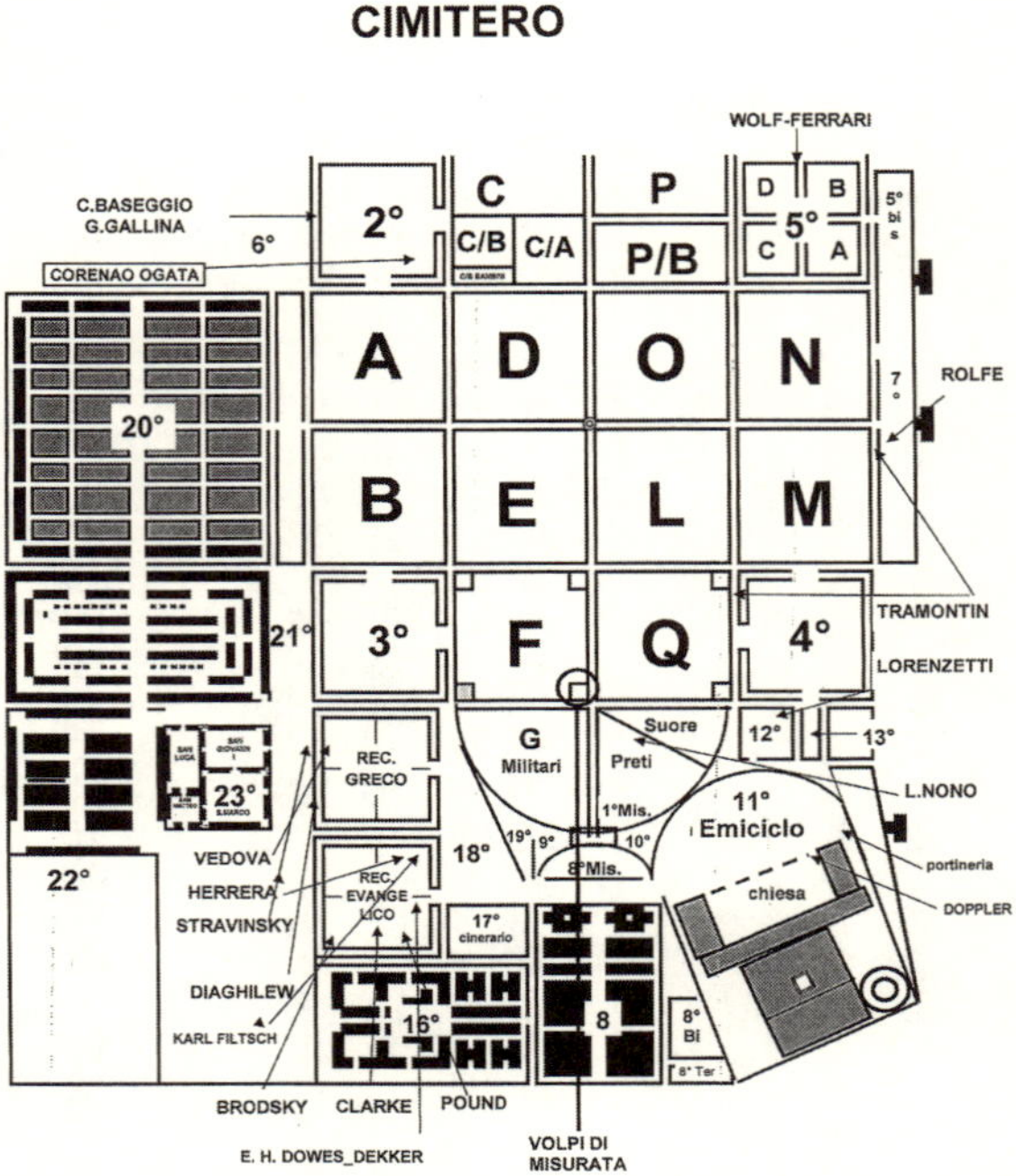

4-33 サン・ミケーレ島市立記念墓地地図

この許可証の通り、クリスマスも近い十二月二十二日の朝九時、おそらく霜の降りるような寒い時間に、緒方の遺体は共同溝から掘り起こされて、現在もある壁面に穿《うが》たれた墓碑のなかに安置された（図4-33）。大理石製のその蓋《ふた》の浮彫を、長沼が制作したのである。

日本人にも馴染みのある床や地面に置く墓碑と異なり、壁付き墓碑は、中世以降イタリアに存在するタイプである。加えて、垂直に墓を重ねるものは、近代以降に城壁外の墓地で頻繁に見られるようになる。イタリア語で loculo（ロークロ）と呼ばれるこの垂直式墓穴を使用するにも、墓地を永代に賃借する必要がある。事実、ベルシェは五〇〇リラを支払ってこの永代賃借権を入手しているが[82]、その金の出処は不明である。

後に長沼がミュンヘンで森鷗外に語ったところでは、「業成る後之を日本に報じたりしが、果々《はかばか》しき返事も無し。惟直と惟準《これよし》とは如何なる親疎の関係あるにか[83]」と鷗外は伝える（惟準は惟直の兄で、当時は、陸軍軍医を辞して緒方病院を開設していた)。大阪の緒方家には史料が残っていないので、[84]おそらくベルシェ自身が支払ったのであろう。それに加えて、一八八五年一月五日付史料に見られるように、大理石の「蓋」つまり墓碑に、碑文と肖像を彫るために、ベルシェは規定の九四リラを支払っている。

五段重ねの上から二段目に据えられた《緒方惟直記念碑》(図4-34)は簡素な構成を取り、故人顕彰のため、当時頻繁に用いられたローマ皇帝のメダイヨンを模したプロファイルの浮彫を中央にはめ込んで、その上に日本語とイタリア語で惟直の名前が、下に生没年(生年は一八五三年の誤り)が彫り込まれている。古典主義的な横顔の肖像には、繊細で写実的な長沼のヴェリズモ的様式が見て取れる。

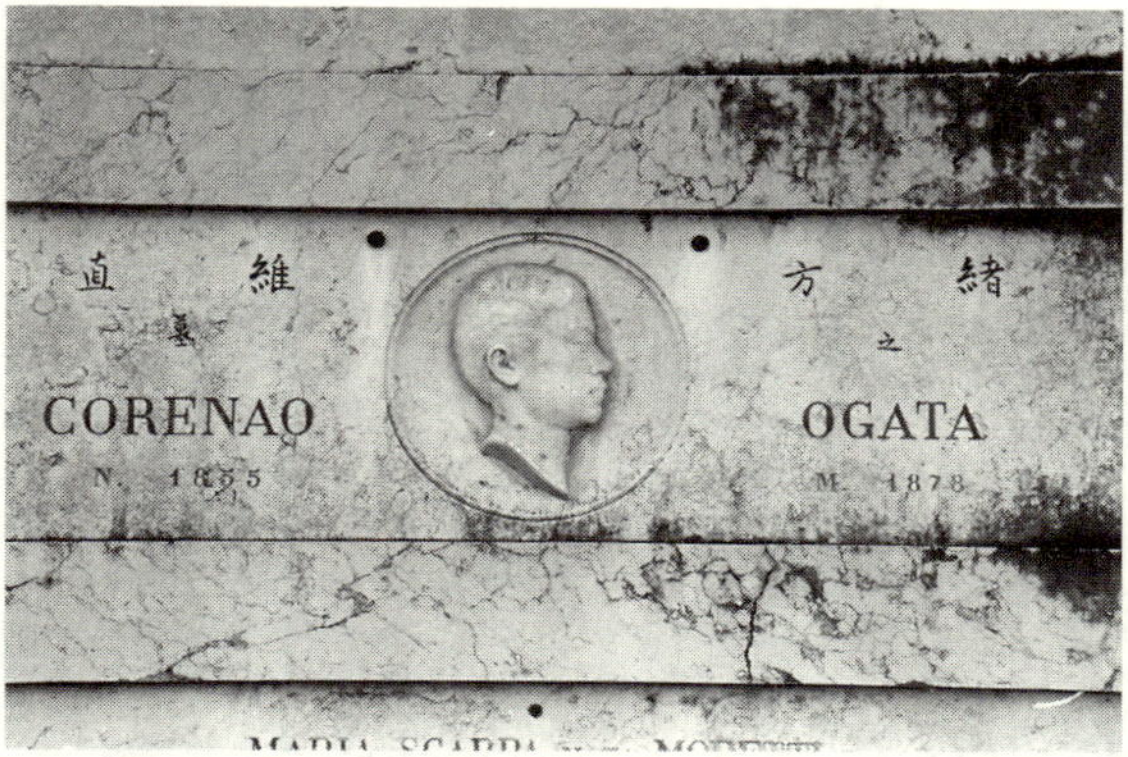

4-34 長沼守敬《緒方惟直記念碑》，ヴェネツィア，サン・ミケーレ島市立記念墓地(筆者撮影)

しかし、漢字表記は惟直でなく「維直」となっている。「留学」においては、長沼自身が「惟直」のことを「維直」と書いているうえ、[85]長沼の御子孫故澤田浦子氏も、長沼が生前緒方の名前をずっと間違えて「維直」と記憶していたことを伝える。[86]この誤記が、逆に墓碑の作者を間違いなく長沼と保証してくれるとは、皮肉である。

この横顔は、デスマスクからとったのであろうか。前述のように、緒方はまず共同溝に埋葬され、その時点では将

4-35 1884年11月29日撮影の彫刻科教室

来的に墓碑を作ることは計画されていなかった。ベルシェは、長沼という才能を得て初めて、ヴェネツィアに潰えた若き日本人緒方惟直の記念碑を建設しようとした。したがって、ベルシェが緒方のデスマスクを取らせた可能性は低いが、妻マリアが夫の死に臨んでデスマスクを取っていた可能性は払拭できない。しかし、どちらにしても墓碑は、プロファイルであるから、可能性のあるデスマスクを横から見たか、横向きの写真を参考にしたとしか考えられない。この点は、マリアの遺品調査が可能であれば、解決の糸口を見出すことができよう。

一八八四〜八五学年度　一八八四年十月三十日に長沼は、「普通科第三学年」と「造形演習」に登録した。この年に履修するはずの科目は、「人物画基礎」「解剖学口述」「解剖学習作」「建築学基礎」「遠近法」「陰影論」「装飾」「美術史」であるが、七月十六日から二十四日までに行なわれた試験に、長沼は前年同様「姿を現さなかった(87)」。

それに対して七月二十七日の「造形素描（Disegno modellato）」の試験委員会は、「長沼守敬氏が生み出した卓超した作品を見て、委員会は特別賞をメダルとともに提案するのが順当と考える」と述べる。これは、その年の『紀要』一〇頁に「提出された造形習作の卓越に拠る課程外特別賞　銀メダル　岩手《ゆわで》（日本）出身　長沼守敬教授」として現れる(88)。

4-36 1885年9月30日付長沼の卒業証書

この年の最初の三ヵ月間、長沼は《緒方惟直記念碑》に多くの時間を割いたはずである。この記念碑の他には、彼の勉学を示す素描などは残されていないものの、一枚の興味深い写真が二〇一四年にヴェネツィア美術学校で見つかった。一八八四年十一月二十九日に撮影された、彫刻科の教師と生徒を撮影したもの（図4-35）である。

前列中央で緊張気味に椅子に腰掛ける長沼を挟んで、向かって右に同じく椅子に腰掛ける白髪の老人が、教授のフェルラーリ、左で机に腰掛けるのがダル・ツォットである。後列には五人の生徒が立っている。生徒のなかでは唯一長沼が前列で、しかも腰掛けているが、それは彼が普通科三年の卒業年にいたこともさることながら、《緒方惟直記念碑》という、曲がりなりにも他の彫刻家たちの作品と並んで、後世に残る作品を市立記念墓地に仕上げたことへの教師たちの認識を示していると見るのは、あながち誤りではあるまい。

特別賞と卒業証書(89)　一八八五年八月二日の授賞式の訓辞でファディーガは、「長沼守敬教授の特別な才能に対する特別賞」と、唯一名前を挙げて賞賛した。約二ヵ月後の九月三十日に交付された卒業証書(図4-36)において、長沼は「彫刻高等科」入学の許可を得る。ここでは長沼本人による卒業証書の和訳を載せる。

卒業証

本校生徒日本人長沼守敬氏ノ校則ニ規定セル六ヵ年ノ彫刻普通科程ヲ四ヵ年間ニ畢《お》ハラレタルヲ認メ右長沼氏ニ前記ノ学科卒業ノ証ヲ茲ニ付典シ併テ王国政府ヨリ指定サレタル三ヵ年間ノ彫刻高等科ニ入ヲ許可ス而テ該科ニ於テハ名誉教授ニ従ヒ同氏ノ之マテ最モ容易ニ習得シタルコト例ヘハ毎学期ノ試験ニ於テ該委員ヨリ名誉ナル賞状ヲ付典サレタルヲ以テモ之ヲ証スルヲ得ルカ如ク美術上ノ教育ヲ完成スルヲ得ヘキモノトス

維尼斯千八百八十五年九月三十日

校長ルイジ、フェラーリ

「彫刻高等科」について、長沼自身は次のように解説している。

右に述べし全科目を卒りしものは級外生徒として三年間在学する事を許されますが在学するとせざるとは本人の随意たりとは申すものゝ教師の見込みにも亦あることであります(90)

ここに「教師に見込まれた」長沼の自負を読み取ることも不可能ではないが、自分自身については沈黙を守った潔癖な彼の人柄を考えると、単なる事実の叙述と考えるのが妥当であろう。

4-37 Dorsoduro 1294（Calle dei Cerchieri）（筆者撮影）

この頃、長沼は引越をしたようである。前述した一八八六年三月付の石本新六からの葉書で初めて、Dorsoduro 1294 のカッレ・デイ・チェルキエーリ（Calle dei Cerchieri, 図4-37）に引っ越したことが確認できる。この下宿に長沼は帰国まで留まった。

7　ヨーロッパ周遊

原敬のヴェネツィア到着　九月三十日付の「卒業証書」で彫刻専科に進学することを認められたが、長沼はこの年以降、美術学校に籍を置くことはなかった。この頃から長沼は、ヴェネツィアを訪れる明治政府高官や貴顕の案内をすることが増え、それが帰国後の彼の作家活動に大きな影響を与えたことは間違いない。すでに松岡壽や辰野金吾との関係については触れたが、彼らはあくまでも長沼と同じ留学生の身であり、年齢も分野も近かった。しかし、長沼がヴェネツィアで迎えた人々は、同じように明治の新しい日本を作り上げた世代であり、年齢こそ近い人もいたが、分野は異なっていた。その嚆矢が、後の平民宰相として名高い原敬《はらたかし》（一八五六　岩手～一九二一　東京、図4-38）である。

原は長沼より一歳上で、同じ岩手の出身であった。パリ駐箚日本公使として赴任するにあたり、一八八五年十一月三十日にイギリス船でヴェネツィアに到着した原を、長沼がベルシェとともに港に出迎えた。原の日記を引用しよう。(91)

三十日　曇　Venise 着　午前九時ウイニス港内に入り投錨す、我名誉領事 Berchet 氏、在露国在勤公使館書記官岩倉具経、在伊国在勤書記官黒川精一郎（此二人其妻を迎フル為目に来り居れり）、長沼守敬来り迎ふ、上陸してグランドホテルに投宿す。

長沼守敬は岩手県一ノ関の人にして当地商業学校に日本語教師として雇はれ居り傍ら彫刻を講習すると云ふ。

長沼を案内として市中の見物に赴き先づ Palais de Doge を見たり、往時ウイニス共和国の盛んなりし頃の建物なれば其結構申分なし。議場、裁判所を始めとして美麗なる彫刻、絵画等頗る多し、其一部を彫刻陳列所[92]に充て種々の彫刻物を陳列せり。余輩始めて欧州に至りたる者をして頗る異様の感を起さしむるは男女裸体の彫刻にて其陰所をも丸出したるのみならず鵞鳥の婦人と交合する者[93]すら之あり。又牢屋を見しに十九の暗室あり、石造にして板の寝具の外に一物も具へず、但此牢は地下なれども屋上にも之ありて屋上は苦熱に耐へざる為めに鉛牢と称せしとか云ふ（但今は其一室を保存するのみと云ふ）、又断頭場は牢側に在る狭隘なる廊下にして頭を断てば其血流れて河に注ぐものなり、一見実に悚然《しょうぜん》たらしむ。

又サンマルク寺院を見る、彫刻、油絵等美観を極む、然れども例の裸体は余輩の目には寺院には不似合のものゝ如く思はる（蓋《けだ》し目に慣れざるの致す所にもあらん）、寺院中の高塔に上りて市街を一目の下に収めたり、奇観なり。

ウイニス市街は溝より成立たるものにして市中に馬車なく往来総て船にて弁ぜり、故に市街家屋の正面は皆な水に向へり。

4-38　パリ公使時代の原敬

我名誉領事を訪ふ、不在。又神戸より同行せし独乙領事一行を訪ふ、途にて面会し依て別を告げたり（余輩は巴里に赴き彼等は其本国に向ふ）。

十二月一日　曇　黒川、岩倉の両婦人を各其夫に渡し余は従者小出貫一郎と共に香川志保子を同行して午前九時五分発の

> 汽車にて出発せり、諸氏停車場まで送り来れり。（中略）長沼氏諸事ヲ周旋セリ。[94]

原は長沼の訛りを聞いて同郷だとわかり、すぐに打ち解けたという。到着後の一日を、総督宮やサン・マルコ聖堂の観光に充て、すでに名誉領事となっていたベルシェを（当然のことながら）長沼の案内で訪れたが、留守であった。そして、原は最後に長沼の面倒見の良さを称賛している。他方、長沼も若き原について、印象を次のように語っている。

> 原敬君との交際の始りは、原君が赴任の途イギリス船でヴェニスへ着いた時方々を案内した事からであつて、原君は私の東北訛りを聞くなり、君の郷里は何処だと云ふので一ノ関だと云ふと同県だつたから、早速西洋式に握手をされた。原君の人物印象としては、悧口な人だとは思つたが、後年あれ程の人物になると云つた異常な感じは格別受けなかつた。その常識性がかへつて大をなすに役立つたのであらう。余談だが、原君が従者として連れて来た葡萄研究の男がビールを飲み過ぎてひどく腹を下し、伊太利の汽車には便所が無いので、大分弱つたと原君は笑つてゐた。[95]

帰国前のヨーロッパ旅行　原敬との出会いの後、長沼は、帰国を考えるようになる。日本に新婚の妻と子供、年老いた母を残して来た身としては、当然のことである。

> 貧乏の事とて船賃が無かつた。丁度フランスで造つた畝傍《うねび》艦《かん》が日本へ廻航されると云ふのでフランスの臨時公使であつた原敬君に手紙を出して、便乗の交渉をして貰つたら、便乗を許可されたので帰国の準備を早めにして、少し欧羅巴《ヨーロッパ》を見て置かうとヴェニスを出発して独逸《ドイツ》のミユンヘンに行つた。[96]

このようにして、知己を頼って泊まり歩きながらパリに向かう、長沼の貧乏卒業旅行が始まった。最初はバイエルン王国の首都ミュンヘンである。「揺籃」によると、ミュンヘンには、長沼が東京の公使館で仕えた第三代イタリア公使ウリッセ・バルボラーニが、バイエルン公使として赴任しており、バルボラーニは、長沼との再会を非常に喜んだという(97)。この街には日本人留学生も多く、医学を学んでいた森鷗外（林太郎）をはじめ、画家の原田直次郎（一八六三 江戸～一八九九 東京）、天皇の侍医を務めることになる岩佐新《いわさあらた》（一八六五 福井～一九三八 東京）、医者の加藤照麿《かとうてるまろ》（一八六三 江戸～一九二五 東京）らがいた。

森鷗外と緒方惟直のこと　長沼と森鷗外との出会いは、緒方惟直の娘エウジェニア豊の来日へとつながる。まず、森鷗外の『独逸日記』を見よう。陸軍省派遣の留学生であった軍医＝文豪は、次のように語る。

十五日。長沼守敬伊国エネチア Venezia より来る。余問ひて曰く。君伊国に在りしならば、必ず緒方惟直君の事を知るならん。僕の東京を発するや、その舎弟にして僕の親友たる収二郎より、惟直君の墳墓のことを聞き、僕の足その地を踏むことあらば必ずこれを弔せんと約したり。願くはその詳《つまびらか》なるを語れと。長沼の曰く。惟直君の墳墓は予の領事館の吏輩と議して建つる所なり。その地はチミテロ、サン、ミキエル Cimitero S. Michiell と曰ふ。業成る後之を日本に報じたりしが、果々《はかばか》しき返事も無し。惟直と惟準《これよし》とは如何なる親疎の関係あるにか。墳墓は兎まれ角まれ、困難なるは惟直君の遺胤《いいん》の事なりと。余驚き問ひて曰く。遺胤とは何如。長沼の曰く。惟直君はこれを日本政府に秘したれども、伊太利の一女子と宗門上立派なる結婚の式を行へり。既にして一女児を挙ぐ。今母と共に存す。惟直君の没するや、母子若干の遺金を得たり。而れどもこの金もまた竭《つ》きたれば、窮困の状見るに忍びず。遺子の面貌は太だ惟直君に似たりと。余長沼に問ふに母子の居を以てす。

曰く。家の番号などは記せざれどブゴ橋Ponte di puguo [dei pugni] といへる橋を渡り、収生女Le-ratrice [levatrice] の家を問ふべし。母子此に寓せり。然れども君その貧苦の状を見ば、必ず盤纏《ばんてん》を軽くするならんと。(98)

森は、惟直の弟収二郎と東京大学医学部の級友であり、収二郎から兄のことを聞き及んでいた。しかし、まさか長沼が、惟直の墓を作った張本人であるとは、思いもよらなかったであろう。それよりも驚いたのは、惟直に妻子があり、彼らが生活に困窮していることであった。そのために、いやしくも心付け(「盤纏」)を与えるなら、それなりの金額を渡すよう、長沼は鷗外に助言した。しかし、実際に鷗外がヴェネツィアを訪れることはなかった。

さて、鷗外がこの事実を、日本にいる緒方収二郎に早速手紙で伝えたであろうことは、想像に難くない。その決着は、長沼の帰国後につく。

惟直の弟収二郎の渡独とエウジェニア豊の来日　その顚末を先に語ろう。緒方惟準が一八八七年に開設した同族経営の緒方病院は、余裕のある経営状態であったから、収二郎を含む一族四人を一八八九年三月、ドイツに留学させた。彼らは、大学が休暇中の一八九一年秋にヴェネツィアを訪れ、惟直の墓碑に献花した。しかし、彼らは、マリアとエウジェニア豊の所在を突き止めることができず、その間にマリアは一八九〇年十月二十七日に三十五歳で死亡した。収二郎らはそのままドイツに戻ったが、その後、ベルシェを通じてエウジェニアの消息を摑む。

収二郎はマルセイユで姪と落合い、一八九二年五月、十六歳の豊を日本に連れ帰った(99)(図4-39)。その後、一九一一年六月十一日にエウジェニアの戸籍は、ヴェネツィアから消去された。エウジェニア豊は加陽光太郎《がようみつ》を養子縁組して夫に迎え、六人の子にも恵まれて幸福な後半生を送ったという。かくして惟直の血統は、その生誕の地である大阪に戻り、今もそこで受け継がれている。

森とミュンヘン郊外に遊ぶ　さて、話をミュンヘンに戻そう。長沼は、森の許に二週間弱滞在した。その間に二人は、郊外のニュンフェンブルクに観光に行ったという。森の日記は次のように伝える。

4-39 マルセイユでの緒方豊，収二郎（左），正清（正清は緒方拙斎の養子で産婦人科医）

十八日。長沼と神女堡Nymphenburgに遊ぶ。途に二児に逢ふ。所謂「チゴイネル」Zigeuner（Githanos）なり。面色黧黒、目光炯々《けいけい》たり。余の曰く。汝等余と神女堡に遊ぶに意なきか。曰く。何ぞ敢て辞せんと。乃ち之を伴ひて行く。二児は府内の珈琲店に在りて、胡弓を鳴らし銭を求むるものなり。遊人余等を見て、或は四個の日本人を見よと呼び、或は四個の「チゴイネル」Zigeunerを見よと呼ぶ。遂に彼我を弁ずること能はざるなり。余長沼と相見て大笑す。既にして神女堡に至り、麦酒一樽蘿蔔《らふく》［大根］数根を買ひ、樹陰に坐して飲啖す。路上多少の艶郎妖姫、皆驚いてこの奇異なる群を顧眄《こげい》す。日没の頃家に帰る。(100)

途上でジプシーの子供二人を見つけた一行は、一緒に行かないかと誘い、彼らもWarum nicht? = Why not? と応じる。彼らの生業は、ヴァイオリンを奏でてチップを要求することだった。当時は、日本人もまだ「金持ち」と思われていなかったろうから、今のようにジプシーのスリの対象となることもなかったのかもしれない。

鷗外は、ドイツ人たちが日本人とジプシーの区別もつかないのを見て、「快哉」を叫んでいる。潔い武士の魂を有していた長沼も、鷗外に同調したと思われる。長沼の負けん気を示すエピソードとして、美術学校の同級生であったユダヤ人レーヴィとの軋轢《あつれき》がある。

美術学校在学中の挿話と云へば、生徒中にレーヴイといふ猶太《ユダヤ》人がゐたが、それが事毎に私を嫌つて馬鹿にした。或時、私の使用してゐたモデルに向つて、君は日本人が好きか、日本は野蛮国だぞと云つた事がある。私一個人に就いての罵倒なら兎に角、日本が野蛮国だと云ふので腹を立て、、如何なる理由で日本を野蛮国と云ふか、成程日本は欧羅巴《ヨーロッパ》程文化は発達してゐぬけれども、野蛮国

ではない、と詰寄ると、彼はその場では悪かつたと失言を謝したが、それ以来益々私に対して悪感情を抱くやうになつた。（中略）

さてそれ以後の事、モデルを使つて製作してゐる時、レーヴイの奴がやつて来て私達の部屋の戸を叩いた。モデルは二人づつ一組になつて使ひ、製作中は互に室を分つて鍵をかけ、通交しない事になつてゐた。レーヴイの奴は道具を忘れたやうな顔付をして入つて来て、突然私に真赤な顔をして打《ぶ》つつかつて来た。見上げるやうな奴だし、私は日本人としても小さい方なのであるが、西洋人は皆脚が弱いことを知つてゐるから、いきなり取り組んで脚がらみで叩きつけた。奴はひつくりかへつた途端に自分で二月もかゝつて製作した泥の立像に打つつかつたから、滅茶々々に壊れて仕舞つた。身から出た錆とは云へ気の毒な事でもあつた。

西洋人の足は靴を抜がせてみると、骨と筋ばかりで一見して弱いのが判る。これは靴に依る弊害であらう。日本の兵士が塹壕戦に強いと云ふのも、日本家屋の畳による賜物である。

その晩珈琲店に行くと教師のダルソットが居たので、昼間教室内でレーヴイと喧嘩した事を逐一話すと、先生はそれはレーヴイが悪いから仕方がないと判決を下し、結局レーヴイの泣き寝入りで鳧《けり》がついた。[101]

白人種が世界を植民地化していた時代のことであるから、当時の日本人留学生が常に、陰に陽に侮辱や嫌がらせを受けたことは想像に難くない。気持ちを強く持っていなければ、とても留学で成果を挙げることなどできなかったであろう。

シュトラスブルクへ　森の日記によれば、長沼は二十七日にシュトラスブルク（独。仏語ではストラス

4-40　森鷗外の長沼宛肖像写真

ブール）に向けて旅立った。このとき、森は長沼に、裏面に署名した自らの肖像写真（図4-40）を贈っている。この写真は、ミュンヘンのシュヴァンターラー通（Schwanthaler Strasse）にあるヴェルナー（F. Werner）工房で撮影したもので、裏面に「独逸国模那歌《モナコ》府[102]に周遊の記念　明治十九年七月　鷗外漁史認」と森は書き込んだ。[103]ミュンヘンの加藤照磨に紹介状を書いてもらった長沼は、シュトラスブルクで学ぶ日本人を訪ねた。婦人科の祖となった濱田《はまだ》玄達《げんたつ》や小児科の祖広田長《ひろたつかさ》、数学者藤沢《ふじさわ》利喜太郎《りきたろう》、下山仁一郎などがいて、長沼は下山のソファで寝泊まりしていた。[104]濱田玄達からは、帰国後に肖像彫刻（図4-41）を依頼された。長沼の現存する数少ない作品の一つである。

シュトラスブルクに到着した長沼は、すぐさま森に礼状を送ったようで、森の返事が残っている。

長沼賢契梧下

芳書只今拝見仕候　雪隔之御報告晩生専修之区域内なる故殊更感誦　今迄ハ貴地七偏人の組合なるに御着以来八笑人と相変候由　何にせよ御盛の事と御裏山敷奉存候　昨日品川公使　近衛公姉小路伯と一同当地御着　猶滞在　其他別に新事も無御座候　諸君ニ宜く（後略）

七月二十九日

林太郎[105]

森は、シュトラスブルクの日本人留学生七人はもともと「偏人」だったが、長沼の到着で明るく賑やかに笑うようになったのは、とても羨ましいと述べる。

パリへ　シュトラスブルクからパリに向かった長沼は、そこに「三ヶ月をつた」(106)。パリ到着翌日、長沼は原から本格的日本料理をご馳走になり、感激している。しかし、長沼は三ヵ月居たという割に、記録はこの程度しか残していない。

長沼は、乗船を予定していた軍艦畝傍の出帆が遅れ、痺《しび》れを切らす。そこに日本の次兄から「母の方は心配は要らぬと云つて来たものだから、帰朝を思ひ止まり又ヴェニスへ帰つた」(107)。しかし、現実にはこれが幸いして、長沼は命拾いをする。一八八六年十月十九日にル・アーヴル港を出航した「畝傍」は、航海途上の同年十二月三日、シンガポール出港後に行方不明となったのである。当時の原敬の日記からは、フランス政府への求償請求に奔走する原の姿が浮かび上がる。

4-41　長沼守敬《濱田玄達像》，濱田病院，東京大学医学部産婦人科学教室

岡倉と浜尾のヴェネツィア来訪　一八八七年二月頃に、専門学務局長の浜尾新《はまおあらた》（一八四九　豊岡～一九二五　東京）が、岡倉覚三《おかくらかくぞう》（天心　一八六三　横浜～一九一三　新潟）とアーネスト・フェノロサ（Ernest Fenollosa　一八五三　セイラム～一九〇八　ロンドン）を連れて、ヴェネツィア視察に訪れた。この通訳・ガイドをしたのも長沼だった。彼は岡倉を

美術学院長に紹介し、岡倉は校長の求めに応じて講演をしたという。[108]短期間に多くの名所を視察したため、日程は大変忙しかったようだ。長沼は、六歳年下の岡倉について次のような印象を持った。

其折岡倉氏は日本の美術学校の為めに美術の写真を沢山買求めたが熟々《つくづく》私が感心したのは、氏が写真屋で買ひ込む中にラファエルの下画のスケッチを版にした物に目をつけたのでこれは中々絵の鑑賞眼に富んだ人だと思つた。[109]

この後、長沼は八月に帰国することになるが、浜尾一行はそれより遅く、十一月に東京に戻った。岡倉は帰国すると、新設の東京美術学校に校長として着任し、日本の美術教育の基礎を置く。長沼は美術学校設立事務所に関わり、隔日で勤務していたが、フランスから帰国した黒田《くろだ》清輝《せいき》のために、一八九六年に東京美術学校に西洋画科が設けられると、長沼も西洋彫刻の初代教授として着任することになる。

8《リド島にて》

出展　長沼は、一八八七年春から秋にかけて開催されたヴェネツィア内国美術博覧会（Esposizione Nazionale Artistica di Venezia 1887）に一点の作品を出品した。この作品と考えられるものの写真（図4-42）が伝わる。まず、長沼自身の言葉を引こう。

> かく彫刻を勉強して明治二〇年ヴェニスに内国美術博覧会が開催された時、私が苦心して製作した作品が幸ひ鑑査に通つて陳列された。その作は、海水浴場へ行つて子供が貝を拾ふのを見たのが製作の動機となつたものであるが、子供が大きい貝を拾つて、膝を一方は立て一方は屈してゐるポーズである。ところが膝の曲がつたところがどうしても抜けず、悲観して下宿に帰つて来ると、女将も心配して石膏抜きの上手な男を頼んで呉れたのでやつと抜けた。博覧会中日本から、男爵益田孝氏やタカヂヤスターゼで有名な高峯襄吉氏がやつて来て、益田氏は私の彫刻を大分欲しがつたが、石膏のことではあり右手を高く伸してゐるので、荷造りも面倒だし破損の惧れがあるから、これでなく何れ帰国してから何か作りませうと云つた。[110]

ここで長沼は作品名を明らかにしていない。

また、名誉領事のベルシェは、長沼作品の好評を伝えるフランス語の記事を時事新報社に送り、それが翌一八八八年八月二十六日の『岩手日日新聞』に掲載された。

「長沼守敬氏の栄誉」伊太利国威尼斯《ウェニス》府駐在日本領事勲四等ギリヨーム（ママ）・ベルシエー氏[111]（伊国人）は

本県人長沼守敬氏の栄誉となるべき一新報なりとて左の書を時事新報社に送り越したるよし。

昨年威尼斯府に開設したる内国工芸博覧会に於て最も観客の賞讃を博したる列品の一は日本国岩手県の人にして該府美術大学院の学生、高等商業学校日本語学教授長沼守敬氏の出品に係る石膏の肖像なり。此肖像はオリドと号して美麗なる童子が海浜に於て獲たる介殻を捧げたるの様を捏造したるものにて其捏造の手際たる能く学理に適い雅致風韻に富める面白き趣向にして是れ即ち世人の注意と賞讃を惹起せし所以のものなり。若し右の細工人をして之を大理石に剞劂するの時日を有せしめたらば必ず高価に売却するを得たりしならん。

現今開設中のボローギュ［ボローニャ］博覧会に於ても該肖像を得んと求めたり。若し同会へ之を陳列したらんには復た必ず好評を博し得べきに惜しむべし。此肖像は石膏製なるものより既に運搬の為め些少の破損を蒙りたるものなれば、今又該博覧会の需《もとめ》に応ぜんとして之を破損するを肯んざりき。富裕にして識見のある某鑑定家は此像の購求して之を銅鋳せんとせり。然るに当時長沼氏を威尼斯に在住せざりしこそ遺憾なれ。若し同氏をして在らしめば此鋳造を監督するを得たりしならん。蓋し此肖像によりて同氏の得たる讃詞は凡そ人の為し得べき最上のものなるべし。現今此美術家は日本に在り余輩は此好評の彼地に達して世評に上り、且つ氏は此好結果に鼓舞せられて益之を継続し其所作を以て本国は勿論、氏の最初楷梯《かいてい》(112)［手ほどき］を得、又氏が技術の襁褓《きょうほう》［おむつ］なる伊太利国の栄誉をも併せて発揚せんことを是れ祈る。

この石膏像は、ベルシェの記事の後を受けて一般に《オリド》と呼び習わされてきたが(113)、その意味は明確でなかった。私は、フランス語の《Au Lido》、つまり《リド島にて》ではないかと考えていたが、情報誌『図解内国美術博覧会（L'Esposizione Nazionale Artistica Illustrata)』の一八八七年九月四日号によってそれが裏付けられた。

　第四室――六七作品

　ヴェネツィア（中略）長沼守敬、ヴェネツィアで芸術家となった日本人《リド島にて》

イタリア語の原題は《Al Lido》である。もともとイタリア語の lido は、「砂州」を表す普通名詞であり、小文字の Al lido ならば「砂浜にて」という、浜辺で遊ぶ少年を表した長沼の作品に相応しい題名となる。しかし、原題は大文字の Lido を用いていることから、長沼は、貝殻を見つけた少年の遊ぶ浜辺を、ヴェネツィアのリド島に設定したことになる。この題をベルシェが、当時の外交公用語であるフランス語で Au Lido と綴って、時事新報社に送り（ベルシェ書簡のオリジナルは現存しない）、それがそのまま音訳されて《オリド》として伝えられたのが、この混乱の原因と考えられる。

ヴェネツィア内国美術博覧会　ここで、この《リド島にて》が出品された、ヴェネツィア内国美術博覧会について述べておく必要があろう。研究の盛んなヴェネツィア・ビエンナーレに比べて、この一八八七年の博覧会は、ほとんど研究対象にされていなかったが、一九九四年に美術史家パオラ・ザッティが小論文を発表した[114]。それによれば、一八六〇年代以降、ヴェネツィアでは美術学校が中心となって、毎年例会的な展覧会が開かれていたが、ローマやトリノの展覧会に刺激されて、内国博覧会を開催しようという気運が高まり、ヴェネツィア商業高等学校のイタリア文学教授アントニオ・フラデレット（Antonio Fradeletto 一八五八 ヴェネツィア〜一九三〇 ローマ）と美術学校の教授たちを中心とした運営委員会が組織された。会場は、後にビエンナーレの会場となるカステッロ地区の公園（Giardini）が選ばれた。ちなみにフラデレットは、その八年後にヴェネツィア市国際美術博覧会、所謂ビエンナーレを中心になって企画することになる。その意味でも、この内国博覧会はビエンナーレの母体となったといえる。『ヴェネツィア新聞』は、一八八七年二月七日以降、博覧会関連の記事を報じた[115]。出品作品の提出期限は、三月二十九日であった[116]。博覧会は五月二日、イタリア国王の臨席を得て盛大に開会し、以後『ヴェネツィア新聞』紙上には、毎日のように批評や売却作品、入場者数に関する記事が掲載される。

そのうち興味深いのは、出展作品の鑑査委員会メンバー決定を報ずる、二月十六日の記事である。

運営委員会は昨晩（今月十五日）に開かれた会議で、展示作品受理鑑査委員を決定し、その結果委員会は次の各氏で構成されることとなった。

として、ヴェネツィア、ミラノ、トリノ、パレルモ、ナポリ、ボローニャ、ローマ、ジェノヴァの各都市から委員を出している。ヴェネツィアの彫刻鑑査委員には、長沼の師であったフェルラーリとダル・ツォットがともに入っている。この事実が、長沼の出品動機、および鑑査通過に大きく影響していることは否定できないであろう[117]。

『総合運営委員会公報（Bollettino Ufficiale del Comitato Esecutivo Generale）』は、八月二十六日の第一五号で「大理石または木の彫刻」の出品者として、長沼の名を住所とともに載せている。しかし、彼の作品が石膏であったことは、長沼の言により明らかである。

この博覧会に展示された彫刻作品のうち、最も評判を取ったのは、ダル・ツォットの《ナルシス》であった[118]。もう一つの出品作《モンタニョーラの泉》においても、ダル・ツォットは清新なヴェリズモを推し進め、好評を博した。同博覧会の批評は数冊伝わっているが[119]、このなかで長沼の作品について触れているのは、『ヴェネツィア新聞』に一五回にわたって批評を書き続けた無名士のみである。(120) その二五八号（九月二十八日）には、

日本人長沼守敬は、良好な像《リド島にて》を出品

とある。長沼の作品を写真で見ると、美しい貝殻を発見した少年が、喜びを満面に湛えながら、後ろにいる、おそらくは家族であろう人の方に振り返り、その貝殻を得意そうに、しかし優雅に掲げ示している様子が、潑剌と表現されている。それは、まさにダル・ツォットが追求したヴェリズモ的アカデミ

4-42 長沼守敬《リド島にて》，石膏，紛失

スムと軌を一にするものであろう。

海水浴の開始　他方、前述のように、当時のヨーロッパには「海浜の発見」が起こっていた。つまり、人々が日光を浴び、海水浴を楽しむ習慣が広まりだしたのである。これを証言するのが、『ヴェネツィア新聞』紙上に散見される「リド島海水浴協会」の「リド島へ行こう！」といった広告である（たとえば五月二十五日、二十六日）。また、六月七日の同紙は「ヴェネツィアの貧民のための海水浴の日」という記事を載せている。この流行を反映して、絵画・彫刻でも海辺遊びを主題とした作品が増えた。一八八七年の同博覧会でも、フィレンツェ出身の彫刻家チェーザレ・ラピーニが、長沼と同じ《リド島にて》と題する作品を出展したほか、浜辺遊びに興ずる人を描く作品も数点あった。

このような文脈のなかで、長沼の《リド島にて》を再考すると、この作品は、時代の流行を鋭敏に察知した主題を、当時のヴェネツィア彫刻の最先端を行くダル・ツォットの、ヴェリズモ的表現で完成した優品であることが理解できる。長沼の《リド島にて》は、彼のヴェネツィア留学の総決算であるとともに、日本人が当時のイタリア彫刻の技術と主題的流行を移植することに、見事に成功した傑作なのである。

長沼によれば、益田孝や高峯襄吉が会期中に博覧会を訪れ、彼の作品を評価したという。若き日本人初の洋風彫刻家の美しい作品が、その後、青銅にも鋳造されなかったのは誠に残念である。ヴェネツィア美術学校で石膏の調査も行なったが、結果は思わしくなく、オリジナルも失われてしまっていた。

展覧会の会期が終わる前に、長沼は六年間住んだヴェネツィアを引き払った。彼は六月十七日に、パリの原敬に船賃の割引を依頼しており、原はそれにすぐさま応えている。

十七日　在伊国ウィニス長沼守敬より帰国に乗船割引の件依頼に付直に添書差送る(121)
長沼は、フランス船でヨーロッパを後にし、八月十四日に帰国した。

9　初の洋風彫刻家の誕生

帰国後の活躍　長沼守敬は、帰国後一ヵ月も経たない九月八日に竜池会に参加し、十月二十日の会合で「伊太利国威尼斯美術学校ノ概況」について報告を行なう(122)。先に述べたように、ローマ駐劄日本公使であった鍋島直大は、肖像の制作を依頼してきた。「製作費は羅馬で色々お世話になつた事であるから、一文も頂かぬ積りであつたが、無理にと云はれる事であるし私の方も財政逼迫の折柄だつたので、有難く頂戴した(123)」と、定職に就いていなかった長沼は伝える。この直後、東京美術学校の心得をしていた浜尾新が、長沼を美術学校設立事務所に雇用し、彼の収入を安定させたことは、すでに述べた。

このように、ヴェネツィアで培った人脈が長沼を助け、彼は博物館や東京美術学校に勤務し、明治の元勲や貴顕の肖像・銅像を多く手がけていく。最初に引いた高村光太郎の言葉通りに、日本の西洋彫刻を導く存在となる。しかし、オーギュスト・ロダンの影響を受けた荻原守衛らの若い世代が登場すると、自分の役割は終わったと考えて隠居する。長沼はこうした潔さをもちあわせていた。

長沼のイタリア語　長沼は、前章で扱った川村清雄と異なり、留学先のヴェネツィアで初めて自分の道を見極め、それに文字通り猪突猛進していく。その結果、日本を代表する彫刻家になる。

しかし、彼の場合には、彫刻以前にイタリア語があった。美術学院の史料は、時折、彼のイタリア語が十分でなかったと示唆するが、さまざまな逸話を総合すると、かなりの語学力を持っていたように私には思われる。

たとえば、東京でフェ・ドスティアーニ公使に仕えていたとき、「質」(pegno)という言葉が分からず、銀座の真ん中で公使に耳を引っ張られてひどい目に遭った笑い話を伝えるが、[124] pegnoは初心者には難しい言葉である。このほかにも、同級のレーヴィと喧嘩をし、後に一八九七年のヴェネツィア・ビエンナーレに日本代表として出向いたときには、日本美術を純粋美術ではないと非難する企画委員会を相手に回して堂々と論陣を張るなど、彼のイタリア語はレベルが高かったという印象を私は持っている。

この優れた語学力と高い芸術性を生かして、長沼は明治期の日本に多くの作品を残し、後進の指導にもあたった。しかしながら、その作品の大部分は、残念なことに戦時中の金属類回収令によって、戦艦や武器に変わってしまった。長沼守敬は、第二次世界大戦の戦火が激しさを増すなか、一九四二年に世を去る。もしかしたら、自分の作品が次々と溶鉱炉の中に消えてゆくのを見ずに済んだだけでも、不幸中の幸いだったのかもしれない。

コラム④　松岡壽——ローマに留学した洋画家

松岡壽《まつおかひさし》に関する研究は、『松岡壽先生』(125)に次ぐ『松岡壽研究』(126)により一つの大きな節目を迎えた。特に、彼のローマ留学時代については、第四章のなかでたびたび引用した河上眞理氏の「一八八〇年代イタリア王国における美術をめぐる状況と松岡壽」(127)（同書、四二一〜四六三頁）が、最新の研究成果を示しているので、基本的に同論文に譲り、ここでは簡単に留学までの彼の略歴をまとめるに止める。

松岡壽は一八六二年、岡山に生まれ、上京して川上冬崖《かわかみとうがい》が主宰する聴香読画館《ちょうこうどくがかん》で洋画の基礎を学んだ後、一八七六年に入学した工部美術学校絵画科で、アントニオ・フォンタネージ（Antonio Fontanesi　一八一八　レッジョ・ネッレミリア〜一八八二　トリノ）の指導を受けた。しかし、西南戦争に伴う明治政府の財政難から、工部美術学校の授業が思うように行なえなくなったことに加えて、日本の風土病である脚気に罹患して体調が悪化したことから、フォンタネージが一八七八年九月に帰国すると、プロスペロ・フエルレッティ（Prospero Ferretti）が着任した。松岡は、フェルレッティに満足をしなかった仲間とともに、工部美術学校を退学し、十一会を結成した。

松岡は工部美術学校でフォンタネージの薫陶を受けた後、一八八〇年夏にローマに渡る。そして十一月には、王立美術学院名誉教授であったチェーザレ・マッカーリ（Cesare Maccari　一八四〇　シエナ〜一九一九　ローマ）の薦めにより、王立美術学院の Scuola Libera に通い始める。これは直訳すると自由科であるが、日本の大学における研究生、聴講生制度に近い。次いで、一八八三年十月から一八八七年七月までの四学年は、同校の「人物画特別コース（Corso Speciale di Figura）」に正式に登録した。四年間を通じて、学年末には一等賞あるいは二等賞を受賞している[128]。

以前ローマ王立美術学院で調査を行なった際に、その古文書室の埃のなかから現れた三通の書類は、この四年間のうち、最終学年に関するものであった。一八八六年十一月十六日に松岡が支払った学費三〇リラの領収書、および卒業証書の原文草稿である。原本は松岡自身が引き取ったという。一八八六〜八七学年度の一等賞を、松岡が受賞した証明書の翻訳は、すでに刊行されている[129]。しかし、次に掲げる史料は、松岡がこの一等賞に付随する賞金一五〇リラと銀メダルを、同点一位のフェルルッチョ・コルラディーニと争い、抽選で敗れたことを示している。

ピオ・ジェラルディーニ

松岡へ

グァルステッラ・クラウエル様方

コルソ通り三三九番地　ローマ

貴殿の心得のため、（一八八六〜八七学年度について）コルラディーニ・フェルルッチョ氏と松岡壽氏に託された一五〇リラの賞金とそれに付随する銀メダルは、抽選の結果コルラディーニ・フェルルッチョ氏が獲得したことを貴殿にお伝えする。

松岡壽氏には別に発行した受賞証明書を引き取ることが残るのみである。

ローマ　一八八七年十一月十八日　書記官

C　モッサイ

一八八七年に帰国した松岡壽は、一八八九年に長沼守敬とともに創立会員として明治美術会に加わった。後に東京工芸学校の校長を務める。

コラム⑤

大熊氏廣――《大村益次郎像》を作った工部美術学校卒業生

工部美術学校の彫刻科に学んだ大熊氏廣《おおくまうじひろ》のローマ留学は、一年間（一八八八年十月から一八八九年九月）と短い(130)。工部美術学校を卒業した大熊の場合は、これまで述べてきた留学生たちと異なり、留学先の学校で腰を据えて学ぶというよりは、ヨーロッパのいくつかの国を周り、多くの作品に触れる遊学の性格が強いといえる。

幼少期の大熊は、祖父良平と交友のあった画家・文人の影響からか、伝統的日本画の技法を身に付ける。一八七六年十二月十六日、工部美術学校彫刻科に入学した(131)。ここで、基礎科目を担当したジョヴァンニ・ヴィンチェンツォ・カッペッレッティ（Giovanni Vincenzo Cappelletti 一八四三～一八八七 生没地不詳）と、彫刻科を担当したヴィンチェンツォ・ラグーザに師事した。古代美術だけでなく、当時最新鋭のイタリア美術をも視野に入れた教育を、フランス語通訳を介してではあるが、大熊はイタリア人教師らから直接に受けることになる。

後年、ラグーザが、日本人生徒として大熊の名前だけを覚えていたことからもわかるように、大熊は常にクラスのトップを走り、一八七八、七九年には続けて「進歩の賞」を受賞したほど優秀で、かつ印象深い生徒であった。明治期のイタリア研究の泰斗隈元謙次郎《くまもとけんじろう》氏が伝えるように、彫刻科では「粉本の臨写、石膏の写生、最後に静物・動物の写生或は着衣のモデル写生を課し」ており、長沼守敬《ながぬまもりよし》が竜池会で報告した「概況」に見られるヴェネツィア美術学院の教育課程との類似点を、そこに見いだすことができる。

前述のように、大熊が制作した《破牢・スパルタア　ユーベラ全身》は、卒業制作の作品らしい。「スパルタア」はスパルタクス、「ユーベラ」は、おそらくV.（incenzo）Velaのことで、ラテン語ではUとVは同一文字であったから、Vを「ユー」と読んだのであろう。

一八八二年六月二十八日に、大熊ら彫刻科生徒二〇人が卒業・修業すると、翌月末付でラグーザが解任された。ラグーザは、後に妻となる清原玉とその親族を連れて、同年八月に帰国した。工部美術学校は十二月に閉校、翌一八八三年一月二十三日に廃校となった。この事実は、当時勢いを増しつつあった国粋主義との関係で論じられることが多いが、田中修二氏は、西南戦争の戦費増大による国の財政逼迫を、より直接の原因と考える[132]。

大熊は卒業後、工部大学校教授ジョサイア・コンドル（Josiah Condor 一八五二 ロンドン〜一九二〇 東京）の設計する《有栖川宮《ありすがわのみや》邸》の彫刻を担当した。その完成後の一八八三年十二月、本邸宅の所有者である《有栖川宮熾仁親王《たるひとしんのう》像》をはじめとする作品の制作を、熾仁親王から依頼され、翌年には日本画家《守《もり》住貫魚《ずみつらな》像》を請け負う。一八八五年は多くの作品を制作した年であり、《大村益次郎《おおむらますじろう》像》《岩崎弥太郎《いわさきやたろう》像》など、彼の代表作となる作品の依頼をも請け負った。国際的なナショナリズムの動きのなかで、日本でも歴史上の人物を顕彰する銅像が作られることになるが、大熊が請け負った像も、これらの流れに位置する。

一八八六年五月、大熊は銅像制作技術の勉強を目的としたフランス・イタリア留学のために、内務省土木局を依願免官する。この留学は、前年二月に物故した三菱創始者岩崎弥太郎の肖像を、二代目の岩《いわ》崎《さき》弥《や》之《の》助《すけ》が依頼した経緯と関係があると田中氏は言う。[133] 工部美術学校で優秀な成績を収めて卒業したものの、まだ銅像制作の経験の浅い大熊に、岩崎が先代の肖像彫刻を依頼するとともに、海外での技術習得を促し、金銭的な援助をしたのであろう。

内務省を去ってから一年一〇ヵ月後の一八八八年三月一日、大熊は横浜を出港し、マルセイユ上陸後、五月初めまでにはパリに到着していた。パリでは、美術学校教授のジャン＝アレクサンドル＝ジョセフ・ファルギエール（Jean- Alexandre- Joseph Falguièr　一八三一～一九〇〇）に個人的に師事した。

その後、ドイツ、オーストリアを周ってイタリアに入り、十月から約一年間、ローマ美術学院で学ぶ。学校では、アントニオ・アッレグレッティ（Antonio Allegretti　一八四〇 クーネオ～一九一八 カルラーラ）とジュリオ・タドリーニ（Giulio Tadolini　一八四九 ローマ～一九一八 ローマ）に習った。このほかに、大型騎馬像制作に関して、ジュリオ・モンテヴェルデ（Giulio Monteverde　一八三七 ビスターニョ～一九一七 ローマ）の指導も受けた。

ローマ王立美術学院で私が発見した大熊関連の史料は、滞在を終えるにあたって発行された授業出席証明書の草案と、その基となった毎月の出席日数覚書である。[134] 大熊が日本に持ち帰るために、証明書の発行を要請したのであろう。

大熊氏廣宛　ローマ、一八八九年六月二十六日

記録番号　四二三　本学年度の間大熊氏廣が、生きたモデルを使った自由科に出席したことを証明する。

校長
署名　F　プロスペリ
原本引取 大熊氏廣（署名）

出席は、授業の始まった十一月と次ぐ十二月こそほとんど出席している（十一月が一全日および十一日中十半日、翌月が十二半日）が、一八八九年に入ると一、二月はそれぞれ二日、五日しか学校に出ておらず、おそらく学校外で彫刻作品を見て周り、知見を広めていたと考えられる。しかし、三月から六月までは、規定通りにほとんど出席していることが出席記録からわかる。

田中氏によると、大熊は一八八九年九月に美術学院から終業証書を受け取った後に、再びオーストリア、ドイツを周ってパリに到着した。大熊は、革命一〇〇周年に沸くパリ万国博覧会を見てから、一八八九年十一月にマルセイユを出港し、十二月に帰国した。一年一〇ヵ月の洋行であった。

イタリア留学と文化受容――エピローグ

本書では、近代日本の黎明期にイタリアに赴き、それぞれの分野で文字通り命を懸けて自らの道を、そして新しい国の行く末を模索した若者たちを取り上げた。

第一章は、これまで語られることのなかった少年、井尻儀《いじりぎ》三郎《ざぶろう》に焦点をしぼった。彼の写真や肖像画は残っていないが、クインティーノ・セッラ高校に収蔵されるトリノ国際学院に関する貴重な史料から、彼の留学のほぼ全容が明らかになった。国際学院は、本来アメリカ大陸などに移住したイタリア人家族の子弟を預かり、母国の言語・文化のなかで教育することを目指した全寮制のギムナジウムであるが、アメリカやアジア、他の諸国からの外国人留学生をも受け入れた。イタリア王国外務省と強いつながりを持つこの学校は、外国人にとっては、カトリックの信条に基づいてイタリア語を効果的に学ぶ、全寮制の語学学校として機能した。

井尻儀三郎は、一八七三年五月一日に、初の日本人生徒として十二歳で国際学院に入学した。入学時には「ヨーロッパ言語の知識は全く持ち合わせていない」と認定されながらも、イタリア語特別コースに籍を置いて、めきめきと語学力を身に付け、商業特別コースに在籍した翌一八七三～七四学年度には、平均点で一〇〇点満点中九五点を獲得し、初等科で唯一の賞を受けた。これを受けて理事会は、井尻に一等賞のメダルを授与し、そのメダルと賞状は井尻の意志に従って、彼をイタリアに導いた日本駐箚《ちゅうさつ》イタリア公使アレッサンドロ・フェ・ドスティアーニを介して、郷里の養父井尻半左衛門の許に届けられた。

その後も井尻は、二等賞に終わった一八七六〜七七学年度を除いて、常にクラスのトップを走り続けた。最終学年を終える頃には王立トリノ工業学校の化学科に入学を許可され、一八七八年三月にランツォ・トリネーゼの製紙工場で実地研修を行なった。一八七八年八月二十四日に国際学院を卒業した儀三郎は、おそらく同年秋以降に帰国したであろう。しかし、一八八一年に横浜で通訳をした姿が伝えられたものの、その後の足取りがつかめない事実から、若くしてこの世を去ったことは間違いないであろう。

井尻の留学中に、日本の撚糸業《ねんしぎょう》の基礎を築いた円中文助《まるなかぶんすけ》や、後に東京大学植物園の掛け絵画家として活躍する佐々木三六《ささきさんろく》が、同じ国際学院に留学した。留学中に自らの方向性を徐々に決めていった井尻と異なり、彼らはすでに決まっていたそれぞれの目的のために語学を道具として学んだ。国際学院は彼らにとって、まさに全寮制の語学学校として機能したのである。

最後まで残っていた佐々木と重なるようにして、一八七九年に蚕種《さんたね》貿易関係者が国際学院に到着する。蚕の微粒子病に打撃を受けたヨーロッパ養蚕業者の買い付けが、パストゥールによる微粒子病克服法の発見と、その普及に伴って下火になると、日本の業者は、自ら蚕種を携えてイタリアで売り捌く直輸出《じきゆしゅつ》を試みた。その嚆矢が長野県出身の大谷幸蔵《おおたにこうぞう》であった。大谷に次いで直輸出に着手したのが、秋田の川尻組で、その当主川村永之助《かわむらえいのすけ》はトリノに出張所を開設する準備のために息子川村恒三《こうぞう》と、慶應義塾出身で外国語に堪能な秋田中学の教師大橋淡《おおはしあわじ》を国際学院に入学させ、イタリア語を学ばせた。大橋は立派な成績を残し、川村は帰国時に学院理事会から、日本帝国における国際学院の代理人として指名を受けた。

このふたりに、一八八二年二月十六日には平元弘《ひらもとひろし》が加わり、イタリア語特別コースと商業予備コースに学籍を置いた。士族出身の平元は、その漢文の素養をよく示す日記を残している。川尻組が開設した出張所は、一八八五年に閉鎖に追い込まれ、平元は一八八七年二月三日に帰国する。

川尻組と並んで直輸出に積極的に取り組んだのが、現在の群馬県境町にあたる島村《しまむら》の蚕種業者が設立した島村勧業会社であった。ピエモンテ州を中心に蚕種を販売した川尻組に対して、島村勧業会社はヴェネトとロンバルディアをその活動の拠点としていた。四回にわたる直輸出の第三、四回を担い、その間ミラノに居を構えながら、国際学院に数ヵ月間通ったのが、田嶋啓太郎《たじまけいたろう》である。しかし、イタリア蚕種情勢の変化から損失が増え、父親の弥三郎《やさぶろう》が重病を患うと、啓太郎は予定を早めて一八八三年に帰国した。田嶋にとっての国際学院は、仕事の合間にイタリア語を勉強するための便法だったのであろう。

第二章は、日本人として四番目に国際学院に到着した、幕末の著名な奥医師《おくいし》緒方洪庵《おがたこうあん》の息子惟直《これなお》について述べる。幕府が横浜に設けた全寮制の仏蘭西《フランス》語伝習所に学び、一八六七年末に奨学生としてパリに到着した惟直は、しかし大政奉還《たいせいほうかん》により帰国せざるを得なくなる。一八七三年のウィーン万国博覧会にフランス語の通訳として参加し、おそらく帰国直後に、今度はイタリア語習得を目指して、トリノ国際学院に入学する決意をする。

クインティーノ・セッラ高校収蔵の国際学院関係資料の『内部生徒』は、惟直が一八七五年四月二十二日に、商業と言語の特別コースに籍を置いたと伝える。入学時の学力程度は、「日本語とフランス語を話し、書くことができる。算術と代数の知識がある。イタリア語は全く知らない」と認定された。当時入学した日本人が、ほとんど日本語の読み書きしか知らなかったのに比べると、惟直の教養は抜きん出ていたことがわかる。二ヵ月の勉学の結果、惟直は「勉学態度における名誉言及」を受賞した。翌年は、学年を終了せずに、ヴェネツィアに移ることになるが、学年末試験の「風景画」では三〇点を獲得、「一等賞」を与えられた。

一八七六年六月二十日の『ヴェネツィア新聞』は、緒方のヴェネツィア到着を報じた。ヴェネツィアには、横浜で同じ仏蘭西語伝習所に通い、在日本イタリア公使付通訳を務めた吉田《よしだ》要作《ようさく》が、一八七三年からヴェネツィア商業高等学校で日本語を講じていた。おそらくこの吉田が、自らに帰国命令が下ったときに、トリノにいた盟友で恩師の息子である緒方に、自分の後継者として声を掛けたと思われる。

ヴェネツィア商業高等学校は、一八六八年に海の都の文化経済的停滞を払拭するために設立された。カ・フォスカリ大学の前身である。ここに日本語コースを設置する可能性が、すでに一八七一年に議論されていたが、岩倉使節団をイタリアで案内した駐日公使フェ・ドスティアーニ伯爵の功績により設置され、一八七三年十一月末に盛大な開講式が行なわれた。ここで吉田は三年間日本語を教えた。

一八七六年十一月、商業高等学校で領事科の生徒と日本語の教師を兼任する緒方の生活が始まった。ほどなく惟直は、一八五五年生まれで二歳年下のマリア＝ジョヴァンナ・セロッティと知り合う。同じ運河沿いに住むふたりの愛情は急速に深まり、その結果として翌年九月十日にエウジェニア豊が誕生した。

最近の調査で浮上した私の疑問は、マリアがエウジェニアを身籠った時点で、惟直が父親としての責任を取るべく一八七七年四月一日に結婚を試みたのではないかということである。ヴェネツィア市立古文書館収蔵の資料は、いくつかの齟齬《そご》を含むものの、惟直が早期に結婚しようとした可能性を窺わせる。

一八七七年九月十日に誕生したエウジェニア豊は、緒方惟直の正式な娘として同月二十四日に受洗した。しかし、惟直に残された命は短く、一八七八年三月三十日に妻マリアの家の一室で受洗し、その直後に教会法上の婚姻を遂げると、四月四日未明に息を引き取った。彼の葬儀は、『ヴェネツィア新聞』が伝えるように、多くの参列者を集めて翌々日にサンタ・マリア・デイ・カルミニ聖堂で執り行なわれ、惟直の遺体は、サン・ミケーレ島市立記念墓地の共同溝に埋葬された。

教会法上は正規の結婚を成立させた惟直とマリアであったが、市民法上では、ふたりとも残念ながら未婚の状態で残っている。

第三章で扱った川村清雄《かわむらきよお》は、一八五二年江戸に生まれ、日本で絵の素養を身に付けたあと、アメリカ、フランス、イタリアで西洋絵画の勉強をしたポリグロット（複数言語を話す人）である。一八七六年四月に、ヴェネツィア美術学校に入学し、一八七七〜七八学年度まで「建築」と「装飾」を中心に受賞を重ねた。その能力は、後に名誉領事となるベルシェや、美術館検閲官のボッティを介して、入学時から認められており、「装飾」の試験でも教官たちに高く評価された。美術学校では、アカデミスムの画家モルメンティや、新進気鋭のファヴレットの指導を受けたが、川村自身は彼らよりも同じクラスの年下の先輩たち、エットレ・ティートやオレステ・ダ・モリンに強く影響された。

この級友たちの手紙や肖像画が、江戸東京博物館に収蔵されている。それをイタリア人画家二人の既知の作品と比較することで、川村との交流を明らかにすることができる。例えば、川村の滞欧作として知られる《男性裸体素描習作》群は、ダ・モリンの美術学校在学時の素描と比べると、同じモデルを描いていることが一目瞭然であるため、川村の作品がヴェネツィア美術学校での習作であることがわかる。

また、川村の《帽子を被る男》のデッサンは、川村が描いた級友ダ・モリンの肖像画であることが、後者の自画像との比較から明らかとなる。加えて、川村の代表作として知られる《少女像》のモデルも、一八七八年の年記を持つダ・モリンの《少年像》のモデルとなった少年の相貌と酷似から、二人が借りていたメッツェ・アクエ通りのアトリエに姉弟を招じ入れて、イーゼルを並べて描いた可能性を浮上させる。

一八七八年四月四日に他界した緒方惟直の跡を襲って、おそらく一年後の一八七九年から、川村は商業高等学校の日本語を教えるようになり、その熱意溢れる教育は、生徒に好評であった。また、一八八一年にミラノで開かれた内国博覧会に、ヴェネツィア商業高等学校が展示した学校紹介のなかで、日本語教育法について報告書を書いた。

一八七八年九月に公布された王命により、イタリア王国の美術学校では学制改革が行なわれ、必須科目を伴う新たな教育課程が示された。学費も無料ではなくなり、生徒や教師たちに少なからぬ衝撃を与えた。川村もその例外でなく、この年を最後に、学校に通うのを止める。

その代わりに、川村は国際的な美術市場としてのヴェネツィアで、積極的に活動するようになったと思われる。それを示す、スロヴェニア人画家イヴァン・ポズニクの覚書が、江戸東京博物館に収蔵される。同じ頃、川村は懇意にしていた年長のスペイン人画家マルティン・リーコに連れられて、一八七八年のパリ万国博覧会を観て周り、ジャポニスムが注目した日本美術と西洋の最新美術を融合することで、新しい美術が生み出されることを、身を以て感じ取った。このことは、帰国する川村に与えたリーコの手紙によって確認される。川村はリーコの助言を高く評価し、その後の芸術制作の指針とした。

同様の概念は、一八八一年九月と十月の二度にわたって川村の絵を購入した、イギリス人画家ヘンリー・ウッズの日記や手紙によっても確認される。一八七八年からヴェネツィアにアトリエを構えたウッズは、短期・長期にヴェネツィアを訪れる外国人画家の中心的存在で、幾分理想化されたヴェネツィア女性を、夏の地中海の強い陽光の下に描き出す風俗画を得意とした。一八七九年にヴェネツィアにやってきた傷心のホイッスラーをはじめとして、彼の周りの画家たちの間では、パリやウィーンなどから芸術上の新しい理論や動きが持ち込まれ、常に刺激に満ちた交流が行なわれていた。

川村がおそらく一八七八年夏に入会した「ヴェネツィア芸術サークル」は、一八七五年に発足した芸術家の互助会的な存在である。サークルは、一八七九年から年一回の展示即売会を行なうようになったが、その第三回に出品した川村の《日本の幻想》と題する水彩画を、九月二十一日にウッズが購入したことを、ウッズの日記は明らかにする。川村が、他のヴェネツィア人画家のようにファヴレットを模倣せず、「自然なもの」と「日本的なもの」の「組み合わせ」を行なって、新しい美術を模索していたことを、ウッズは喝破して、彼の作品を購入した。そして、その獲得に満足していることを、無二の親友で義兄弟のリューク・ファイルデスに書き送っている。

ウッズは、川村からもう一枚の水彩画を買ったと、十月二十七日の日記に記している。前月に売れた絵に勝るとも劣らない作品を仕上げようした川村は、帰国直前まで二枚目の絵と格闘し、それを二十七日にウッズの許に持ち込んだ。川村が「洋画上の閲歴」のなかで微に入り細を穿って説明している二枚目の絵が、おそらくこの作品と推測される。

しかし、一枚目の水彩画が売れた頃、川村は在ローマ日本公使館員の斎藤桃太郎の訪問を受け、帰国を促された。斎藤は、一八八一年九月にヴェネツィアで開催された第三回万国地理会議に、日本代表として出席した日本公使鍋島直大《なべしまなおひろ》に随伴して、海の都を訪れていた。奨学金を拠出していた大蔵省印刷局から再三帰国命令を受けていた川村に対し、同年春にローマに到着し、川村が占めていたヴェネツィア商業高等学校の日本語教師の座が空くのを待っていた長沼守敬《ながぬまもりよし》を気遣って、教員職を辞して帰国するよう促したのである。この傷心のなかで、川村はウッズに売る絵を懸命に仕上げ、後ろ髪を引かれるようにして愛するヴェネツィアを後にした。一八八一年十月末のことであった。

第四章は、川村に代わって日本語教師を勤めた、長沼守敬の留学時代を取りあげた。三男でありながら、家督を相続することになった長沼は、新しい時代にはヨーロッパ言語の習得が必要であると痛感し、同人舎で英学を始めるが、資金難のためこれを諦める。

次いで、大蔵省印刷局のお雇い外国人として来日したエドアルド・キョッソーネにイタリア語を学ぶが、思うように上達せず、東京駐箚イタリア公使アレッサンドロ・フェ・ドスティアーニの仲介で、横浜停泊中のイタリア王国軍艦に三ヵ月乗り込み、語学の勉強をする。帰国する軍艦から降りた長沼は、フェ・ドスティアーニの配慮で、イタリア公使館住み込みの通訳見習いとなり、二代の公使に仕える。第三代公使バルボラーニの帰国に随伴して、一八八一年三月に憧れのイタリアの地を踏む。

ヴェネツィア商業高等学校の初代日本語教師吉田要作から、当講座について聞き及んでいた長沼は、講師となって収入を得、かつ日本に残してきた妻子と老齢の母のために仕送りをしなければならなかったが、当時教師の座にあった川村清雄はなかなかそれを譲らない。ローマ日本公使であった鍋島直大の許に居候して、一八八一年十一月にやっとのことでヴェネツィアに赴任した。

授業は十一月十四日に開講したものの、夜学でかなりの自由時間があったため、ローマで絵画を学ぶ松岡壽《まつおかひさし》の助言に従って、長沼は翌年一月五日にヴェネツィア美術学院予備科で彫刻を学び始める。その後、特別に造形演習に登録した。

商業高等学校での日本語教師の仕事から、通常の授業にすべて出席することは叶わず、学年末の試験もほとんど欠席したが、造形演習では素晴らしい才能を見せ、一八八二年七月に「選考外功績証明書」を受ける。

美術学院の彫刻科では、アカデミスムのプリズモ作家、ルイジ・フェルラーリと、ヴェリズモに傾倒した若いアントニオ・ダル・ツォットのふたりが教鞭を執っていた。長沼は、ダル・ツォットの作風をよく学び、自らの様式を確立していく。

長沼は予備科在籍中から、造形演習の他にも、上の学年に配された課題を先取りしてこなしていたと思われる。それが、萬鉄五郎記念美術館に収蔵される幾何学模様習作や、印刷物から模写した人物素描、手足の石膏模型の素描などである。特に人物素描からは、ラッファエッロとギルランダイオを中核に据えて学ぶ、王立美術学院の教育課程を垣間見ることができる。

この頃、長沼は、イギリス留学後にフランス、イタリアを周って、建築研究をしていた辰野金吾《たつのきんご》や、ローマに滞在する松岡壽と交流を深め、彼らとの友情は生涯続くことになる。一八八二年末から翌年にかけて、辰野がヴェネツィアの長沼の下宿に泊まり、次いで一八八三年二月には、長沼がローマの松岡の下宿に泊まり込んで、辰野と三人で、新しく赴任した日本公使浅野長勲《あさのながこと》の招きに応じている。同年夏には、松岡がヴェネツィアを訪れ、長沼の下宿に五〇日泊まって、観光や写生を行なった。ふたりは共同溝に埋葬された緒方惟直の墓に詣で、未亡人マリアと娘エウジェニアにも会っている。翌一八八四年八月に、松岡と長沼は、イタリア総合博覧会の開催されていたトリノで待ち合わせ、展覧会を見学するとともに、ピエモンテやロンバルディアの街を周った。

一八八四学年七月二十七日に開かれた授賞式の校長訓辞において、長沼の才能は特別の賞賛を受けた。それを知った日本名誉領事ベルシェが、緒方惟直の記念碑を作ることを長沼に持ちかけた。おそらく授賞式直後にベルシェはヴェネツィア市当局に、記念碑制作と遺体移動の許可を申請し、それが九月二十日に許可された。年も押し迫った十二月二十二日に、墓地検査官と保健当局者の立会いのもと、緒方の遺体はサン・ミケーレ島の市立記念墓地の共同溝から掘り起こされ、カトリック部のロークロ（垂直式墓穴）に移された。そこには、「優れた芸術家」と書類の規定する長沼によって、被埋葬者のプロファイルのメダイヨンと、日本語・イタリア語双方による墓碑銘が刻まれている。

一八八五年九月三十日付で卒業証書を受け取った長沼は、彫刻専科に進学する許可を得たが、学籍登録はしなかった。その後、ヴェネツィアを訪れる明治の元勲や貴顕の通訳ガイドをしたことが、長沼の帰国後の活躍に大きく影響した。その最初の例が、在パリ日本公使館に赴任するため、十一月末にイギリス船で到着した原敬《はらたかし》である。訛《なま》りから同郷とわかった原を、長沼は総督宮とサン・マルコ聖堂に一日かけて案内した。

原はこの後、長沼にさまざまな便宜を図る。まず帰国のために、当時ル・アーヴルで建造中だった軍艦畝傍《うねび》が完成の折に、便乗する許可を与えた。これを機会に、長沼はミュンヘンとシュトラスブルク、パリに居住する知己を頼って、「卒業旅行」をする。

一八八六年七月中旬にミュンヘンで長沼に会った森鷗外《もりおうがい》は、緒方惟直の弟である収二郎と東京大学医学部での同級生であったため、到着した長沼に惟直のことを尋ねた。長沼は、自分こそがベルシェの依頼で彼の墓を作ったのであるが、それよりも問題なのは、後に残された妻と娘だと告げる。寝耳に水であった鷗外は、それを早速、大阪の緒方家に伝えたのであろう、これがきっかけとなって、惟直の娘エウジェニア豊は、収二郎たちに連れられて、一八九二年に日本の土を踏むことになる。

次兄からの連絡で帰国を一年延ばした長沼は、一八八七年にヴェネツィアで開催された内国美術博覧会に、《リド島にて》と題する石膏模型を出品した。同年夏にすでに帰国の途に就いた長沼に代わって、ベルシェはこの作品の好評を日本に伝え、それが長沼の故郷、岩手の新聞に掲載された。元のフランス語から音訳された《オリド》という題が、その後、混乱をもたらすが、『ヴェネツィア新聞』などの資料から、それが《Al Lido（リド島にて）》であることが判明した。このイタリア語の原題をベルシェが、フランス語で《Au Lido》と訳して日本に伝えたわけである。本作は、海水浴という当時流行し始めた最先端のテーマを、ダル・ツォットから学んだ最先端のヴェリズモ的アカデミスムで表現した優れた作品である。

長沼は帰国早々、日本美術協会に入会した。ヴェネツィアで培った人脈が長沼を助け、彼は博物館や東京美術学校に勤務し、明治の元勲や貴顕の肖像や銅像を多く手がけていく。高村光太郎《たかむらこうたろう》が述べる通り、日本の西洋彫刻を導く存在となっていく。しかし、オーギュスト・ロダンの影響を受けた荻原守衛《おぎわらもりえ》などの若い世代が登場すると、自分の役割は終わったと考えて、潔く隠居するのである。

この章の後には、長沼と親交のあった松岡壽と、帰国後に長沼の好敵手となる彫刻家大熊氏廣《おおくまうじひろ》のローてイタリアに留学した日本人を取り扱った。

以上のように、本書では中心的な四人の留学生を核に据えて、一八七〇年代から一八八〇年代にかけマ滞在について、それぞれ新しい資料を提示しつつまとめた。

当然のことながら、本書では現時点における最新の研究成果を盛り込むことに努めた。しかし、それが思うように達成できなかった点も多々ある。井尻儀三郎については、帰国後の彼の人生に関する情報が錯綜し、決定的な結論が出せずに終わった。しかし、その情報そのものがきわめて少ないことから、彼が若くして亡くなったことは、ほとんど間違いがないであろう。国際学院校長室に飾られたという肖像画をはじめとする、彼の遺品についても、トリノでいっそうの調査を行ないたい。緒方惟直の生涯は、先人たちの研究によって、かなりの部分が明らかになってきた。今後は、妻マリアの遺品や彼女の墓について、調査を進めたい。川村清雄は近年、特に研究の進んでいる明治の画家であろう。筆者が今後の調査対象としたいのは、やはり留学時代である。アメリカやパリへの留学時代を対象に含めるとともに、川村とつながりのあったダ・モリンやティート、ウッズらの遺品の調査を進めたいと考える。長沼守敬が生涯に制作した作品のうち、現存するものの数はきわめて少ない。また、ご遺族の許に残された書簡や葉書も、徹底的な解読を待っている。これらを進めて、失われた作品も含めての長沼芸術の全容を解明することを目標としたい。

注

第一章　井尻儀三郎

（1）邦文史料では「チュラン府万国学校」（二木伸一郎「石川県洋画史Ⅱ」『石川県立美術館紀要』五、一九八八年、一九頁）や「トリノ府皇国ヲンテルナショナル学校」（外務省外交史料館六-二-三、一-二『外国褒章及紀章本邦人へ贈与雑件（伊国之部）』「伊国ヨリ井尻儀三郎エ賞牌寄贈ノ件」）と翻訳されているが、ここでは「国際学院」とする。

（2）別府貫一郎「ヴェネツィアの緒方惟直とその周辺」『SPAZIO』八、一九七四年、二七頁。

（3）*Gazzetta di Venezia*（以下『ヴェネツィア新聞』）一八七八年四月六日、街のお知らせ欄（拙訳）。

（4）石井元章「明治初期トリノの日本人留学生」『イタリア学会誌』五三、二〇〇三年、二九～五四頁。*Una scuola, una città, appunti dall'Archivio Storico dell'I.T.C. "Q. Sella" di Torino*, a cura di Francesco De Caria, Istituto Tecnico Commerciale Statale "Quintino Sella," Torino 1994; Hiramoto Hiroshi, Diario italiano, a cura di Lia Beretta, Centro Interuniversitario di Ricerche sul "Viaggio in Italia", Moncalieri 2006. 後者は、前者の情報と、二〇〇三年に筆者が刊行した論考を参考に書かれた。編者のリーア・ベレッタ氏は、二〇一六年に筆者が初めて見る機会を得たクインティーノ・セッラ高校の史料をこの時点で見ていた。本書の原稿がほとんどできあがっていた二〇一六年八月二十六日に初めて、筆者はこの二点の文献の所在を知ったので、今回は二文献への言及を、重要な数ヵ所の加筆に止める。

（5）クインティーノ・セッラ高校は、国際学院、正確にはその内部に置かれた商業学校を母体として生まれたため国際学院の史料の多くが引き継がれた。しかし、一九二四年から国際学院閉鎖の一九五四年までの史料はトリノ市古文書館に収蔵される。当該高校に史料が収蔵されるという情報をお教えくださった国立国家統一運動博物館（Museo del Risorgimento）学芸員のエディ・ペリーノ（Edi Perino）、および調査に関してさまざまな便宜を図ってくださったクインティーノ・セッラ高校前校長マリア・ステッラ・ジュッフリーダ（Maria Stella Giuffrida）、同校教諭シルヴィア・リストーリ（Silvia Ristori）、そして特に史料解読に多大な協力を戴いた古文書館司書ダニエラ・マレンディーノ（Daniela Marendino）の各氏に心より感謝したい。

（6）井尻正二『石狩湾―大正デモクラシーを生きた母と子の物語―』築地書館、一九八八年、四・二四・三四～三七頁。

（7）国際学院とそれに付属する学校は一九二二年の閉校と同時に解散手続に入り、一九二六年までにすべての動産が売りに出された。建物も一九三六年までに取り壊され、その後ファシスト様式の現在の建物が建てられた。これが第二次世界大戦中の爆撃も潜り抜けて現在に至る。

（8）A. De Grossi, *Il R.[egio] Istituto Internazionale Italiano in Torino e la R.[eale] Scuola Commerciale - Discorso letto dal Direttore il giorno della distribuzione dei Premi per l'anno scolastico 1885-86*, Torino 1887, p. 14.

（9）*Programma dello Istituto Internazionale Italiano in Torino*, Stamperia Reale, Firenze 1867, p. 3 & 12.

（10）*Statuto dello Istituto Internazionale Italiano in Torino*, Stamperia Reale, Firenze 1867.

（11）Hiramoto, *Diario italiano*, op. cit., p. 27.

（12）*Verbali degli esami dati alla fine dell'Anno Accademico*.

（13）De Grossi *Il R.[egio] Istituto Internazionale*..., 1887, op.cit., p. 14.

（14）*Una scuola, una città*, op. cit. pp. 6-7; Hiramoto, *Diario italiano*, op. cit., pp. 26-27.

（15）*Una scuola, una città*, op. cit., pp. 7-10.

（16）外務省外交史料館六―一―七・四『海外留学生例規参考書』「伊太利国へ留学生派遣ノ儀」。

（17）*Alunni interni*, Vol. 1, p. 40.

（18）*Consiglio di tutela e di vigilanza, Verbale della Seduta del 20 maggio 1873*.

（19）石井元章『ヴェネツィアと日本―美術をめぐる交流―』ブリュッケ、一九九九年、二九～三〇頁。Motoaki Ishii, *Venezia e il Giappone - studi sugli scambi culturali nella seconda metà dell'Ottocento*, Istituto Nazionale d'Archeologia e Storia dell'Arte, Roma 2004, pp. 22-23.

（20）『ヴェネツィア新聞』一八七三年四月十五日。

（21）久米邦武『特命全権大使　米欧回覧実記』田中彰校注、岩波文庫、第四巻、岩波書店、一九八〇年、たとえば二七二頁。

（22）*Verbali degli esami 1874-1875.* 同じフェルレーリ教授は一八七五年十二月十八日の理事会議事録によると、理事長は同教授が日本語教育において見せる「賢明さ、情熱、粘り強さ」を高く称賛したという。また、ベレッタ氏はHiramoto, *Diario italiano*, op. cit., p. 33で、すでに一八七五年にはトリノで日本語が教えられていた事実を指摘する。
（23）不詳。ただし、横浜から出航した井尻が船上から見た伊豆大島の三原山の噴煙を指す可能性はある。
（24）*Gazzetta Piemontese*（以下『ピエモンテ新聞』）一八七三年九月二十八日。この新聞は一八九五年以降 *La Stampa* と改名して、現在に至る。
（25）手塚晃編『幕末明治海外渡航者総覧』柏書房、一九九二年、第二巻、三五五頁によれば、円中は一八七三年二月十八日にウィーン万国博覧会公費視察団の一員として日本を出航し、一八七四年に帰国している。名前を「ふみすけ」とする文献もあるが、本人が申告したであろう国際学院の学籍簿は「Bunsky ぶんすき」という読み方になっているので、本書では「ぶんすけ」と読んだ。イタリアでは、筆者の名前「元章」も放っておくと時にMotoakiでなくMotohakyと綴られることがある。
『内部生徒』では「一八六〇年生まれ」ということになっているが、一八五三年生まれとする辞典もある。年齢については齟齬が多いので、井尻も少々年長であった可能性が残されている。
（26）『墺国博覧会賛同紀要』精華堂、一八九七年、付録八頁。
（27）国立教育研究所編『日本近代教育百年史九　産業教育（一）』一九七三年、一五五頁。
（28）藤本實也『開港と生絲貿易』刀江書院、一九三九年復刻版　名著出版、一九八七年、下巻、二四八頁。
（29）『ピエモンテ新聞』一八七三年十月六日。『東京愛知新聞』は存在しないので、『東愛知新聞』か『愛知新聞』東京版の誤りと思われる。
（30）*Alunni interni*, op. cit., p. 43.
（31）*Verbale della seduta del 28 febbraio 1874*, n.52.
（32）外務省外交史料館6-2-3.1-2『外国褒章及記章本邦人へ贈与雑件（伊国之部）』前掲。
（33）藤本『開港と生糸貿易』前掲書、二四八頁。
（34）本康宏史「「美術工業」と輸出商―殖産興業の地域的展開―」『石川県立歴史博物館紀要』三、一九九〇年、三六～

六七頁。
(35) 長淳をながのぶとする文献もあるが、ここでは、三六自身が申請したであろう『内部生徒』の Naga Athu という読みを尊重する。
(36) *Verbale della Seduta del 28 febbraio 1874*, n. 52.
(37) 『ピエモンテ新聞』一八七五年二月十九日。
(38) *Verbale della Seduta del 15 aprile 1875*, n. 64.
(39) 外務省外交史料館六-二-二、一-二『外国褒章及紀章本邦人へ贈与雑件（伊国之部）』「伊国ヨリ井尻儀三郎エ賞牌寄贈ノ件」前掲。
(40) *Verbale della Seduta del 18 dicembre 1875*, n. 67.
(41) 『ピエモンテ新聞』一八七六年六月十九日「国際学院」。
(42) *Programma dello Istituto Internazionale*, op. cit., p. 20. 一八六九年のプログラムではこの条文は第二一条となっている。
(43) *Alunni interni*, op. cit., p. 40 の井尻の頁、最後の「注記」。
(44) 馬見州一『鹿児島と北海道』かごしま文庫三九、春苑堂書店、一九九七年、一四四頁。
(45) 成田潔英『洋紙業を築いた人々』製紙記念館、一九五二年、一二七～一三二頁。成田潔英『王子製紙社史　附録篇』王子製紙社史編纂所、一九五九年、一四～二〇頁。
(46) リア・ベレッタ「芸術家エドアルド・キョッソーネ」『キョッソーネ研究』中央公論美術出版社、一九九八年、九頁。
(47) 成田『洋紙業を築いた人々』前掲書、一二八頁。一九一一年（明治四十四）の『地籍台帳・地籍地図』（柏書房、二〇〇六年、五七・五八・六四頁）によると、北堀江三番町の道を挟んだ両側の地番一四ノ一と三二ノ一に「林尚五郎」なる人物の土地を二筆見出すことができる。また同じ林尚五郎氏は同一九一一年八月の『大阪電話番号簿』四五頁に「西三九二」番として名前が挙がっているが、その住所は「北、中ノ島六ノ七六番地」で「煉瓦及鉱業及雑貨商」を営んでいたという。この尚五郎という名は、徳左衛門の長男麒一郎、おそらく三男であった儀三郎の名と類似性を見せる。徳左衛門には四人の息子がいたというから、尚五郎が彼の五男であるとは断言できないが、何らかの繋がりを類推させる。

(48) 馬見『鹿児島と北海道』前掲書、一四五頁によれば、半左衛門は一八七四年に石狩川河口に定住し、一八七七年に開催された第一回内国勧業博覧会に自ら考案した「鮭寒塩引」と「鮭塩引」、すなわち荒巻鮭を出品して「褒状」を受けている。長谷川嗣編『石狩町史資料　第二号　九町三村時代の石狩』北海道石狩町役場、一九六九年、一〇頁。

(49) サンティーニについては、吉浦盛純『日伊文化史考』イタリア書房出版部、一九六八年、一九九〜二一〇頁に記述があるが、そこに井尻への言及はない。二〇〇頁の横浜入港日（一八八一年十二月二日）は、*The Japan Weekly Mail* の「寄港中の軍艦（Vessels of War in Port）」に、同年十二月三日からガリバルディ号の記載が確認できる。同船は翌年一月二十二日を最後に二月四日には見出せないから、吉浦がサンティーニの翻訳で「二ヶ月」（二〇九頁）とする記述と合致する。

(50) Felice Santini, *Intorno al mondo a bordo della Regia Corvetta 'Garibaldi'* (*Anni 1879-80-81-82*) *Memorie di viaggio di F. Santini, medico di marina*, Stab. Topo-Litografico, Venezia 1884, p. 344; Hiramoto, *Diario italiano*, op. cit., pp. 36-37.

(51) 二木伸一郎「石川県洋画史Ⅱ」『石川県立美術館紀要』五、一九八八年、一九頁。

(52) 「参考品目録」『明治美術会第三回報告』明治二十三年二月十九日、五二頁。

(53) 二木「石川県洋画史Ⅱ」前掲論文、一九頁。

(54) 同所、および「石川洋画のあけぼのⅡ　幕末明治編」石川県立美術館第六展示室（油絵）特別陳列目録、一九八八年。

(55) Hiramoto, *Diario italiano*, op. cit., p. 39.

(56) 二木「石川県洋画史Ⅱ」前掲論文、二〇頁。金井弘夫「植物学教室が小石川植物園にあった」大場秀章編『日本植物研究の歴史—小石川植物園三百年の歩み—』東京大学総合研究博物館、一九九六年。小倉謙『東京帝国大学理学部植物学教室沿革』東京帝国大学、一九四〇年、九五〜一〇〇頁。

(57) 『明治美術会第一回報告』明治二十二年十一月二十七日、三頁。石井柏亭『日本絵画三代志』創元社、一九四二年、四三頁。『河北倫明美術論集　第二巻　近代日本美術の潮流』講談社、一九七八年、二〇九頁。

（58）　二木「石川県洋画史Ⅱ」前掲論文、二〇～二一頁。

（59）　藤本『開港と生絲貿易』前掲。

（60）　『島村蚕種業者の洋行日記』境町史資料集第四集、一九八八年。丑木幸男『蚕の村の洋行日記―上州蚕種業者・明治初年の欧羅巴体験―』平凡社、一九九五年。

（61）　Claudio Zanier, *Accumulazione e sviluppo economico in Giappone dalla fine del XVI alla fine del XIX secolo*, Torino 1975; idem, "Japan and the 'pebrine' crisis of European sericulture during the 1860s", *Bonner Zeitschrift für Japanologie*, 8, Bonn 1986, pp. 51-63; idem, "La sericoltura europea di fronte alla sfida asiatica: la ricerca di tecniche e pratiche estremo-orientali (1825–1850)", *Società e Storia*, 39, 1988, pp. 23–52; idem, "Japan as a Newcomer in the World Silk Market: The European Assessment (1848–1898)", *Rivista internazionale di scienze economiche e commerciali*, 36 (1989), pp. 135–141; idem, "L'immagine della Cina e del Giappone in Italia attraverso l'introduzione di pratiche sericole estremo-orientali in Europa (1825–1870)", *La conoscenza dell'Asia e dell'Africa in Italia nei secoli XVIII e XIX*, Napoli 1989, pp. 521-554; idem, *Alla ricerca del seme perduto – Sulla via della seta tra scienza e speculazione (1858-1862)*, Milano 1993; idem, *Where the roads met: East and West in the silk production process (17th to 19th century)*, Kyoto, Istituto italiano di Cultura, Scuola di studi sull'Asia Orientale, 1994 (Recensione: Dieter Kuhn, *T'oung pao*, 83 (1997), fasc.1-3, pp. 174–190); クラウディオ・ザニエル「絹貿易と初期の日伊交流」『日伊文化研究』三六、一九九八年、五一～六九頁、再録横山伊徳編『幕末維新と外交』吉川弘文館、二〇〇一年、二八六～三一五頁; Claudio Zanier, "Appendice 1 Strumenti di lavoro: una bibliografia delle opere recenti sulla sericoltura e l'industria serica", *La seta in Italia dal Medioevo al Seicento*, Venezia, Fondazione Giorgio Cini, Marsilio 2000; idem, "The Transformation of Japan's Economic Structure between Bakumatsu and Meiji (1863–1880). The Role Played by Economic Relations between Italy and Japan as Documented by New Historical Sources", *Reflections on Asia – Essays in honour of Enrica Collotti Pischel*, Milano 2003, pp. 201–213.

（62）　展覧会カタログ『日本絹の里　第七回企画展　明治初期の日伊蚕糸交流とイタリアの絹衣裳展』日本絹の里、二〇〇一年。

(63) 丑木『蚕の村の洋行日記』前掲書、六四頁。

(64) 藤本『開港と生糸貿易』前掲書、中巻、四八五頁。

(65) 同書、中巻、五〇六頁。藤本は息子を派遣することが第一の目的でそれに大橋を随行させたと記すが、秋田県総務部秘書広報課編『秋田の先覚1　近代秋田をつちかった人びと』一九六八年、二二七頁は子息の名を「恒蔵」とし、「永之助自身上京して、当代第一の先覚者福沢諭吉先生に相談を持ちかけ、外国語にたん能な大橋淡を推薦された。大橋の海外行きに、当時二十一歳の長子恒蔵をも同行させ、イタリーで語学の勉強をさせた」とする。

(66) *Alunni interni*, p. 122.

(67) A. De Grossi, *Il R. Istituto Internazionale*..., 1887, p. 57.

(68) 後藤ふゆ『筐底拾遺―平元謹斎と後藤毅・秋田県士族四代の記録―』無明舎、一九九八年、二一七頁。

(69) *Alunni interni*, p. 123.

(70) Ibidem, Annotazione.

(71) 後藤『筐底拾遺』前掲書、二〇六頁。

(72) De Grossi, *Il R. Istituto Internazionale*..., 1887, p. 58.

(73) 後藤『筐底拾遺』前掲書、二一七頁。Hiramoto, *Diario italiano*, op. cit., pp. 47-54 は平元について詳しく述べ、その後で彼の日記の抄訳を掲載する。

(74) A. De Grossi, *Ragioni e proposte per unire la gran scuola di commercio progettata dal comm. A. Malvano all'Istituto Internazinale Italiano*, Torino 1882, p. 12.

(75) 平元の手帳に佐々木の住所が書かれていることを橋本淑子氏に御教授戴いた。

(76) 田島信「欧米旅行日誌」『島村養蚕業者の洋行日記』境町、一九八八年、三五頁。

(77) 『明治初期の日伊蚕糸交流とイタリアの絹衣裳展』前掲書。藤本『開港と生糸貿易』前掲書、中巻、四九一～五〇四頁。

(78) 「第四章　西那須野町のキリスト教会」西那須野町史双書八『西那須野町の宗教史』一九九一年、一四五～一六二頁。西沢道夫「西那須野美以教会の形成と展開」『那須野ヶ原開拓史研究』創刊号、一九七五年、三～一一頁。那須田嶋きょうだい会編『那須の田嶋の父祖たち　その思い出』一九八七年。

第二章　緒方惟直

(1) この節は次の先行研究をまとめたものである。緒方富雄「緒方洪庵の子、緒方惟直のこと（未定稿）」『蘭学資料研究会研究報告』二七四、一九七三年、三五三～三七二頁、同「ベネチアの緒方惟直　墓　横顔浮彫部の複製」『蘭学資料研究会研究報告』二七九、一九七四年、三三五～三八頁、同「緒方惟直のこと—別府氏の文にそえて—」『SPAZIO』八、一九七四年、三三～三五頁、同「緒方惟直履歴補遺」『蘭学資料研究会研究報告』三〇八、一九七六年、一五三～一六一頁。

(2) 西堀昭「幕末・明治期のフランス語教育—日本の近代化とフランス語—」『日仏文化』七八、二〇一〇年、七～九頁。

(3) 石井「明治初期トリノの日本人留学生」前掲論文、三八～三九頁。

(5) 緒方「緒方洪庵の子、緒方惟直のこと（未定稿）」前掲論文、三六六頁は、一八七五年であることは間違いないと述べているが、今回の調査でそれが裏付けられた。

(6) 『ピエモンテ新聞』一八七五年二月十九日。同年四月十八日の同紙は、中島がローマの日本公使館付秘書であるが、赴任先はミラノで、［総］領事となると伝える。

(7) *Consiglio di tutela e di vigilanza, Verbale della seduta del 28 febbraio 1874*, n. 52, *Verbale della seduta del 26 ottobre 1874*, n. 62.

(8) *Consiglio di tutela e di vigilanza, Verbale della Seduta del 15 Aprile 1875.* また一八七四年十月二十六日の理事会議事録は、フェ・ドスティアーニと佐野の合意に基づいて、やはり名を挙げずにふたりの日本人（おそらく佐々木と緒方）の到着が待たれていること、フェ・ドスティアーニは日本に戻るので、事務手続きに少々時間がかかることを伝えている。

(9) この点では、ヴェネツィア美術学校に到着した学年度末「建築」の試験で「次席二位」を受賞した川村清雄と良く似ている。本書次章、および石井元章「「明治美術協会のやうなもの」川村清雄関係新資料紹介」『近代画説』二三、二〇一四年、八〜二八頁を参照。

(10) 『ピエモンテ新聞』一八七六年六月十九日「国際学院」。

(11) *Alunni Interni*, op. cit., p. 59.

(12) 『ヴェネツィア新聞』一八七六年六月二十日、街のお知らせ欄。

(13) 石井『ヴェネツィアと日本』前掲書、二一頁、Ishii, *Venezia e il Giappone*, op. cit., pp. 143-147.

(14) 石井「「明治美術協会のやうなもの」川村清雄関係新資料紹介」前掲論文。川村の到着は『ヴェネツィア新聞』で伝えられていない。このことからも、吉田との関係に拠る惟直の特殊性が明らかとなる。

(15) 手塚晃、国立教育会館編『幕末明治海外渡航者総覧』第二巻、柏書房、一九九二年、四八六頁。吉田要作に関しては他に明治期外交資料研究会編『明治期外務省調書集成 外務省制度・組織・人事関係調書集』第一巻『外交官及領事官年鑑 明治四〇年版』クレス出版、一九九五年、二五および八一〜八二頁を参照。

(16) この時期のヴェネツィア高等商業学校の史料は散逸してほとんど現存しない。このことはすでに別府氏が「この記録保存所は、一九六六年の大洪水で被害をうけて、多くの貴重なものを失っている」(二八頁)と述べているが、今回の調査では新しい史料が数点見つかった。ヴェネツィアの緒方に関する基本文献は別府貫一郎「ヴェネツィアの緒方惟直とその周辺」『SPAZIO』八、一九七四年、二六〜三二頁と、基本的にそれに基づくイタリア語論文 Aldo Temperini, *OGATA KORENAO - studente e insegnante a Ca、Foscari (1875-1878)*, 佐賀県カトリック教会 1989 を参照。

(17) *La R. Scuola Superiore di Commercio in Venezia, Notizie raccolte dal Consiglio direttivo della Scuola e presentate alla Esposizione di Milano aperta il 1 Maggio 1881*, Firenze 1881, p. 67 付録 "Estratto della relazione presentata dalla Commissione di studio nominato dal Presidente del Consiglio Provinciale giusta la deliberazione del 12 luglio 1867" firmato novembre 1867. 同校全体の略歴に関しては Marino Berengo, *La fondazione della Scuola Superiore di Commercio*, Venezia 1989 を参照。

(18) *La R. Scuola Superiore di Commercio in Venezia. Notizie e dati raccolto dalla Commissione Organizzatrice per la*

Esposizione Internazionale Marittima in Napoli aperta il 17 aprile 1871, Tipografia del Commercio di Marco Visentini, Venezia 1871, p. 96. 本史料は日本とイタリアでともに未刊であった。

(19) 石井『ヴェネツィアと日本』前掲書、四一～四六頁。Ishii, *Venezia e il Giappone*, op. cit., pp. 23-25. また、二〇〇八年にヴェネツィア商業高等学校開校一四〇周年を記念してヴェネツィア大学で開かれた国際学会の学会報告 Rosa Caroli (a cura di), *1868 Italia e Giappone: Intrecci culturali, Atti del Convegno Internazionale, Auditorium Santa Margherita 22 maggio 2008*, Cafoscarina, Venezia 2008 も参照のこと。

(20) 『ヴェネツィア新聞』一八七三年十月三十日、街のお知らせ欄。

(21) *Fondazione della cattedra di lingua giapponese*, data Venezia, 30 ottobre 1873, autore: Edoardo Deodati, Presidente del Consiglio Direttivo della R. Scuola superiore di commercio in Venezia, destinatario: Ministro d'Agricoltura Industria e Commercio, Roma in Archivio Centrale dello Stato, Ministro Agricoltura, Industria e Commercio, Divisione Industria e Commercio, 1. Versamento, Busta 417B.

(22) 同書。

(23) 『ヴェネツィア新聞』一八七三年十月三十日、街のお知らせ欄。

(24) 『ヴェネツィア新聞』同年十一月三十日、街のお知らせ欄。

(25) マルコ・ポーロの『東方見聞録』が日本に関するヨーロッパ言語における日本への最初の言及であることは、周知の事実である。マルコは、後に中国語も習得するが、彼の元《げん》滞在初期に中国人（または、マレー人）の通訳から伝え聞いた国が「日本国」である。この「日本国」は、現代中国語では ribĕnguŏ と発音するが、それに近い当時の音を、マルコの耳は Cipangu, または Zipangu と捉えた。この「ジパング」こそが、後のヨーロッパ諸語での日本の名称 Japan（英独）、Japon（仏西）、Giappone（伊）などの基となるのである。

(26) 『ヴェネツィア新聞』一八七三年十二月十日、街のお知らせ欄。

(27) 『ヴェネツィア新聞』一八七四年一月十四日、街のお知らせ欄。

(28) 『ヴェネツィア新聞』一八七四年四月十八日、街のお知らせ欄。

(29) 『ヴェネツィア新聞』一八七四年七月十二日、街のお知らせ欄。

（30）Léon de Rosny, *Éléments de la Grammaire japonaise (Langue Vulgaire)*, Maisonneuve, Paris 1873; Tatui Baba, *An Elementary Grammar of the Japanese Language*, Trübner and Co., London 1873.

（31）長沼守敬は高村光太郎編「現代美術の揺籃時代」『中央公論』一九三六年七月、二一四～二四四頁、再録『長沼守敬とその時代展』二〇〇六年、一四〇～一五一頁のなかで吉田は七〇〇〇リラをもらっていたと伝える。この点は教師の給与明細を示す史料が見つかるのを待たざるをえない。

（32）*Volumi di votazioni per il conferimento dell'Attestato che veniva conseguito nei primi anni di vita dell'Istituto*, Anno 1875-76, Anno 1876-77; *Rubrica, Licenziati dalla Scuola* には言及がない。

（33）Giulio Gattinoni, "Prefazione", *Grammatica Giapponese della Lingua Parlata, Corredata d'un dialogario, racconti-ni e di alcuni proverbi popolari giapponesi illustrati*, Libreria - Editrice Aldo Manuzio, Venezia 1890, p. v. 吉浦『日伊文化史考』前掲書、一三八～一三九頁にも翻訳があるが、ここでは拙訳を載せた。

（34）『ヴェネツィア新聞』一八七八年四月六日、街のお知らせ欄。

（35）AMV, *Indice alfabetico del Registro della Popolazione di Venezia (1877)*.

（36）西岡まさ子『緒方洪庵の息子たち』河出書房新社、一九九二年、二七四～二七八頁は、史実に基づく小説のなかで、惟直とマリアの邂逅を十月頃に設定して、生き生きと描いている。

（37）水都ヴェネツィアは、陸地に作られた他のイタリアの街と異なり、街全体がサン・マルコ（San Marco）、カステッロ（Castello）、カンナレージョ（Cannaregio）、サン・ポーロ（San Polo）、ドルソドゥーロ（Dorsoduro）、ジュデッカ（Giudecca）の六つの街区に分けられている。この街区をセスティエーレ（Sestiere）と呼び、それはsesto（六分の一の意）に由来するため、ここでは六分区と訳しておく。それぞれの六分区の建物に一番から順に番号を振っていく点で、ヴェネツィアの住所は独特である。なお、「水上の馬車」（アレッサンドロ・マルツォ・マーニョ『ゴンドラの文化史』和栗珠里訳、白水社、二〇一〇年、九頁）と呼ばれるゴンドラの舳先に置かれた美しいカーヴを描く金属製の飾りに、六つの切れ込みが入っているのは、この六分区を表す。

（38）Toshizô Daitô, "Korenao Ogata La tomba di un giapponese a Venezia", *Annuario / Istituto giapponese di cultura in Roma*, 13 (1976–77), p. 55, およびヴェネツィア市役所戸籍係（Comune di Venezia, Ufficio anagrafe）発行の「歴

史戸籍（Anagrafe storico）」。
(39) 別府「ヴェネツィアの緒方惟直とその周辺」前掲論文、二七頁。
(40) Chiesa di S. Maria dei Carmini, *Registro Battesimi dal 1871 al 1893*.
(41) 同書、一八七八年三月三十日二五番。
(42) Archivio della Curia Patriarcale di Venezia, *Matrim[oni]. 1861-1882*, p. 103. 別府「ヴェネツィアの緒方惟直とその周辺」前掲論文、二七頁。
(43) Daitô, "Korenao Ogata", cit., p. 53 は別府氏の言葉を引用する。
(44) Archivio della Curia Patriarcale di Venezia, *Atti di Morte 1861-1881*, p. 108.
(45)『ヴェネツィア新聞』一八七八年四月六日、街のお知らせ欄。
(46) 同紙同日。
(47) ナポレオンのイタリア侵略に伴う墓地の城壁外移設に関しては、竹山博英『イタリアの記念碑墓地—その歴史と芸術—』言叢社、二〇〇七年が詳しい。

第三章　川村清雄

(1) 荒井義雄「留学生川村清雄」『川村清雄研究』中央公論美術出版、一九九六年、七六頁。
(2) 木村駿吉『川村清雄　作品と其人物　稿本』私家版、一九二六年、一〇頁。
(3) 丹尾安典「川村清雄研究寄与」『川村清雄研究』前掲書、四一～四二頁は、これらの画家に就かせたのが祖父脩就であった可能性と川村が徳川家達の小姓として第十五代将軍徳川慶喜の描く油絵を見た事実に触れる。
(4) 荒井「留学生川村清雄」前掲論文、八〇～八一頁。
(5)「洋画上の閲歴」伊原青々園・後藤宙外編『唾玉集』春陽堂、一九〇六年、再録『川村清雄研究』前掲書、一四三頁。
(6) ランマンについては高階秀爾「川村清雄についての二、三の考察」『美術史論叢』一、一九八四年、九六～一一二頁、再録『川村清雄研究』前掲書、三～三八頁、丹尾「川村清雄研究寄与」前掲論文、四三頁、荒井「留学生川村清雄」

前掲論文、八三～八四頁を参照。

(7) 関如来「論落の二大天才　川村清雄と小倉惣次郎（四）」『読売新聞』一九一〇年十二月三日。丹尾「川村清雄研究寄与」前掲論文、六五頁、注二二。

(8) 木村『川村清雄』前掲書、一一～一二頁。

(9) 荒井「留学生川村清雄」前掲論文、八四頁。

(10) 同論文、八五頁。

(11) 高階秀爾「川村清雄とオラース・ド・カリアス」『三彩』一九八六年七月、一二八～一二九頁、Shuji Takashina, "L'arte moderna giapponese e la cultura italiana", *Venezia e l'Oriente*, a cura di L. Lanciotti, Firenze 1987, pp. 431-441、および高階「川村清雄についての二、三の考察」前掲論文。

(12) 木村『川村清雄』前掲書、一二頁。

(13) 関「論落の二大天才（四）」前掲記事、一九一〇年十二月三日。丹尾「川村清雄研究寄与」前掲論文、四三～四四頁。

(14) 関「論落の二大天才（五）」前掲記事、一九一〇年十二月四日。高階「川村清雄とオラース・ド・カリアス」前掲論文、一二九頁は、川村のヴェネツィア到着を一八七五年五月以降、さらにはもっと後であると指摘した。荒井「留学生川村清雄」前掲論文、八七頁は川村家が静岡県庁に提出したフランスからイタリアへの寄留替届が一八七六年二月の日付であることを指摘した。

(15) 一七九〇年の学則による。Elena Bassi, *La R. Accademia di Belle Arti di Venezia*, Felice Le Monnier, Firenze 1941, pp. 62, 173.

(16) 木村『川村清雄』前掲書、一二頁。

(17) 「閲歴」『川村清雄研究』前掲書、一四五頁。

(18) 荒井「留学生川村清雄」前掲論文、八八頁も「ベルシェの斡旋」が川村の入学を後押しした可能性を指摘する。Angelo De Gubernatis, *Piccolo dizionario dei contemporanei italiani*, Forzani, Roma 1895, pp. 87-88も参照。

(19) 石井『ヴェネツィアと日本』前掲書、三一～四〇頁。Guglielmo Berchet, "Le antiche Ambasciate giapponesi in

Italia – Saggio storico e documenti," *Archivio Veneto*, XIII (1877), pp. 245 - 285; XIV (1877), pp. 150–203: idem, *Le antiche Ambasciate giapponesi in Italia – Saggio storico e documenti*, Venezia 1877. タイトルの日本語訳は吉浦『日伊文化史考』前掲書に従った。

(20) 石井『ヴェネツィアと日本』前掲書、一八～二四頁。

(21) Statuto, Capo XV, art. 89, in Bassi, *La R. Accademia...*, op. cit., p. 207, pp. 54–55.

(22) Elisa Viola, *The Accademia di Belle Arti in Venezia – The masters, the collections, the premises*, Guide Marsilio, Venezia 2005, p. 59.

(23) *Atti della reale Accademia di Belle Arti in Venezia*（以下 *Atti*）*dell'anno 1876–77*, p. 62; *1877–78*, p. 84; *1878–79*, p. 118; *1879–80*, p. 70; *1880–81*, p. 54; Sandra Moschini Marconi, "Introduzione – Formazione e vicende delle gallerie dell'Accademia", *Gallerie dell'Accademia di Venezia – opere d'arte dei secoli XIV e XV*, Istituto poligrafico dello stato, Roma 1955, p. XXII. 後者の文献は、友人でヴェネツィア、アカデミア美術館前館長マッテオ・チェリアーナ（Matteo Ceriana）の指摘による。記して感謝します。

(24) Moschini Marconi, op. cit. および Elena Bassi, "BOTTI, Guglielmo" の項, *Dizionario biografico degli Italiani*（以下 *DBI*）, vol. 13, Istituto della Enciclopedia italiana, Roma 1971, pp. 446 - 447 によれば、最初ピサでガッツァリーニに、フィレンツェでボッツオーリに絵画を学んだボッティは、ステンドグラス作家として名声を獲得、修復の分野でも能力を発揮し、一八五六年以降ピサ、カンポサントのフレスコ画剝離修理を推進した。一八六七年パドヴァ市に召喚され、スクロヴェーニ礼拝堂のジョット作壁画やエレミターニ聖堂のマンテーニャ作壁画の修復に携わった。一四年に及ぶヴェネツィア滞在の後一八八七年に王立美術館監督局一級検閲官となりトリノに移住したが、没年と場所は不詳。

(25) 特に北澤憲昭『眼の神殿―「美術」受容史ノート―』[定本]、ブリュッケ、二〇一〇年、一六一～一六三頁を参照。

(26) 「閲歴」『川村清雄研究』前掲書、一四九頁。丹尾「川村清雄研究寄与」前掲論文、四〇頁、註一二は川村がこのベッリーニの絵を少なくとも一八九八年半ばまでは手許に置いていたことを指摘する。

(27) 「閲歴」『川村清雄研究』前掲書、一四五頁。

(28) ヴェネツィア美術学校古文書館（Fondo Storico dell'Accademia di Belle Arti di Venezia, 以下 FSAV）, *Matricola*

d'ammissione 1875 - 76; No. 222 del 14 Aprile 1876;『維新の洋画家　川村清雄』展覧会カタログ、二〇一二年、二二五頁。

（29）ティートの名前Ettoreは、古代ギリシア人の名前ヘクトールに由来するが、イタリア語ではEの上にアクセントを置いてエットレと読まれる。

（30）*Atti 1874 - 75*, pp. 116 - 119; *Atti 1875 - 76*, pp. 46 - 47.

（31）ヴェネト方言では標準イタリア語における語尾の母音が取れることが多く、ZeniはZenにBaldaniはBaldanとなる。その場合、アクセントは最後の母音に残るため、Baldanでは二つ目のaの上に、我々のDa Molinではiの上に落ちる。

（32）Concorsi 1875 - 76, Architettura, Classe Elementare, Venezia, il 22 luglio 1876 (FSAV, Busta Concorsi).

（33）*Atti 1875 - 76*, p. 45.

（34）*Statuto del Governo Austriaco*, Capo XII, artt. 68, 75 in Bassi, *La R. Accademia...*, op. cit., p. 205.

（35）FSAV, *Matricola d'ammissione*. No. 99 dell'8 Novembre 1876：ダニエレ・ラウロ「ヴェネツィア美術学校学籍簿―川村清雄のイタリア留学時代（一八七六～一八八一）の考察―」『維新の洋画家　川村清雄』前掲書、一八〇頁。荒井「留学生川村清雄」前掲論文、八九頁は登録した学科は明らかでないとしていた。この年に川村は二十五歳になるはずであるが、年齢の欄にはまず二十二と書かれ、それに二重線が引かれて十八歳に訂正されている。

（36）「閲歴」『川村清雄研究』前掲書、一四五～一四六頁。

（37）木村『川村清雄』前掲書、一六頁。「閲歴」『川村清雄研究』前掲書、一四五頁。

（38）「学制六、生徒三」『太政類典』第二編（明治四～十年）第二四八巻、二一頁。

（39）太政類典のもう一点未公開資料（「学制」第四編（明治十三年）第三一巻）は一八八〇年十二月十八日付の大蔵省伺いで、同年七月から翌八一年六月までの川村の学費（美術学校には在籍していたことになる）一〇〇〇円を紙幣でなく、価値の安定した貿易銀で支払うことを決定したものである。

（40）『外務省年鑑』外務省、一九二六年、二四九頁によれば、河瀬は一八七三年九月三十日在オーストリア兼任の弁理公使としてローマに赴き、同年十一月十九日から次代公使桜田視義が臨時代理行使として着任する一八七六年十二月十二日まで二等特命全権公使としてローマに滞在した。川村が「閲歴」『川村清雄研究』前掲書、一四六頁で「其の時分の伊太利公使が桜田さんで其の後が花房さんが公使に成ツて来まして」と述べているのはこの桜田視義である。しかし、「花房」は桜田の後任として着任した中村博愛、鍋島直大とは一致しない。

(41) 「川村清雄印刷局関係文書」三、『川村清雄研究』前掲書、二〇〇～二〇三頁。

(42) 『ヴェネツィア新聞』一八七六年十二月八日、街のお知らせ欄。石井『ヴェネツィアと日本』前掲書、七〇頁、Ishii, *Venezia e il Giappone* op. cit., pp. 167-8.

(43) 『川村清雄研究』前掲書、二〇九頁。

(44) 丹尾「川村清雄研究寄与」前掲論文、四四～四五頁。ラウロ「ヴェネツィア美術学校学籍簿」前掲論文、一八〇頁は、丹尾論文を引用せずに同じ家達書簡から川村のロンドン滞在を推測する。

(45) FSAV, Busta Concorsi, Concorsi 1876-77, Venezia il 19 luglio 1877, Ornato, Saggi ad olio e a tempera dal rilievo aggruppato con drapperie.

(46) *Atti 1876-77*, p. 80.

(47) 『維新の洋画家　川村清雄』前掲書、資料五四、および二二四頁。

(48) 木村『川村清雄』前掲書、一四頁。丹尾「川村清雄研究寄与」前掲論文、五二頁。落合則子「《画室》キャプション」『維新の洋画家　川村清雄』前掲書、参考資料四、五七頁。

(49) Davide Banzato, *Oreste Da Molin 1856-1921*, 展覧会カタログ, (Padova, 2 Aprile-9 July 2006), Banca di Credito Cooperativo, Piove di Sacco, 2006, p. 107.

(50) FSAV, Titolo V 1/3 certificati, *Protocollo degli esibiti*, No 335 Attestato di studio rilasciato all'alunno Kiyo Cawamura del Giappone datato il 5 agosto 1878.

(51) FSAV, *Matricola generale d'ammissione degli alunni iscritti nell'anno accademico 1877-78*. No. II - 74 del 10 Novembre 1877. 川村の名はそれまでのようにKiyoではなくKigoと、年齢も前学年度と整合性を持たせるかのように十九歳と間違えられている。

(52) FSAV, Busta Concorsi, Concorsi 1877-78, Venezia 21 Luglio 1878, Ornato, Saggi ad olio di ornato aggruppato e

semplice e con drapperi e fiori.

（53）『ヴェネツィア新聞』一八七八年八月七日。

（54）「閲歴」『川村清雄研究』前掲書、一四六頁。

（55）Guido Perocco, *Ettore Tito 1859-1941*, Cassa di Risparmio di Padova e Rovigo, Milano 1960, p. 7.

（56）Lina Obici Talamini, "Ricordi Favrettiani, Primi Passi sulla Via Maestra", *La lettura*, 41-12（1941）, pp. 1155-1160; R. Leone, "Favretto, Giacomo" *DBI*, vol. 45, pp. 486-491; *Thieme-Becker Allgemeines Lexikon der bildenden Künstler*, Saur, München 1996, vol. 11, pp. 312-313; Jane Turner ed., *The Dictionary of Art*, Macmillan, London 1996, vol. 10, p. 844.

（57）Paolo Serafini, "Giacomo Favretto: la vita e le opere", Paolo Serafini（a cura di）*Giacomo Favretto: Venezia, fascino e seduzione*, 展覧会カタログ（Roma, 23 Aprile - 11 July 2010, Venezia, 31 July - 21 November 2010）, Silvana Editoriale, Cinisello Balsamo 2010, p. 20, note 103.

（58）石井元章「川村清雄とヴェネツィアにおける日本語教育」『近代画説』四、一九九五年、七二〜七九頁、同「川村清雄とヴェネツィアにおける日本語教育　補遺」『近代画説』五、一九九七年、一二五〜一三一頁。

（59）筆者は、ヴェネツィア人の友人の誘いで、留学中に一度だけ歴史的レガッタの練習に四人でゴンドラを漕いで大運河を下った経験がある。座ってオールを引くボートと異なり、立ってオールを押すゴンドラはなかなか体が安定しないうえに、オールの向きを決めて水を摑むのに難儀した思い出がある。それとともに、大運河でゴンドラを漕ぐ唯一の日本人に注がれた好奇の眼差しを今でも覚えている。

（60）「閲歴」『川村清雄研究』前掲書、一四七頁。

（61）De Gubernatis, *Piccolo dizionario ...*, op. cit., p. 238; *Thieme-Becker Allgemeines Lexikon ...*, op. cit., vol. 6, pp. 564-565; M. Cionini Visani, "Ciardi, Guglielmo" *DBI*, vol. 25, pp. 206-207. また二〇〇七年刊行のカタログ *Guglielmo Ciardi*, catalogo generale dei dipinti, a cura di Nico Stringa, Antiga, Crocetta del Montello（Treviso）2007 を参照のこと。

（62）『ホイッスラー展』展覧会カタログ、二〇一四年、一〇六頁は「彼が選んだ主題の多くは、歴史的な建築物や観光名所ではなく、小さな運河の奥まったなにげない一角、そして、そこに生活する人々の日常と情景であった」と述べるが、これは同時代の画家たちが共通して持っていた感覚であったといえる。

(63) 木村『川村清雄』前掲書、一五頁。

(64) 丹尾「川村清雄研究寄与」前掲論文、四六〜四七頁。

(65) F. Stefani, *Esposizione d'Arte, Catalogo della IV Esposizione, Ettore Tito, con uno studio di Ugo Ojetti*, 1907 年以降; Ugo Ojetti, *Mostra individuale di Ettore Tito*, 1919; Francesco Sapori, *Ettore Tito, I Maestri dell'arte, Monografie d'Artisti italiani moderni, no. 7*, P. Calenza e C., Torino 1919, p. 1; *Thieme-Becker Allgemeines Lexikon …*, op.cit., vol. 33, pp. 223–224. *Ettore Tito 1859–1941*, a cura di Alessandro Bettagno, Electa, Milano 1998.

(66) Anna Mazzanti, "Il 'grande seduttore'. Percorso artistico di Ettore Tito", *Ettore Tito 1859–1914*, op. cit., pp. 27–44.

(67) Ugo Ojetti, "Ettore Tito", *Ritratti d'artisti italiani*, Milano 1910, p. 237.

(68) Ibidem.

(69) これらのデッサンの同定は今後の課題である。

(70) 木村『川村清雄』前掲書、一五頁。

(71) Ada Zuccolo, "Il Pittore Oreste Da Molin", *Padova*, III - 2 (1920), pp. 119–125; *Thieme-Becker Allgemeines Lexikon…*, op. cit., vol. 25, p. 34; Ettore Da Molin, *Oreste Da Molin: pittore 1856–1956*, Padova 1956; A. Uguccioni, "Da Molin, Oreste", *DBI* vol. 32, op. cit., pp. 361–363; *Oreste Da Molin 1856–1921*, op. cit.

(72) 「GARRIBALDI 肖像（裏面書簡）」江戸東京博物館資料番号 03650073、『維新の洋画家　川村清雄』前掲書、四三・二三四頁。ここでは拙訳を載せた。江戸東京博物館のカタログでは「マグレ・アクエ通り」と解読されているが、magre でなく mezze である。この頃は z が二つ並ぶときは、一つ目の z に g のような足をつけた。マグレ・アクエにしても、メッツェ・アクエにしても、そのような名前の calle（小径）はヴェネツィアには存在しない。Giuseppe Tassini, *Curiosità veneziane*, Filippi, 8 ed., Venezia 1970 と *Lo stradario di Venezia*, a cura di Piero Pazzi, 3 ed., Venezia 2001 に見出せないだけでなく、ヴェネツィア市立古文書館（Archivio Municipale di città di Venezia）で調査したが存在しなかった。

(73) 原語 parenti は現代イタリア語では「親戚」を意味するが、古語では「両親」の意も表した。ここでは事実関係が明確でないので、「親戚」の訳に止めた。

(74) Raffaella del Puglia, *Asta dipinti Oreste Da Molin, 6 maggio 1969 ore 21* Istituto vendite giudiziarie, Venezia, p. 3 および Christian Spina, "Oreste Da Molin e i bozzetti raffiguranti il Processo e il Martirio dei Gorcumiensi per la Basilica del Santo a Padova", *Il Santo*, 44 (2004), p. 244 によれば、二枚の絵《I pitori xe tuti mati（［ヴェネツィア方言で］画家はみんな気違いだ）》と《L'ultimo ricordo di famiglia（家族の最後の思い出）》がミラノ内国博覧会に出展され、それは Zuccolo, "Il pittore Oreste Da Molin", op. cit., p. 120 によると、「ともにヴェネツィア風のジャンル画で、前者にユーモアが目立つのに対して後者は哀愁が漂う」という。前者は内国博覧会企画委員会によって購入された。後者は別の一枚の作品とともにパリのサロンに出展され、画家ファン・ゴッホも属していた著名な美術商グーピル商会（Goupil et Cie.）によって購入された。

(75) Zuccolo, "Il pittore Oreste Da Molin", op. cit., p. 125 は、画家の優しく寛容な性格の一つの現われとして、一八八二年のこの洪水の際に当時住んでいたヴェネツィアを引き払い、ピオーヴェに赴いて被災者を助けたエピソードを挙げる。Spina, "Oreste Da Molin e ...", op. cit., p. 244 によれば、彼の寛容な援助に対してイタリア王国政府は Diploma di pubblica benemerenza（公的功績の証明書）を与えたという。

(76) 一八八一年十二月二十九日付川村宛長沼の書簡（『川村清雄研究』前掲書、二五四頁）はこの「ロレンソ」からも川村が借金をしていたことを伝える。

(77) このローマの展覧会に、ノーノは《頼みの綱（Refugium peccatorum）》を出品し、好評を博した。他方、ダ・モリンは《La bona fia（［ヴェネツィア方言で］善良な娘）》を出展した。

(78) 「川村宛オレステ・ダ・モリン書簡」江戸東京博物館資料番号 06004471 書庫文献表付属資料。石井元章「「明治美術会のやうなもの」川村清雄関係新資料紹介」『近代画説』二三、二〇一四年、八～二七頁。

(79) 『川村清雄研究』前掲書、図一～三。『維新の洋画家　川村清雄』前掲書、図六七・六八。

(80) *Oreste Da Molin, 1856-1921*, op. cit., p. 111.

(81)『維新の洋画家　川村清雄』前掲書、図八三、*Oreste Da Molin, 1856-1921*, op. cit., p. 130.
(82) *Oreste Da Molin, 1856-1921*, op. cit., 図版23.
(83) FSAV, Matricola, Regio Istituto di Belle Arti, No. 113 111 del 14 gennaio 1879. これに関してはラウロ「ヴェネツィア美術学校学籍簿」前掲論文、一八〇頁が初めて報じたが、第三学年ということは特定されていなかった。学籍簿は相変わらず年齢を間違えて二十歳としている。
(84) FSAV, *Esami*, 1879 (a.a. 1878-79), Protocollo verbale.
(85) Viola, *The Accademia...*, op. cit., pp. 56-59.
(86) Bassi, *La R. Accademia...*, op. cit., p. 55.
(87) Ibidem および *Atti 1878-79*, pp. 3-42.
(88) 長沼守敬「伊太利国威尼斯美術学校の概況」『龍池会報告』二九号、一八八七年十月二十日、三八〜四八頁、石井『ヴェネツィアと日本』前掲書、一四六頁。Ishii, *Venezia e il Giappone*, op. cit., p. 47; Idem, "Naganuma Moriyoshi - uno scultore giapponese all'Accademia di Belle Arti di Venezia nel XIX secolo", *Venezia Arti*, 13 (1999), pp. 119-126.
(89) Bassi, *La R. Accademia...*, op. cit., p. 57.
(90) Ibidem, p. 102.
(91) 江戸東京博物館資料番号13000362「川村清雄へのスロヴェニア人画家イヴァン・ポズニクよりの献辞」。
(92) トルコ語の数行はオスマン帝国時代のアラビア文字で書かれているため、同志社大学准教授堀井優氏を煩わせることとなった。記して感謝します。その翻訳は「[不明]の帝王の[不明]。絶対的賢者たる御方(神)は、世界の大いなる魂にして、諸国土・諸民族の形の存立と存続の拠り所たる帝王の存在の、強壮と健康の完全さ、および荘厳さと偉大さと名誉の横溢とともに、喜びの高貴なる飾りの玉座にあって統治するように。アーメン」。
(93) 東京工業大学准教授藤田康仁氏は当該部分がアルメニア語でなくキリル文字で書かれたスロヴェニア語であると指摘されたので、スロヴェニア大使館に英語への翻訳を依頼した。記して感謝します。
(94) ポズニクに関してスロヴェニアのリュブリャーナ大学に調査を依頼したが、不明とのことであった。

(95) FSAV, Protocollo degli esibiti, Spedizione, N. 223 "simile come sopra 1 dipinto".

(96) この史料の存在に関しては江戸東京博物館学芸員落合則子氏のご指摘を得た。記して感謝します。

(97) Gattinoni, *Grammatica giapponese*, op. cit., p. V.

(98) Kito [sic!] Kavamura, "XXV Lingua giapponese, Programmi particolareggiati dell'Insegnamento", *La R. Scuola Superiore di Commercio in Venezia, Notizie raccolte dal Consiglio direttivo della Scuola e presentate alla Esposizione Nazionale di Milano aperta il 1 Maggio 1881*, Firenze 1881, pp. 200-201.

(99) Gattinoni, *Grammatica giapponese*, op. cit., p. V.

(100) Kavamura "XXV Lingua giapponese", op. cit.; 石井『ヴェネツィアと日本』前掲書、四一～四六、六六～七一頁。

(101) *Dr. Franz Ahns praktischer Lehrgang zur schnellen und leichten Erlerung der französischen Sprach*, Köln 1896; *A.'s Practical and Easy Method of learning the French Language*, ed. by Dr. P. Henn, New York 1874 (12th ed.); Franz Ahn, *New Practical and Easy Method of learning the German Language*, London 1884; *A new Practical and Easy Method of learning the Italian Language*, London 1913 (18th ed.).

(102) Kavamura, "Programmi particolareggiati dell'Insegnamento", op. cit.

(103) 「閲歴」『川村清雄研究』前掲書、一四七頁。

(104) 丹尾「川村清雄研究寄与」前掲論文、四八～四九頁。

(105) 江戸東京博物館資料番号 06004471 に挟まれた手紙。

(106) 江戸東京博物館資料番号 06004471「書庫文献表」付属資料「ヴェネツィア美術サークル督促状」。

(107) Elena Bassi, *Palazzi di Venezia*, Stamperia di Venezia Editrice, Venezia 1976, pp. 360-366.

(108) Ibidem, pp. 131-133.

(109) 「美術区分の始末」『工芸叢談』一、一八八〇年、八～二七頁。石井『ヴェネツィアと日本』前掲書、一四二頁。Ishii, *Venezia e il Giappone*, op. cit., pp. 11-15.

(110) 『ヴェネツィア新聞』一八七八年三月四日。

(111) P. Faustini, *Per le nozze Zajotti - Antonini: Prima Esposizione delle opere d'arte moderna e d'arte applicata*

all'indusria al Circolo artistico veneziano, Palazzo Mocenigo a San Benedetto (*Estate 1879*) *e Seconda Esposizione, Palazzo Pisani a Santo Stefano (Estate 1880)*, Venezia 1880.

(112) 万国地理会議に関しては、石井元章「エドワード・モースと一八八一年ヴェネツィア万国地理会議」『学問のアルケオロジー　東京大学創立百二十周年記念東京大学展目録　過去・現在・未来』一九九七年、三三三～三四八頁、同「グリエルモ・ベルシェーと日本」前掲論文；idem, "Guglielmo Berchet e il Giappone", *Atti dell'Istituto Veneto di Scienze, Lettere ed Arti*, Tomo CLVI（1997-1998）、pp. 247-281; 同『ヴェネツィアと日本』前掲書、四六～六一頁、idem, *Venezia e il Giappone*..., op. cit., pp. 30-32; 153-154を参照。

(113) 『ヴェネツィア新聞』一八八〇年十一月二十九日。

(114) 『ヴェネツィア新聞』一八八一年一月十八日。

(115) 『ヴェネツィア新聞』一八八一年八月二十八日と九月十日。

(116) 『ヴェネツィア新聞』一八八一年九月七日。

(117) 『ヴェネツィア新聞』一八八一年九月二十九日。

(118) 長沼「現代美術の揺籃時代」前掲書、一四二～一四三頁。

(119) *The Art Journal*, 1886, pp. 97-102; 1908, pp. 42-43.

(120) James Greig, *The Art of Henry Woods*, R.A, The Art Annual 1915, Virtue & C., London 1915.

(121) Richard Dorment & Margaret MacDonald, *James McNeill Whistler*, 展覧会カタログ、Tate Gallery Publications, London 1995; Margaret MacDonald, *Palaces in the Night: Whistler in Venice*, Lund Humphries, Hampshire 2001.

(122) Greig, op. cit., p. 6.

(123) Greig, op. cit., p. 8.

(124) verismoヴェリズモはvero（本当、真実）を写そうと努めるイタリア独特の芸術運動で、フランスの写実主義（リアリスム）に通じる。

(125) MacDonald, *Palaces in the Night*, op. cit., p. 23.

(126) Greig, op. cit., p. 14.

(127) *Diary of Henry Woods*, National Art Library, London.
(128) 同書。
(129) 同書。
(130) 手塚編『幕末明治海外渡航者総覧』前掲書、第一巻、二九六頁。荒井「留学生川村清雄」前掲論文、九三頁。『川村清雄研究』前掲書、一九九頁の十二月八日付横浜着信電報は「本月五日ニ香港ヲ出帆セリ多分来ル十一日中ニハ着港スベシ」と述べる。
(131) 木村『川村清雄』前掲書、六～一〇頁。
(132) Letter of Henry Woods addressed to Luke Fildes of Sept. 28 1881 (MSL/1972/6920/36/1), National Art Library, London.
(133) Louis Gonse, *L'art japonais*, Quantin, Paris 1883, vol.I, p. IV.
(134) Gonse, *L'art japonais*, op. cit., p. 87; Vittorio Pica, "Attraverso gli albi e le cartelle", *Emporium*, III (1897), p. 215.
(135) 「閲歴」前掲書、一四七頁。
(136) 木村『川村清雄』前掲書、一八～一九頁。
(137) 江戸東京博物館資料番号01002036「マルチン・リッコ書簡（川村清雄宛）」。原文は『維新の洋画家　川村清雄』前掲書、二三三頁、ここでは拙訳を載せた。
(138) L. V. Fildes, *Luke Fildes, R. A. A Victorian Painter*, Michael Joseph, London 1968, p. 57.
(139) MacDonald, *Palaces in the Night*, op. cit., pp. 54-55.
(140) *Diary of Henry Woods*, op. cit.
(141) A. M. Comanducci, *Pittori italiani dell'Ottocento*, Milano 1935, p. 181; A. M. Comanducci, *Dizionario illustrato dei pittori e incisori moderni*, 3ª ed. a cura di Luigi Pelandi e Luigi Servolini, vol. 2, Leonilde M. Patuzzi editore, Milano 1962, p. 557; Thomas Wassibauer, *Eugen von Blaas 1843-1931, Das Werk/ Catalogue raisonné*, Georg Olms AG, Hildesheim 2005.
(142) Wikipedia, *Martín Rico*; J. L. Diaz, "Martín Rico y Ortega", *Fortuny e la pittura* preziosista *spagnola*, *Collezione*

Carmen Thyssen-Bornemisza, 展覧会カタログ、a cura di T. Llorence e F. Garin (Catania - Roma), Napoli 1998, pp. 195, 211.

(143)『川村清雄研究』前掲書、二一四～二二五頁。

(144) Takashina, "L'arte moderna giapponese", op. cit., pp. 437-438.

(145) *Fortuny e la pittura* preziosista *spagnola*, op. cit., p. 211.

(146) Ibidem, p. 203.

(147) フォルトゥーニに関しては、Vittorio Pica, "Le acqueforti e i disegni di Mariano Fortuny", *Emporium*, 44 (1916), pp. 83-105; C. Gonzáles López, "Fortuny y el Fortunyismo", *Fortuny y pintores españoles en Roma (1850-1900)*, Caja Duero, Salamanca 1996; *Fortuny e la pittura* preziosista *spagnola*, op. cit. を参照。なお、スペインでは父親と母親の苗字を「と（y）」で結ぶ。早逝したフォルトゥーニは、父の姓がフォルトゥーニ、母のそれがマルサルということになる。

(148)「閲歴」前掲書、一四七～一四九頁。

(149) 松岡壽「日記」『松岡壽研究』中央公論美術出版、二〇〇二年、二三一頁。

(150)『川村清雄研究』前掲書、二五三～二五四頁。

(151) イタリア語では「卒業する（laurearsi）」とは「月桂冠を被る」ことを意味する。関がこのことを知っていたのかどうか定かではないが、「卒業の月桂冠を戴く」という表現はまさにイタリアの習慣に基づくものである。

(152) 関「淪落の二大天才（五）」前掲記事、一九一〇年十二月四日。

(153)『維新の洋画家　川村清雄』前掲書、一二〇頁、図一六二。

第四章　長沼守敬

(1)「現代美術の揺籃時代」（以下「揺籃」）高村光太郎編『中央公論』五八四号、一九三六年、二一四～二四四頁、再録『長沼守敬　近代彫塑の原点』（以下『原点』）萬鉄五郎記念館、一九九二年、六一～七八頁、『長沼守敬とその時代』（以下『その時代』）萬鉄五郎記念館、一関市博物館、二〇〇六年、一四〇～一五一頁（一四〇頁、高村光太郎による序文)。

(2)『原点』前掲書、『その時代』前掲書、また田中修二「美術探訪　長沼守敬」『三彩』五四四号、一九九三年、六四～六五頁も参照。先行研究は、次に掲げる長沼自身による日本語史料を主な基礎としてきた。長沼守敬「伊太利國威尼斯美術学校の概況」(以下「概況」)『竜池会報告』二九号、一八八七年、三八～四八頁、再録『近代美術雑誌叢書五』ゆまに書房、一九九一年、一四八～一五八頁、『原点』前掲書、五二～五三頁、『その時代』前掲書、一三四～一三五頁。「第五席　長沼守敬君」『明治美術会報告』一二回、一八九一年、一五～一七頁、再録『近代美術雑誌叢書五』前掲書、一七～一九頁、『原点』前掲書、五四～五五頁、『その時代』前掲書、一三六頁。長沼守敬「三十年前のヴェニス留学」(以下「留学」)『美術新報』一一巻九号、一九一一年、再録『原点』前掲書、五八～六〇頁、『その時代』前掲書、一三九頁。「岡倉覚三氏の印象」『美術之日本』五巻一〇号、一九一三年、五～六頁、再録『岡倉天心全集』別巻、一九八一年、三二〇～三二一頁、『原点』前掲書、六〇～六一頁、『その時代』前掲書、一三九～一四〇頁。以下頁数は『その時代』のものだけを示す。また、東京文化財研究所は、「長沼守敬氏訪問記」隈元謙次郎筆(昭和十年三月)(以下「訪問記」)、「長沼守敬履歴書」(以下「履歴」)を収蔵する。

(3)長沼守敬「伊国の奇遇　若き原敬君!」『東京朝日新聞』岩手版、一九三六年八月十六日。千葉瑞夫「長沼守敬触れ合いの人々」『その時代』前掲書、一一八頁。

(4)千葉瑞夫編「長沼守敬年譜」『その時代』前掲書、一五八頁。

(5)長沼「若き原敬君!」前掲。

(6)「揺籃」一四一頁。

(7)隈元謙次郎『明治初期来朝　伊太利亜美術家の研究』三省堂、一九四〇年、一〇五頁、および、明治美術学会、(財)印刷局朝陽会編『お雇い外国人　キョッソーネ研究』中央公論美術出版、一九九九年、二八八頁。

(8)軍艦の名の由来となったヴェットル・ピサーニ(Vettor Pisani　一三二四～一三八〇)は、ジェノヴァ共和国との戦いで紆余曲折の後に大勝利を収めたヴェネツィア共和国艦隊司令長官である。この点については、永井三明『ヴェネツィアの歴史―共和国の残照―』刀水書房、二〇〇四年、一九頁を参照。

(9)「揺籃」一四一頁。

(10) *Viaggio della Corvetta "Vettor Pisani 1871-72-73 con molte interessanti notizie intorno agli indigeni della Papuasia e delle isole dei Mari di Banda e d'Arafura*, Roma 1874; Luigi Graffagni, *Tre anni a bordo alla "Vettor Pisani"*, Genova 1877; Milano 1928; Tommaso di Savoia, *Viaggio della r. corvetta Vettor Pisani (1879-81)*, Roma 1881 etc..

(11) 「揺籃」一四一頁。

(12) 同所。

(13) 「留学」一三九頁。

(14) 長沼はフェ・ドスティアーニの次の公使バルボラーニについても、ヴェネツィアで六年間世話になったはずの名誉領事グリエルモ・ベルシェについても、ほとんど何も語らない。この点から考えて長沼が折に触れて語ったフェ・ドスティアーニにどれほど敬慕の念を抱いていたかは察するに余りある。

(15) 近藤映子「北イタリア・ブレシャ市の日本絵画コレクション」『SPAZIO』三七、一九八八年、一七〜三二頁。

(16) 「揺籃」一四二頁。

(17) 「履歴」、「揺籃」一四二頁、および「訪問記」二頁。

(18) 「留学」では、「ヴェニスに着いたのは明治十四年三月であった」と述べているが、「揺籃」の一四二頁では、まずナポリに着いた後、「しばらくネープルスのホテルに滞在し、愈々羅馬に乗り込んだ」とある。

(19) 「留学」一三九頁。

(20) 『閑叟公御銅像建設記』一九一九年、鍋島報效会。『生誕二百年記念展　鍋島直正公』展覧会カタログ、鍋島報效会、二〇一四年。

(21) 松岡「日記」前掲、二三一頁。河上眞理「一八八〇年代イタリア王国における美術をめぐる状況と松岡壽」『松岡壽研究』前掲書、四四〇頁を参照。

(22) 「揺籃」一四二頁。

(23) 千葉「長沼守敬触れ合いの人々」前掲論文、一一九頁。

(24) 「揺籃」一四三頁。

(25) Decreto del Ministro di Agricoltura, industria e commercio. 一八八二年三月一日。

(26) 松岡「日記」前掲、二三六頁。千葉「長沼守敬触れ合いの人々」前掲論文、一一二頁。

(27) 第一章のコラムで触れた川村恒三、大橋淡と平元弘の秋田勢のことをおそらく指すが、大橋の代わりに、群馬の田嶋啓太郎が入っている可能性もある。

(28) 松岡壽「フォンタネージと伊太利亜との想ひ出」『日伊文化研究』六号、一九四二年、再録『松岡壽研究』前掲書、二八〜三五頁。また、千葉「長沼守敬触れ合いの人々」前掲論文、一一二頁、および河上「一八八〇年代イタリア王国における美術をめぐる状況と松岡壽」前掲論文、四四〇頁を参照。

(29) 「揺籃」一四三頁。

(30) FSAV, “Alunni” “Esami”.

(31) 「揺籃」一四三頁。

(32) ヴェネツィアの道には独特の名前が付いている。標準イタリア語で via に当たるのが、calle（カッレ）であり、これは通り抜けができる。これに対して ramo（ラーモ）というのは、通常通り抜けができない袋小路、つまり歩いていくと運河に落ちてしまう小路を指す。また、corte（コルテ）とは通り抜けのできない小さな中庭のような場所である。標準イタリア語で「広場」は piazza（ピアッツァ）であるが、ヴェネツィアでは通常 campo（カンポ）であり、「野原、畑」を語源とするカンポは、近所の女たちが井戸端で洗濯やおしゃべりを楽しみ、男たちがちびちびとワインを飲む場所でもあった。campo のフランス語形がシャンゼリゼなどの名前に含まれる champ で、同じラテン語に由来する畑や空間を表す言葉である。ヴェネツィアで唯一 piazza という名前を持つのは、「いとも晴朗なる共和国（La Repubblica Serenissima）」の政治的中心であったサン・マルコ広場（Piazza San Marco）である。日本語ではカンポもピアッツァも「広場」と訳されてしまうので、原語の意味の差異に留意したい。

(33) 「概況」一三四頁。

(34) 「概況」一三四〜一三五頁。

(35) *Raffaello (Classici dell'arte Rizzoli)*, Milano 1966, p. 122.

(36) 「概況」一三五頁。

(37) FSAV, “Esami II 1/4 1878–1882”, 1882.7.14 Corso Preparatorio.

（38） "Protocollo Verbale 1882. 7", FSAV, および *Atti 1882*, p. 62.

（39） 「留学」一三九頁。

（40） 周知のようにヨーロッパ諸語における月名は、ユリウス暦以降七月、八月にそれぞれユリウスとアウグストゥスの名前が入ることにより、九月以降が本来の数字と二つずつずれている。すなわち、七月（sept）が九月に、八月（oct）が十月にという具合である。十九世紀の古文書の記述を見ると、九月以降の四ヵ月を表すのに 7bre, 8bre, 9bre, 10bre と書かれているのを時折目にする。

（41） 田中「美術探訪　長沼守敬」前掲論文、六四頁。中村傳三郎「明治彫塑と長沼守敬」『学士会会報』六九七、一九六七年、一九頁。

（42） Mario de Micheli, *La scultura dell'Ottocento*, Torino 1992, pp. 195-201; Vincenzo Vicario, *Gli scultori italiani dal Neoclassicismo al Liberty*, Lodi 1994, p. 459.

（43） プリズモ（purismo）は puro（純粋）から派生した芸術運動を表す用語であるが、日本ではまだ定訳がないため、プリズモと音訳しておく。

（44） *Paolo Tosio, un collezionista bresciano dell'Ottocento*, 展覧会カタログ Brescia 1981, p. 83に図版あり。

（45） Alfonso Panzetta, *Dizionario degli scultori italiani dell'Ottocento e del primo Novecento*, Milano 1994, p.124.

（46） Dal Zotto ダル・ツォットはイタリア語の発音表記であるが、ヴェネツィア方言では Dal Soto ダル・ソートとなり、長沼の言う「ダルソット」に近くなる。促音を持たず（同子音の反復が起こらない）、子音が柔軟化するヴェネツィア方言は、イタリアの方言の中でも優雅なものの一つと考えられている。下から上がる（中国語の第二声のような）独特のイントネーションを持つヴェネツィア方言は、東北方言と同じような柔らかな美しさに溢れ、その点で岩手出身の長沼には親しみやすかったであろう。

（47） 「揺籃」一四三～一四四頁。

（48） 商業高等学校で日本語を教え、それが日本に残してきた家族を支える糧になっていたため。

（49） 「留学」。

（50） John Pope-Hennessy, *Italian Renaissance Sculpture, An Introduction to Italian Sculpture Volume II*, 4th Ed.

Phaidon, London1996, p. 311. なお、日本語の入門書として、石井元章『ルネサンスの彫刻―十五・十六世紀のイタリア―』ブリュッケ、二〇〇一年を参照されたい。
(51) 「揺籃」一四〇～一四一頁。
(52) この点に関しては、木下直之『銅像時代―もうひとつの日本彫刻史―』岩波書店、二〇一四年を参照。
(53) フィレンツェへの旅については「揺籃」一四三頁に「フロレンスの博物館」でフォンタネージの絵を見たことが記されているが、時期は明らかでない。ただ、後述するように、おそらく一八八一年十一月にローマからヴェネツィアに向かう途中か、一八八三年二月のローマ訪問の往復途上である可能性は、詩的できよう。長沼が目にしたこのトリノの画家の絵は、おそらく一七八四年にコレクションの開始された「近代美術館」(当時は、現在考古学博物館のあるパラッツォ・デラ・クロチェッタにあった)に、一八六一年に入った《雨後》であろうと考えられる。近代美術館は一九二二年、現在のピッティ宮に移った。
(54) 河上眞理・清水重敦『辰野金吾―美術は建築に応用されざるべからず―』ミネルヴァ書房、二〇一五年、三七～七九頁。二〇〇九年に発見された『辰野金吾滞欧野帳』四冊は新知見をもたらした。
(55) 河上「一八八〇年代イタリア王国における美術をめぐる状況と松岡壽」前掲論文、四四一頁。
(56) 松岡「日記」前掲、二三二頁。
(57) 寺崎武男「昔の思ひ出」『松岡壽先生』松岡壽先生伝記編纂会、一九四一年、再録『その時代』一五六頁。
(58) 「概況」一三五頁。
(59) 「留学」一三九頁。
(60) "Esami 1882-83", FSAV.
(61) 河上「一八八〇年代イタリア王国における美術をめぐる状況と松岡壽」前掲論文、四二四頁。
(62) 松岡「日記」前掲、二三四～二三六頁。
(63) 「日記」には二十六日とあるが二十二日の誤りか。この辺りの日付には疑問が残る。
(64) イタリアには「Dopo tre giorni puzza il pesce.(魚も三日後には臭くなる)」という諺があり、たとえ仲のいい友人であっても二泊までが相手に迷惑を掛けない限度であるとする不文律がある。

(65) その時に細やかな心遣いで優雅にもてなしてくださったベアトリーチェ（Beatrice Rova）さんも、すでに帰らぬ人となった。ご冥福をお祈りする。
(66) エドアルドについては不明。
(67) 河上「一八八〇年代イタリア王国における美術をめぐる状況と松岡壽」前掲論文、四四四頁は、ルイジ・セレーナと考えられるこの画家が、川村のもう一人の親友エットレ・ティートと親交があったことを理由に、「セレーナも川村を知っていたのかもしれない」と推測する。
(68) この訪問についての記事を、『ヴェネツィア新聞』に見出すことはできなかった。
(69) FSAV, *Esami 1883-84*.
(70) FSAV, "Protocollo verbale, Corso speciale di disegno modellato anno II", *Esami 1883-84*.
(71) 工部大学校の下に設けられた工部美術学校のこと。絵画の教師としてアントニオ・フォンタネージ、彫刻の教師としてヴィンチェンツォ・ラグーザ、予備科の教師としてジョヴァンニ・ヴィンチェンツォ・カッペッレッティが来日した。
(72) *Atti* 1884, pp. 35-37.
(73) 金子一夫「工部美術学校における絵画・彫刻教育」『学問のアルケオロジー――学問の過去・現在・未来――』東京大学創立百二十周年記念東京大学展、一九九七年、一六六～一九一頁。
(74) ヴェーラに関する基本文献は Roméo Manzoni, *Vincenzo Véla - l'homme - le patriote - l'artiste*, Milan 1906; Luigi Càllari, *Storia dell'Arte Contemporanea Italiana*, Roma 1909, pp. 36-37; Angelo Borzelli, *Prime Linee di una storia della scultura italiana nel Secolo XIX*, Napoli 1912, pp. 99-102 を参照。
(75) Manzoni, *Vincenzo Vela*, op. cit., pp. 93-94.
(76) Borzelli, *Prime linee di...*, op. cit., p. 99.
(77) Manzoni, *Vincenzo Vela*, op. cit., p. 94.
(78) Borzelli, *Prime linee di...*, op. cit., p. 101.
(79) 『松岡壽展』神奈川、一九八九年、図版六一番。

(80) 松岡「日記」前掲、二五一頁。
(81) AMV, "Tombe e Spazi Individuali a Perpetuità, Anno 1884".
(82) 別府「ヴェネツィアの緒方惟直とその周辺」前掲論文、二九頁。千葉「長沼守敬触れ合いの人々」前掲論文、一二四頁。
(83) 森鷗外『独逸日記／小倉日記』森鷗外全集一三巻、筑摩書房、一九九六年、一二六頁。
(84) 緒方家にも外務省外交史料館にも残念ながら史料が残っていない。外務省外交史料館では次の史料を調査したが、惟直墓碑に関する史料は見つからなかった。3-12-3-18 在外本邦人墳墓関係雑件、3-12-3-22 在外本邦人ノ墓地並埋葬関係雑件、3-12-3-23 各国ニ於ケル墓地並埋葬関係雑件、3-8-7-21 戸籍法ニ依リ在外本邦人諸届書其本籍地戸籍吏へ送達一件。
(85)「留学」一三九頁。
(86) 澤田浦子『長沼守敬のことども』長沼守敬資料刊行実行委員会、一九九八年、五四頁。
(87) FSAV, *Esami 1884-85*.
(88) *Atti*, 1884-85, p. 10.
(89) Ibidem p. 32.
(90)「概況」一三五頁。
(91) パリの日本公使らしくフランス語で書かれている。ちなみに主なヨーロッパの言語におけるヴェネツィアの表記は、標準イタリア語 Venezia, ヴェネツィア方言 Venexia（ヴェネシア）、フランス語 Venise（ヴニーズ）、英語 Venice（ヴェニス）、ドイツ語 Venedig（ヴェネーディヒ／ヴェネーディク）などである。古い歴史のある有名な街ほど、それぞれの言語での呼び名が異なる。
(92) 一五二三年にドメニコにより、一五八七年にはジョヴァンニにより、グリマーニ家から寄贈された古代彫刻を基に、一五九六年造幣局前室に開館した共和国民のための彫刻美術館。当時は Statuario pubblico（公立彫塑館）と呼ばれた。現在は国立考古学博物館として公開されている。A cura di Irene Favretto & Giovanna Luisa Ravagnan, *Lo Statuario Pubblico della Serenissima: Due secoli di collezionismo di antichità 1596–1797*, Biblos, Venezia 1997 を参照。

(93)《レダと白鳥》。ギリシア神話に基づき、白鳥の姿で下界に降りた主神ゼウスが、レダと交わる場面を表した作品。P.P. Bober & R.O. Rubinstein, *Renaissance Artists and Antique Sculpture: A Handbook of Sources*, Harvey Miller Publishers, London 1980, p. 53によると、この作品はヘレニスム時代の彫刻か絵画をローマ時代に模刻したものと考えられる。ドメニコの作品目録には載っていないが、一五八七年のジョヴァンニの寄贈品に含まれ、一五九三年の共和国作成の目録には含まれる。

(94)『原敬日記』第一巻、原奎一郎編、福村出版、一九六五年、八〇～八一頁。

(95)「揺籃」一四四頁。

(96)同書。

(97)同書、一四五頁。

(98)森『独逸日記／小倉日記』前掲書、一二六～一二七頁。

(99)緒方「緒方洪庵の子、緒方惟直のこと（未定稿）」前掲論文、三七一頁。Daitō, "Korenao Ogata...", cit., p. 56はマリアの死亡を十月二十七日ではなく同月七日と伝える。

(100)森『独逸日記／小倉日記』前掲書、一二七頁。

(101)「揺籃」一四四頁。

(102)ヴェネツィアの表記と同様、ミュンヘン（独 München）も言語により、呼び方が異なる。主なものを挙げると、英語ではミューニック（Munich）、イタリア語ではモナコ・ディ・バヴィエラ（Monaco di Baviera）となる。

(103)「揺籃」一四四頁、および千葉「長沼守敬触れ合いの人々」前掲論文、一二三頁。

(104)「揺籃」一四四頁。

(105)読み下しは、千葉「長沼守敬触れ合いの人々」前掲論文、一二三頁による。

(106)「揺籃」一四五頁。

(107)同所。

(108)長沼「岡倉覚三氏の印象」前掲論文、『その時代』一四〇頁。同時期の『ヴェネツィア新聞』と『紀要』には、彼らの訪問、講演に関する記述は見出せない。内国博覧会開催中に急逝した、ファヴレットの話題で持ちきりであった。

(109) 同所。

(110) 「揺籃」一四四頁。

(111) ベルシェのイタリア語名グリエルモ（Guglielmo）は、当時の外交公用語であったフランス語ではギヨーム（Guillaume）となる。ちなみに英語ではウィリアム（William）である。

(112) 『岩手日日新聞』一八八八年八月二十六日。

(113) 千葉瑞夫「長沼守敬とベネチア」『街もりおか』二〇四号、一九八四年、二〇～二一頁、および田中「美術探訪 長沼守敬」前掲論文、六四頁。また、千葉瑞夫「長沼守敬の芸術」『長沼守敬 近代彫塑の原点』前掲書、八頁は、長沼作品が「入賞」したとするが、根拠に欠ける。

(114) Paola Zatti, "Venezia 1887. Nascita di un'esposizione" in *Venezia Arti*, 1994, pp. 166–168. また Flavia Scotton "Arti applicate: dalla fondazione al Padiglione Venezia" in *Venezia e la Biennale, I percorsi del gusto*, 展覧会カタログ 1995, p. 123 は、この内国美術博覧会が展覧会開催の経験としても、純粋美術・応用美術の区別の決定に関しても、ビエンナーレの先駆的役割を果たすことを指摘する。

(115) 二月七日、十二日、十六日、十七日、十八日、二十一日、二十二日、二十四日、二十六日、二十七日、二十八日、三月二日、三日、十八日、二十八日、四月十一日、十三日、十四日、二十四日、二十五日、三十日、五月一日に関連記事あり。

(116) 『ヴェネツィア新聞』二月二十八日。

(117) 現代美術文書館（Archivio storico delle arti contemporanee, 以下 ASAC）に残る出品者添付書類（Fondo storico の Scatola nera XLI 1887）には、残念なことに絵画出品者の書類しか保存されていないため、彫刻、工芸、建築の出品依頼者に関しては不明である。

(118) *L'Esposizione Nazionale Artistica Illustrata*, n.13, 1887.6.26.

(119) Vincenzo Mikelli, *Esposizione Nazionale di Belle Arti in* Venezia, Roma 1888; Maria Savi Lopez, "All'esposizione di Venezia 1887", *Rivista storico-contemporanea*, 1888; P. Rota, *A proposito della prima Esposizione nazionale artisti-*

ca in Venezia, Verona 1887.

(120) 以下の号に掲載されている。110, 128, 135, 152, 156, 168, 184, 207, 218, 237, 257, 258, 265, 269, 277.

(121) 『原敬日記』前掲書、一〇九頁。

(122) 「概況」。

(123) 「揺籃」一四五頁。

(124) 「揺籃」一四一頁。

(125) 『松岡壽先生』前掲書。

(126) 『松岡壽研究』前掲書。

(127) 河上「一八八〇年代イタリア王国における美術をめぐる状況と松岡壽」前掲論文。

(128) 『松岡壽先生』安田祿造編集、オーム社、一九四一年、復刻中央公論美術出版、一九九五年、三一～三六、二一八～二二〇頁。

(129) 『松岡壽先生』前掲書、三三～三五頁、『松岡壽研究』前掲書、二五～二六頁。

(130) 大熊氏廣については、田中修二『近代日本最初の彫刻家』吉川弘文館、一九九四年、一四四～二二九頁を参照。本コラムも基本的にこの文献に依拠する。

(131) 工部美術学校については、隈元謙次郎『明治初期来朝伊太利亜美術家の研究』三省堂、一九四〇年、および河上眞理『工部美術学校の研究―イタリア王国の美術外交と日本―』中央公論美術出版、二〇一一年を参照。また、特に彫刻科における教育に関しては、金子一夫・伊沢のぞみ「工部美術学校における彫刻教育の研究（1）」『茨城大学教育学部紀要（人文・社会科学、芸術）』四二、一九九三年、一〇七～一二六頁、および金子「工部美術学校における絵画・彫刻教育」前掲論文を参照。

(132) 田中『近代日本最初の彫刻家』前掲書、一五五頁。

(133) 同書、一六一頁。

(134) Fondo Storico dell'Accademia di Belle Arti in Roma.

人名解説

浅野長勲（一八四二 広島〜一九三七 東京）江戸末期の大名、安芸広島新田藩第六代藩主、広島藩第十二代藩主。政治家、外交官、実業家。大政奉還の建白書を土佐藩・長州藩とともに幕府に提出、王政復古の大号令で議定となる。一八七二年に日本で最初の洋紙製造工場「有恒社」設立。広島藩の藩校修道館を再興。一八八二年イタリア駐箚日本公使となる。明治天皇の命により幼少期の昭和天皇の養育係を務めた。

ウッズ、ヘンリー（Henry Woods 一八四六 ウォリントン〜一九二一 ヴェネツィア）ロンドンのサウスケンジントン工芸学校に学ぶ。一八七六年に親友のリュ―ク・ファイルデスの勧めでヴェネツィアを訪れ、一八七八年からその死までヴェネツィアに工房を構える。幾分理想化されたヴェネツィア女性を夏の地中海の強い陽光の下に描き出す風俗画を得意とした。

大谷幸蔵（一八二五 信濃〜一八八七）幕末・明治の商人。江戸で紬を販売して成功をおさめ大黒屋と称した。一八六九年松代商法会社を創設して蚕種業をおこす。四度イタリアに渡り、蚕種輸出につくした。

大橋淡（一八五一 横浜〜没年不詳）慶應義塾出身で秋田中学の教師。秋田県川尻組の当主川村永之助が外国語に堪能な大橋を見込んで、国際学院での語学研修、および川尻組出張所開店準備のためトリノに派遣した。国際学院を去った後で川尻組出張所経営に奔走した大橋は、経営難から一八八三年七月に帰国する。

岡倉覚三（天心 一八六三 横浜〜一九一三 新潟）東京開成学校（一八七七年東京大学に改編）で政治学・理財学を学び、一八八〇年東京大学文学部を卒業し、文部省に勤務。東京美術学校の設立に大きく貢献し、一八九〇年同校初代校長に就任。英文による著作

(*The Ideals of the East*, 1903など)で美術史家、美術評論家としても活動し、ボストン美術館日本・中国美術部長として同館コレクションの拡充に努めた。

緒方収二郎(一八五七 大坂~一九四二 大阪)緒方洪庵の第六男。一八八二年に第一学区医学校(旧大学東校)を卒業し、医学士の称号を受ける。一八八九年に北里柴三郎を頼ってヨーロッパに留学し、諸大学で眼科の研鑽をした。帰国後兄惟準に代わって緒方病院の院長となり、一九二五年甥の銈次郎と代わるまでその職にあたった。

川村恒三(一八六三 秋田~没年不詳)秋田川尻組の当主川村永之助の息子。一八七八年一五歳で大橋淡とともに、トリノ国際学院に入学。学院を去った後もトリノで川尻組出張所経営に奔走する。一八八五年二月の帰国時に、国際学院理事会は彼を日本帝国における代理人に指名した。

キヨッソーネ、エドアルド(Edoardo Chiossone 一八三三 アレンツァーノ~一八九八 東京)リグリア美術学校で絵画を学び、その後、ドイツのドンドルフ・ナウマン社で銅版画師として活躍。明治政府の求めに応じて、一八七五年来日、大蔵省印刷局でお雇い外国人として働き、日本の紙幣印刷技術の向上に多大な貢献をするとともに、明治期の貴顕の肖像銅版画を数多く残した。青山霊園に眠る。

佐々木三六(一八六〇 越前~一九二八 金沢)養蚕研究で有名な佐々木長淳の息子。父の影響で上京後に彰技堂に通い、イタリアに滞在した父の勧めでその後、一八七五年からイタリアに留学した。トリノ国際学院で語学を学びながら、美術学校で研修を重ね、一八八一年に帰国した。東京帝国大学理学部植物学教室、第一高等中学校を経て、石川県尋常中学校に赴任し、洋画教育と画壇の振興に大いに力を尽くした。

佐々木長淳(一八三〇 越前~一九一六 東京)明治期随一の養蚕研究者。一八七一年工部省出仕のため、上京。蚕の微粒子病克服法の普及に努め、一八七三年にはイタリア、パドヴァの蚕糸試験場に滞在して、イタリアの養蚕技術を研修した。

佐野常民（一八二三　佐賀～一九〇二　東京）日本の武士、政治家。佐賀で学んだ後、大坂に出て緒方洪庵の適塾に入り、大村益次郎らと知り合う。一八六七年のパリ万国博覧会に佐賀藩の一員として参加、その後西欧諸国を視察して帰国。一八七三年のウィーン万国博覧会では日本参加の副総裁として参加。竜池会（後の日本美術協会）を発足させ、会頭に就任。一八八七年日本赤十字社を創設。

セロッティ、マリア＝ジョヴァンナ（Maria - Giovanna Serotti　一八五五　パドヴァ～一八九〇　ヴェネツィア）緒方惟直の妻で、エウジェニア豊の母親。一八七六年にヴェネツィアにやってきた緒方と恋に落ち、一年半後に彼の死を自室で看取ることになる。夫の死の一二年後に、自らも三十五歳でこの世を去る。

田嶋啓太郎（一八五四　高崎～一九三七　栃木）現在の群馬県境町の蚕種業者が設立した島村勧業会社の一員として、第三、四回の直輸出の中心となった。一八八二年から三年間イタリアに滞在して、国際学院でイタリア語を学ぶとともに、現地の養蚕状況を調査した。父親の弥三郎の重病により予定より早く一八八三年に帰国。カトリックに改宗、栃木県西那須野町にキリスト教を普及させた。

辰野金吾（一九五四　佐賀～一九一九　東京）明治期の建築家。工部大学校卒業後、一八八〇年からロンドンのロイヤル・アカデミー・オブ・アーツに学び、同時にウィリアム・バージェスの事務所で実務経験を積んだ。その後、フランスとイタリアの建築を見て周る。帰国後に帝国大学工科大学で教え、後に学長。早稲田大学建築学科創設、工学院大学創立に尽力した。

ダ・モリン、オレステ（Oreste Da Molin　一八五六　ピオーヴェ・ディ・サッコ～一九二一　ピオーヴェ・ディ・サッコ）一八七三～七七年にヴェネツィア美術学校在学。入学後に両親を失い、経済的困窮を受賞に伴う賞金で乗り切る。恩師モルメンティの反対を押し切ってナポリでドメニコ・モレッリに師事、人物造形やキアーロスクーロに大きな影響を受ける。ヴェネト地方の民衆の生活を温かい目で描いた。

ダル・ツォット、アントニオ（Antonio Dal Zotto 一八五二 ヴェネツィア〜一九一八 ヴェネツィア）ヴェネツィア美術学校でフェルラーリとボルロに学んだ後、ローマでテネラーニに師事する。ヴェネツィア工芸学校を経て、一八七九年からは美術学校で教鞭を執る。アドリアーノ・チェチョーニのヴェリズモに近い写実的な様式を特徴とする。代表作は《カルロ・ゴルドーニ像》（ヴェネツィア、カンポ・サン・バルトロメオ）など。

チャルディ、グリエルモ（Guglielmo Ciardi 一八四二 ヴェネツィア〜一九一七 ヴェネツィア）父親の意向に逆らい、一八六四年以降美術学校でブレゾリンに師事。一八六八年から新生イタリア王国の中南部を巡り、多くの刺激を受ける。一八九四年から一九一七年の死まで、美術学校風景画科教授。民衆の質素で穏やかな漁村の生活を光のなかに描いた。代表作は《陽に映える帆》など。

ティート、エットレ（Ettore Tito 一八五九 カステランマーレ・ディ・スタビア〜一九四一 ヴェネツィア）幼少期に母親の出身地ヴェネツィアに家族と移り住み、ヴェネツィア美術学校に入学、十六歳で美術学校を卒業した。写実主義的手法で民衆の生活を温かい目で描き、世紀末ヴェネツィアの代表的画家と目される。一八九四〜一九二七年ヴェネツィア美術学校教授。

デ・ブラース、エウジェニオ（Eugenio De Blaas, ドイツ語でオイゲン・フォン・ブラース Eugen von Blaas 一八四三 アルバーノ・ラツィアーレ〜一九三一 ヴェネツィア）オーストリア人の両親から生まれ、一八五六年にヴェネツィアに移り住む。ローマとヴェネツィアの美術学校で教鞭を執った父カールに師事。ヴェネツィア美術学院教授。ヴェネツィアの漁師やゴンドラ漕ぎ、美しい女性たちをキャンヴァスに留めた。

鍋島直大（一八四六 江戸〜一九二一 東京）幕末期の大名。肥前国佐賀藩第十一代藩主で文化人としても一流であった。幼名は淳一郎。十六歳で藩主を襲封。一八六七年パリ万国博覧会に有田焼を出展。戊辰戦争では政府軍につく。明治政府出仕後、大阪天保山で初の観艦式を行なう。岩倉使節団の一員としてアメリカ、次いでイギリスに留学、帰国後外務省に勤め、一八八〇年から二年間イタリア王国駐劄特命全権公使となる。

浜尾新（一八四九 豊岡～一九二五 東京）日本の教育行政官、政治家。慶應義塾を経て、大学南校に学ぶ。一八七三年から一年間アメリカに留学し、帰国後開成学校校長心得、東京美術学校校長代理を経て、一八九三年東京帝国大学総長。一八九七年第二次松方内閣で文部大臣を務める。

平元弘（一八四五 秋田～一八九七 秋田）秋田川尻組の従業員。一八八二年二月十六日、日本人として最年長の三十六歳で国際学院に入学。一八八一～八二学年度と一八八二～八三学年度に「名誉言及」を受ける。一八八五年川尻組出張所が閉鎖されると、平元は一八八七年二月帰国した。

ファイルデス、リューク（Sir Luke Fildes 一八四三 リヴァプール～一九二七 ロンドン）イギリスの画家、挿絵画家。サウスケンジントン工芸学校とロイヤル・アカデミーに学ぶ。一八六九年新聞『ザ・グラフィック』に就職し、挿絵画家として活躍。肖像画も数多く残したが、彼の関心は「社会派リアリスム」にあった。ヘンリー・ウッズの妹ファニーを妻に迎えた。

ファヴレット、ジャコモ（Giacomo Favretto 一八四九 ヴェネツィア～一八八七 ヴェネツィア）病弱なため近所の紙屋で手伝いをしていたファヴレットは、古物商に才能を見出され、美術学校に入学した。グリゴレッティとモルメンティに師事。一八七七年に血液感染症で片目の視力を失うが、翌年まで代理教員として学校に留まる。一八八七年の内国美術博覧会中に急逝。

ファン・ハーネン、セシル（セシリウス、Cecilius van Haanen 一八四四 ウィーン～一九一四 ウィーン）オーストリアの肖像画、風俗画家。オランダ人の両親からウィーンで生まれる。一八五四年以降ウィーン、カールスルーエ、ミュンヘンの美術学校で学ぶ。一八七三年からヴェネツィア在住。イギリス人画家ヘンリー・ウッズと親交を深める。

フェ・ドスティアーニ、アレッサンドロ（Alessandro

Fè d'Ostiani　一八二五　ブレシャ～一九〇五　ブレシャ）ハプスブルク支配に反感を持つ家庭に育ち、一八四七年ウィーン大学法学部を卒業後、ロンバルド同盟、サルデーニャ王国、イタリア王国の外交官を歴任。一八七〇年から一八七七年まで駐日公使を勤め、ヴェネツィア総領事館、工部美術学校の開設など、日伊交流の促進に大きく貢献した。

フェ・ドスティアーニ、ピエトロ（Pietro Fè d'Ostiani）アレッサンドロの弟、商人。

フェノロサ、アーネスト（Ernest Fenollosa　一八五三　マサチューセッツ州セイラム～一九〇八　ロンドン）ハーバード大学で哲学・政治経済を学び、一八七八年来日して東京大学で哲学、政治学、理財学などを講じた。助手の岡倉天心とともに日本の古寺の美術品を訪ね、東京美術学校の設立に尽力、日本美術の隆盛に貢献した。一八九〇年の帰国後はボストン美術館東洋部長として日本美術を紹介した。

フェルラーリ、ルイジ（Luigi Ferrari　一八一〇　ヴェネツィア～一八九四　ヴェネツィア）ヴェネツィア美術学校でルイジ・ザンドメーネギに師事し、早くからその才能を現す。一八三七年のブレラ美術展に出品した《ラオコーン像》で大成功を収めた。一八五〇年からヴェネツィア美術学校彫刻科の教授。

フォルトゥーニ・イ・マルサル、マリアーノ（Mariano Fortuny y Marsal　一八三八　レウス～一八七四　ローマ）十九世紀で最も優れたスペイン画家のひとり。一二歳で両親に死なれ、祖母に育てられる。一八五二年バルセロナに移り、奨学金を受けながら同地の美術学校に通う。一八六〇年に母国とモロッコの間に戦争が勃発すると、従軍画家としてモロッコに派遣される。その後パリに移り、多くの文化人と交流。ヨーロッパを転々とした後でローマに居を構え、三十六歳で没。

ベルシェ、グリエルモ（Guglielmo Berchet　一八三三　ヴェネツィア～一九一三　メストレ）パドヴァ大学法学部を卒業し、弁護士を職業とする傍ら、歴史研究に尽力した。特に五八巻に及ぶ『マリン・サヌードの日記』（一八七九～一九〇二）は金字塔である。一八七三年前後から日本との関わりを深め、一八八〇年からその死までヴェネツィア駐箚日本名誉領事を務める。

ホイッスラー、ジェイムズ＝アボット＝マクニール（James Abbott McNeill Whistler 一八三四 ローウェル～一九〇三 ロンドン）一九世紀後半のアメリカ人の画家、版画家。主にロンドンで活躍。その色調や画面構成などに浮世絵を始めとする日本美術の影響が濃く、印象派とも伝統的アカデミスムとも一線を画した独自の世界を展開した。一八七九年から一年半ヴェネツィアに滞在。

ボッティ、グリエルモ（Guglielmo Botti 一八二九 ？～没年地不詳）ピサ、フィレンツェの美術学校で絵画を学び、ガラス絵作家として好評を博す。トスカナ地方の聖堂にステンドグラスを制作するとともに、フレスコ画を壁からはがして修復する試みをピサやパドヴァで行なう。一八七三年以降ヴェネツィア美術学校の博物館検閲官に就任、次いで一八八七年に王立美術館監督局一級検閲官となり、トリノに移る。

松岡壽（一八六二 岡山～一九四四 東京）川上冬崖主催の聴香読画館で洋画の基礎を学んだ後、工部美術学校でアントニオ・フォンタネージに師事。フォンタネージの帰国後、後任教師フェレッチの指導に飽き足らず、一八七八年に浅井忠ら同志と共に退学し、十一会を結成。一八八〇～八七年ローマに留学して絵画を学ぶ。一八八九年結成の明治美術会に参加。後に東京高等工芸学校の初代校長を務めた。

円中文助（一八五三 加賀～一九二三 東京）一八七三年のウィーン万国博覧会に出張し、その帰途トリノの王立イタリア国際学院でイタリア語を学ぶ一方、ベルガモで製糸業を学ぶ。帰国後は東京山下門内博物館や四谷内藤新宿試験場で後進の指導に当たる傍ら、生糸検査所の技師としても活躍し、日本の撚糸業の発展に貢献した。

モルメンティ、ポンペーオ・マリーノ（Pompeo Marino Molmenti 一八一九 ヴィッラノーヴァ・ディ・モッタ・ディ・リヴェンツァ～一八九四 ヴェネツィア）一八三四年には十五歳ですでにヴェネツィア美術学校に通い、頭角を表す。一八五一年以降ヴェネツィア美術学校で人物画基礎、一八六七年以降は絵画科正教授として、ファヴレットやティートら後進の指導に当たった。美術評論を残したポンペオ・ゲラルド・モルメンティは、彼の甥に当たる。

吉田要作（一八五一 江戸〜一九二七 東京）明治・大正時代の外交官。緒方洪庵の適塾、次いで横浜仏語伝習所に学び、フランスに留学。一八七三年ウィーン万国博覧会事務官として、また駐日イタリア公使フェ・ドスティアーニの公式通訳としてウィーンに渡り、その後一八七三年から三年間ヴェネツィア商業高等学校で日本語を教える。帰国後は外務省で活躍。一八九〇年鹿鳴館館長。

リーコ・イ・オルテガ、マルティン（Martín Rico y Ortega 一八三三 エル・エスコリアル〜一九〇八 ヴェネツィア）マドリードのサン・フェルナンド美術学校卒業後、政府給費を得てパリに留学した。普仏戦争の勃発に伴ってフランスを離れ、グラナダにあるマリアーノ・フォルトゥーニの別荘に移る。一八七三年の

ヴェネツィアへの旅は彼の絵を劇的に変え、同市で没するまで毎夏をこの海の都で過ごした。

略年表

＊留学生のイタリア以外での動きは（　）内に記す

年次	ヴェネツィア	トリノ・ローマ	日本と世界
一八四五（弘化二）		（平元弘、秋田に誕生）	[日本]三月、江戸大火
一八五一（嘉永四）		（大橋淡、横浜に誕生）	[世界]ロンドンにて万国博覧会
一八五二	（川村清雄、江戸に誕生）		[日本]江戸城西丸炎上
一八五三		（緒方惟直、大坂に誕生）	[世界]クリミア戦争勃発（～一八五六年） [日本]プチャーチン、長崎来航
一八五七（安政四）	（長沼守敬、一関に誕生）		
一八五九	（川村、住吉内記に師事）		[世界]スエズ運河着工
一八六〇（万延元）		（佐々木三六、越前に誕生）	[日本]桜田門外の変
一八六一	（川村、大坂で南画家田能村直	（井尻儀三郎、〈薩摩に〉誕生）	[世界]サヴォイア王家によるイ

年次	ヴェネツィア	トリノ・ローマ	日本と世界
（文久元）	入に師事）		タリア半島統一、新王国成立、首都トリノ
一八六三	（川村、春木南溟に師事○川村、開成所画学局で川上冬崖、宮本三平、高橋由一に師事、西洋画を学ぶ）	（川村恒三、誕生）	［日本］八月十八日の政変○一一月、大坂大火 ［世界］アメリカ、奴隷解放宣言発布
一八六五（慶応元）		イタリア王国、トリノからフィレンツェ遷都	
一八六六	墺伊戦争によりヴェネト地方が王国に加わる	（緒方、仏蘭西語伝習所入学）	日伊修好通商条約締結
一八六七		トリノ王立イタリア国際学院設立 （一一月、緒方、パリに到着。大政奉還、王政復古を受けて帰国（〜一八六八年六月二五日））	［日本］一一月九日、大政奉還 ［世界］パストゥール、微粒子病の克服法発見
一八六八（明治元）	ヴェネツィア商業高等学校設立		［日本］一月三日、王政復古の大号令○戊辰戦争（〜一八六九）
一八六九		（五月一日、緒方、大阪舎密局入学）	［世界］一二月八日、ヴァチカン公会議開催
一八七〇		（緒方、兵部省兵学校准大得業	［世界］一〇月二日、イタリア統

一八七一	商業高等学校に日本語コース設置が議論される(川村、徳川家奨学生として政治学を学ぶためアメリカに留学、後に勉学目的を絵画に変更)	生)(七月、緒方、騎兵科教授)	一完成、ローマ遷都 [日本]一二月二三日、岩倉遣欧使節団(〜一八七三年九月一三日)
一八七二		(六月、緒方、東京勤務○一一月、緒方、ウィーン万国博覧会事務官随従に転任)	[日本]七月一日、マリア＝ルス号事件○琉球処分(〜一八七九年)
一八七三	(川村、パリに移る、ジャック・ギオー、オラース・ド・カリアスに師事○長沼、次兄志一を頼って札幌に赴く)○一〇月二九日、商業高等学校教授会で日本語コース設置が決定される○一二月一日、商業高等学校日本語コース開講(初代教師吉田要作)	(一月三一日、緒方、横浜出帆○三月二二日、緒方、ウィーン着)○五月一日、井尻儀三郎、国際学院入学、イタリア語別コースに登録○八月三一日、ピネローロで校長への感謝祭が催され、井尻もスピーチ○九月一一日、円中文助、国際学院入学、イタリア語特別コースに登録	[世界]ウィーン万国博覧会(〜一一月二日)○五月九日、岩倉使節団、フィレンツェ到着○八月二五日、ジェノヴァ公候トンマーゾ・アルベルト・ディ・サヴォイア殿下、来日
一八七四	(長沼、上京して中村敬宇の同人舎で英学を学ぶが、学資難から中退)	二月、緒方、万国博覧会の業務を終えて帰国。おそらく渡伊の意志を固める○三月一五日、円	[日本]二月一日、佐賀の乱○三月一三日、女子師範学校設立○四月一〇日、板垣退助ら、立志

年次	ヴェネツィア	トリノ・ローマ	日本と世界
		中文助、国際学院を去る。次いでベルガモで撚糸法、機械学を実地に研修し、製糸場で殺蛹法、繰絲法、生糸検査法を学習○四月六日、井尻、受賞(一等)○一一月、井尻、商業特別コースに登録	社結成○五月、台湾征討開始 [世界]スペイン、王政復活
一八七五	(一月一二日、エドアルド・キヨッソーネ来日、長沼、語学の交換教授)	四月一日、佐々木三六、国際学院入学、言語特別コースに登録○四月二二日、緒方惟直、国際学院入学、商業と言語の特別コースに登録○六月二二日、フエ・ドスティアーニが一八七三〜七四学年度の井尻の成績に関し、外務卿寺島宗則に書簡を記す○六月、井尻、学年末試験で一位獲得。緒方、勉学における名誉言及○七月三〇日、パテーリ、デ・グロッシが連名で井尻の賞状に署名○一一月、井尻、	[日本]二月一一日、大阪会議○五月七日、日露間で樺太・千島交換条約調印○六月一日、東京気象台設立○九月二〇日、江華島事件○大蔵省印刷局にエドアルド・キョッソーネ来日 [世界]七月、ボスニア・ヘルツェゴヴィナでトルコに対する反乱○イギリス、スエズ運河会社株を買収

一八七六

(二月一日、長沼、フェ・ドスティアーニの許可を得てイタリア公使館雇いとなる)○二月、川村、パリよりヴェネツィアに移る、吉田要作の下宿に居候○四月一四日、川村、ヴェネツィア美術学校に入学、装飾、人物画、建築に登録○六月一九日、緒方惟直、トリノよりヴェネツィアに移る。○七月二二日、川村、建築の学年末試験で次席二位を獲得○一一月八日、川村、装飾、人物画、建築に登録○緒方、この頃、マリア・セロッティと知り合う○一一月、緒方、商業高等学校で日本語コースを開講○一二月四日、川村、大蔵省官費留学生となる

商業コースに登録。佐々木、引き続き言語特別コースに登録。緒方、引き続き在籍

六月一八日、授賞式。井尻、一等賞獲得。佐々木、人物画で「素描術の賛辞付一等賞」。緒方、「銀メダル」獲得(風景画で一等賞)○六月一九日、緒方、ヴェネツィアに移る○一一月、井尻、商業コース上級に登録。佐々木、引き続き言語特別コースに在籍

[日本]二月二六日、日朝修好条規締結○三月二八日、廃刀令○工部美術学校設立、アントニオ・フォンタネージ、ヴィンチェンツォ・ラグーザ、ジョヴァンニ・ヴィンチェンツォ・カッペッレッティ来日

[世界]五月一〇日、フィラデルフィア万国博覧会(〜一一月一〇日)○この年、アメリカ人ベル、電話発明

年次	ヴェネツィア	トリノ・ローマ	日本と世界
一八七七	四月一日、緒方、マリアを入籍か○七月一九日、川村、装飾で一等賞受賞○夏、川村、ロンドンに徳川家達を尋ねる○九月一〇日、緒方とマリアの間に娘エウジェニア豊誕生○九月二四日、エウジェニア豊受洗○一一月一〇日、川村、人物画第二学年、解剖学、遠近法、建築に登録	六月、井尻、二等賞。佐々木、素描術の一等賞○一一月、井尻、特別コース、および製紙に関する産業科に登録○佐々木、引き続き言語特別コースに在籍	[日本]二月一五日、西南戦争開始(〜九月)○五月一日、博愛社(後の日本赤十字社)設立○六月一九日、エドワード・S・モースが大森貝塚を発見 [世界]四月二四日、露土戦争
一八七八	三月三〇日、緒方、受洗、ついでマリアと教会法上結婚○四月四日、緒方、壊血病で死亡○四月六日、サンタ・マリア・デイ・カルミニ聖堂で緒方の葬儀、サン・ミケーレ島市立記念墓地の共同溝に埋葬○七月、スロヴェニア人画家イヴァン・ポズニクの川村宛覚書○七月？　川村、ヴェネツィア芸術サークルに入会○七月二一日、川村、装飾で	三月、井尻、ランツォ・トリネーゼの製紙工場で実地研修○六月、井尻、一等賞獲得、王立トリノ工業学校に入学を許可される。井尻、肖像画を校長室に飾ることを許される。佐々木、勉学の二等賞、素描第一級特別賞受賞○八月二四日、井尻、国際学院卒業○一一月佐々木、引き続き在籍	[日本]三月一日、昌平橋鉄橋開通○五月一四日、大久保利通暗殺○八月二三日、竹橋騒動 [世界]一月一九日、ホフマン没○二月二五日、ハリス没○五月一日、パリ万国博覧会開催(〜一一月一〇日)○七月一三日、ベルリン条約締結

	賛辞付名誉言及を獲得○九月八日、イタリア国王ウンベルトの王命に基づくヴェネツィア美術学校学制改革		
一八七九	一月一四日、川村、普通科三年に登録○七月一五日～八月一五日、ヴェネツィア芸術サークル第一回展示即売会○一〇月？川村、ヴェネツィア商業高等学校日本語教師となる○ジェイムズ・マクニール・ホイッスラー、ヴェネツィア滞在（～一八八〇年）	一月一六日、大橋淡、川村恒三、国際学院入学、商業特別コースに登録○（二月四日、井尻、大阪で病没）○六月、大橋、勉学の名誉言及○一一月、大橋、川村、引き続き在籍	［日本］五月、第一八代アメリカ大統領グラント夫妻、ドイツ皇族、イタリア皇族が来日○この年、コレラ大流行 ［世界］エジソン、電球発明
一八八〇	五月一六日、川村、一枚の絵を発送○七月二五日～八月一五日、ヴェネツィア芸術サークル第二回展示即売会	七月一六日、大橋、国際学院を去り、「秋田川尻養蚕会社代理店」をトリノに開く	［世界］一月一日、パナマ運河着工
一八八一	三月五日、長沼、バルボラーニ公使とともに横浜出帆○三月末、長沼、ナポリ到着後、ローマで鍋島直大公使の家に居候○五月、	五月一二日、佐々木、国際学院を去る○六月三〇日、川村恒三、特別コースを修了、「イタリア語の特別賞が相応しい」と評価	（日本）一月二六日、両国大火○六月八日、秋田事件○七月二六日、開拓使官有物払下げ事件○一〇月一一日、明治一四年の政

年次	ヴェネツィア	トリノ・ローマ	日本と世界
	川村、ミラノ内国博覧会で日本語教育法を開示○九月一〇日〜一〇月一五日、ヴェネツィア芸術サークル日、ヴェネツィア新聞第三回展示即売会○九月一五日〜九月三〇日、第三回万国地理会議、日本代表ローマ駐箚鍋島公使。書記官斎藤桃太郎が川村に帰国を促す○九月一八日、ヘンリー・ウッズがヴェネツィア芸術サークル展覧会で川村の水彩《日本の幻想》を観て、購入意欲をそそられる○九月二一日、ウッズ、川村の《日本の幻想》を購入○九月二七日、『ヴェネツィア新聞』にウッズが川村作品を購入した事実が載る○九月二八日、ウッズ、親友のリユーク・ファイルデスに新聞記事切抜を添えて川村作品を購入	される○九月、佐々木、美術学校卒業、帰国○一一月、平元、横浜出帆	変○一〇月一二日、国会開設の詔○一〇月一八日、板垣退助ら、自由党結党○一一月一一日、日本鉄道会社設立 (世界)ロシア・清間でペテルスブルグ条約締結○三月一三日、ロシア皇帝アレクサンドル二世暗殺。翌日アレクサンドル三世が第一三代皇帝に即位○三月二六日、ルーマニア王国成立(初代国王カロル一世)○五月一二日、フランス、チュニジアを保護国とする○六月二八日、セルビアがオーストリア＝ハンガリー帝国の保護国となる○七月二日、アメリカ大統領ガーフィールド暗殺事件○九月九日、アラービー＝パシャの反乱○この年、イタリア、セルビアと秘密条約

した事実を伝える○一〇月七日、マルティン・リーコ・イ・オルテガが川村に証明書のような書簡を渡す○一〇月二七日、川村、ウッズにもう一枚の水彩画を売る○一〇月三〇日、川村、ナポリ港出帆○一一月一日、長沼、ローマ出発、翌日ヴェネツィア到着○一一月一四日、長沼、商業高等学校の日本語授業開講○一二月一四日、川村、横浜帰着

締結

一八八二

一月五日、長沼、美術学院入学、予備科に登録、後に造形演習に登録○二月～五月、長沼、二七枚の幾何学模様習作○三月一日、長沼の俸給が年額二〇〇〇リラから三〇〇〇リラに増額○六月一三日～、ラッファエッロ《キリストの変容》の人物頭部習作○七月、長沼、造形演習で選考外功績特別証明書を受ける○一

二月一六日平元、国際学院入学、イタリア語特別コース、商業予備コースに登録○六月、平元、名誉言及○一一月、平元、引き続き在籍

二月一六日平元、国際学院入学、イタリア語特別コース、商業予備コースに登録○六月、平元、名誉言及○一一月、平元、引き

[日本]一月四日、軍人勅諭発布○三月三日、伊藤博文ヨーロッパ視察へ○四月六日、岐阜事件○七月二三日、壬午事変○八月三〇日、済物浦条約締結○一二月一日、福島事件

[世界]一月二六日、仏ガンベタ内閣総辞職○三月六日、セルビア王国成立○三月一九日、サ

年次	ヴェネツィア	トリノ・ローマ	日本と世界
	○月九日、長沼、普通科第一学年と造形演習に登録○一○月三○日～一二月二○日、辰野金吾、ヴェネツィア滞在、長沼宅にも居候○一一月二九日、長沼、再度ラッファエッロ《キリストの変容》人物頭部習作○一二月二○日、長沼、ドメニコ・ギルランダイオ《サンタ・マリア・ノヴェッラ聖堂トルナブオーニ家礼拝堂壁画》人物頭部習作(～一八八三年一月一○日)	続き在籍	グラダ・ファミリア教会建設開始○三月二四日、ロベルト・コッホが結核菌を発見○五月二○日、ドイツ・オーストリア・イタリア三国同盟締結○五月二二日、米朝修好通商条約締結○六月一一日、イギリス・エジプト戦争
一八八三	二月五日～一二月、長沼、ローマ訪問、松岡宅に居候○四月一六日～六月二七日、長沼、石膏製手足の習作素描○七月四日、長沼、装飾の学年末試験で一○点中六点獲得○七月七日、長沼、人物画基礎の学年末試験で八点獲得○七月一○日、長沼、造形	六月一○日、平元、名誉言及、授賞式の様子を記す○七月、大橋、出張所の経営難から帰国	[日本]二月一五日、東京電灯会社設立○二月一六日、日朝修好条規により朝鮮で済物浦(後の仁川)開港○三月二○日、高田事件○七月二日、官報第一号を発行○七月二五日、岩倉具視国葬(初の国葬)○八月三日、伊藤博文が憲法調査より帰国○九月

演習の学年末試験で満点獲得、報奨賞状受ける○七月二一日、松岡、浅野公使に随伴してヴェネツィア滞在、長沼宅に居候○七月二四日、長沼、松岡を連れてベルシェを訪れる○七月二九日、長沼、松岡とベルシェ再訪、正午に美術学院の授賞式。長沼、松岡をダ・モリン、セレーナに紹介する○八月一日、長沼と松岡、海水浴に行く○八月一五日、長沼と松岡、サン・マルコ広場に行く○八月二五日、長沼と松岡、リド島の花火大会に行く○八月二九日、長沼と松岡、サン・ミケーレ島市立記念墓地の緒方の墓(共同溝)に参る○九月二日、マリアとエウジェニア豊が長沼の許を訪れ、松岡とも会う○九月四日、長沼、松岡をヴェネツィア新聞社に連れていく

二一日、三池炭鉱・高島炭鉱で暴動○一一月二八日、鹿鳴館開館○工部美術学校閉校

[世界]一月三一日、アムステルダム国際植民地博覧会開催(～一〇月三一日)○五月二七日、ロシア、アレクサンドル三世戴冠式○八月二五日、第一次フエ条約○一〇月四日、オリエント急行開通○一二月二四日、清軍、ベトナムに出兵

年次	ヴェネツィア	トリノ・ローマ	日本と世界
一八八四	○九月一〇日、松岡、ヴェネツィア滞在を終え、ローマに向けて出発○一〇月三日、長沼、普通科二年と造形演習に登録 七月一一日、長沼、造形素描特別クラス第二学年の学年末試験で特別賞受賞○七月二七日、長沼、授賞式の校長ファディーガの訓辞で賞賛される○八月三日～七日、長沼、トリノで松岡、山内勝明と待ち合わせ博覧会を見学○八月八日、長沼、松岡、山内、ミラノ見学○八月一〇日、三人でコモに移動○八月一一日、長沼と松岡は記念写真を撮影○八月一三日、長沼と松岡は写真を受け取り、長沼は午後ブレシャに出発○九月二〇日、ベルシエ、長沼に打診の上、緒方の墓を作る許可を取得○一〇月三〇	八月三日、博覧会見学のためトリノを訪れた長沼守敬、松岡壽と山内勝明を川村と平元が訪ねる	［日本］一月四日、官吏恩給令発足○五月一五日、群馬事件○七月七日、華族令制定○九月二三日、加波山事件○一〇月三一日、秩父事件○一二月四日、飯田事件○一二月一七日、名古屋事件 ［世界］清仏間で天津協約締結○六月二三日、バクレ待ち伏せ事件○七月四日、自由の女神像がパリで米国に贈与される○八月二三日、清仏戦争○一〇月一三日、国際子午線会議にてグリニッジ子午線を本初子午線と決定○朝鮮で甲申事変

	日、長沼、普通科三年と造形演習に登録○一一月二九日、長沼、彫刻教室の教師、生徒と記念撮影○一二月二二日、ベルシェ、完成した《緒方惟直記念碑》に遺体を移動		
一八八五	七月二七日、長沼、造形素描の学年末試験で特別賞とメダルを獲得○八月二日、長沼、授賞式で特別賞受賞○九月三〇日、長沼、卒業証書を受ける○一一月三〇日パリ駐箚日本代理公使原敬、ヴェネツィア到着、長沼が駅に迎えに出て、その後総督宮とサン・マルコ聖堂を案内○一二月一日、原、ヴェネツィアを出発	川尻組出張所閉鎖○二月、川村、帰国に伴い、彼を日本帝国における国際学院代理人に指名	[日本]一月九日、漢城条約調印○四月一八日、天津条約調印○一一月二三日、大阪事件○一二月二二日、内閣制度創設○この年、松方デフレ [世界]一二月二八日、第一回インド国民会議開催(～一二月三一日)
一八八六	七月一五日、長沼、ミュンヘンの森鷗外を訪ねる、《緒方惟直記念碑》と緒方未亡人・遺児について語る(森が大阪の緒方収		[日本]八月一五日、長崎事件○一〇月二四日、ノルマントン号事件○この年、コレラ大流行

年次	ヴェネツィア	トリノ・ローマ	日本と世界
	二郎に連絡)〇七月一八日、長沼と森、ニュンフェンブルクに遠足〇七月二七日、長沼、シュトラスブルクに向けミュンヘンを出発、同地で濱田玄達、広田長、藤沢利喜太郎、下山仁一郎らと会う〇八月、パリ到着、三ヵ月滞在〇一一月？　長沼、次兄志一よりの書簡で帰国を延期する		[世界]四月六日、ベルリン宣言〇七月二四日、清・イギリス間で、ビルマ条約調印
一八八七	二月、長沼、ヴェネツィアを訪れた浜尾新、岡倉天心を案内したうえ、美術学院校長に紹介、講演を依頼する〇五月、長沼、ヴェネツィア内国美術博覧会に《リド島にて》を出展〇六月一七日、長沼、原に書面で船賃の割引を依頼、その後帰国の途に就く〇八月一四日、長沼、横浜到着〇八月二六日、『総合運営		[日本]一月二二日、東京電灯会社が市内配電を開始〇一月、徳富蘇峰、民友社結成〇五月一八日、私設鉄道条例公布〇五月二一日、学位令公布〇九月一七日、井上馨外相が辞任〇一二月一九日、日本橋蛎殻町で大火〇東京美術学校設立 [世界]二月一二日イギリス・イ

	委員会広報』の「大理石または木の彫刻」の欄に長沼の作品が載る○九月四日、『図解内国美術博覧会』に長沼の出品について記述が載る○九月八日、長沼、竜池会入会○九月二八日、ヴェネツィア新聞に長沼の出展作に関する記述が載る○一〇月二〇日、長沼、竜池会会合で「ヴェニス美術学校ノ概況」について報告		タリア間で地中海協商成立○六月一八日、ドイツ・ロシア間で秘密再保障条約調印○一〇月一七日、フランス領インドシナ連邦成立○一一月二九日、血の日曜日事件
一八八九	三月、緒方収二郎、ベルリン留学		[日本]大日本帝国憲法発布
一八九〇	一〇月二七日、緒方未亡人マリア死亡		[日本]エルトゥールル号遭難事件
一八九一	秋、緒方収二郎、ヴェネツィアを訪れ、兄惟直の墓に献花		[世界]五月三一日、シベリア鉄道建設着工
一八九二	五月、緒方収二郎、マルセイユでエウジェニア豊と落ち合い、彼女を日本に連れ帰る		[世界]イタリア労働者党(のちのイタリア社会党)結成

あとがき

私だけの感覚かもしれないが、近代の研究をしていると研究対象の人物から「許し」をもらったと思える瞬間がある。当然、それは自分の主観ではあるけれども、それでやっと論文が書けると感じることがあるのだ。

最初にそれを感じたのは、博士論文研究を遂行中のことであった。本書で扱った長沼守敬《ながぬまもりよし》に関して、それまで埋もれていたヴェネツィア美術学院授賞式でのファディーガの訓辞を見出したとき、そして《リド島にて》のイタリア語原名を『ヴェネツィア新聞』紙上で見つけたとき。それは、これまで誰も行ったことのない場所に私が足を踏み入れた瞬間であった。忘却のなかにいた人物を見つけ出した瞬間でもある。もちろん忘れていたのは我々で、歴史上の長沼が全力で生きていたことに変わりはない。しかし、その瞬間に、私はその研究対象の人物から、「良く見つけてくれた」と労いの眼差しを受けた気がする。

その感覚を久しぶりに感じたのは、川村清雄《かわむらきよお》に関する調査を進めていた二〇一四年夏のヴェネツィアであった。江戸東京博物館に収蔵されるイタリア語の資料を読み解くなかで浮かび上がってきた「ヴェネツィア芸術家サークル」について、真夜中まで開いているクエリーニ・スタンパーリア図書館の一室で、暗澹たる気持ちに浸りながら、約一〇年分の『ヴェネツィア新聞』の頁を捲《めく》っているときに、突然

「ヘンリー・ウッズにより川村清雄の《日本の幻想》が購入された」という記事を見つけ出した。これこそが、私にとっての川村の「許し」だった。その後、ウッズの故郷を訪れて彼について調べるうちに、ヴェネツィアの画室で絵筆を握りながら死んでいたという、このヴィクトリア朝の画家にも徐々に惹かれていった。翌年の夏、地下鉄のストライキで移動のほとんど叶わないロンドンで、ヴィクトリア・アンド・アルバート・ミュージアム内の国立美術図書館に収蔵されるウッズの日記を調査中に、川村の名前をそこに見出したときにもこの「許し」を感じた。一九九五年から何となく付き合っていた川村が、二〇年後にやっと胸襟を開いてくれた気がした。

川村の《日本の幻想》というタイトルを発見した同じ夏に、ヴェネツィア市立古文書館でも緒方惟直《おがたこれなお》が素顔を見せてくれた。もっとも緒方研究に関しては、今は亡き画家の別府貫一郎先生という素晴らしい道案内がいた。私は、先生の足跡を追いかけていたにすぎない。それでも原資料にあたるなかで、これまで知らなかった惟直や妻マリアの姿に触れることができた気がする。彼らのつらい気持ちが一層よくわかったと思う。教会法では結婚を認められながら、市民法では未婚のままで残った惟直とマリアは一体どんな気持ちだったのだろう。死後六年を経て、長沼という優れた同胞彫刻家を得たことで、ベルシェを介して共同溝から救い出された惟直の喜びは、いかばかりであったろうか。原資料は彼らの心を伝えてくれる。

そして最後に、二〇一六年三月のトリノ、クインティーノ・セッラ高校での調査が、一四年間疑問に思い続けた井尻儀三郎《いじりぎさぶろう》に関する原資料のほとんどすべてを明るみに出した。彼が初めて姿を見せてくれたことで、このときにも胸が熱くなった。私の仕事は、この少年の「許し」を得て、彼を故国で知らしめることだとそのとき感じた。

留学という点で、私たち研究者は、研究対象の彼ら、一五〇〇年前の留学生と重なる。この感覚は長沼研究をしていたときにすでに感じたものだ。六年間ヴェネツィアに留学した長沼を、六年半フィレンツェに留学した私が追いかけている。しかし、それはおそらくすべての留学生の共通項なのだろう。たとえ研究対象と重ならなくても、先輩たちの追体験をする。これが我々研究者の感じる喜びの一つなのかもしれない。

＊

そして、我々留学生は、文学研究者は別として、目的を達するために外国語を必要とする。私の専門であるルネサンス美術史は、英仏独伊の四ヵ国語を要求する。研究過程で出会う論文は、ルネサンス研究の基礎を作ったドイツ語圏の研究者の著作と、作品を生み出した国のイタリア人の論文ばかりでない。英米人やフランス人、場合によってはスペイン人やギリシア人のものまである。加えて、四年に一度大きな大会が催される国際美術史学会（CIHA = Comité international d'histoire de l'art）では、英仏独の三ヵ国語が公用語とされるが、それはどれか一つができれば良いのではなく、全員がこの三ヵ国語を話せることを前提とする。したがって、フランス語で語る発表者に英語で質問して、発表者がそれにドイツ語で答えても構わない。イタリアの都市が開催都市に選ばれる場合には、この三ヵ国語にイタリア語も加わる。一九九二年のベルリン大会でこの洗礼を受けた私は、それ以降いっそう語学の習得に力を入れた。

しかし、ヨーロッパに暮らすと、このポリグロット（数ヵ国語を操る人）であることが、一種自然なことだと感じられる。特急列車で二、三時間走れば、隣の言語圏に容易に入り込む。加えて、国境地帯では両国の言葉が聞こえるのは当然なのだ。スイスやベルギー、スペインのように、一ヵ国のなかで複数の言葉が話されている国もある。イタリアでも、北のチロル地方では、ドイツ語とイタリア語の双方がきちんと話せないと、公職に就けない。チロルの山岳に住むラディン族に属する三五年来の友人は、伊独に加えて、レト・ロマンス語群に属するラディン語を話す。彼が家族や地元の人々と話すときには、私にはまったくわからない。EUが理想像として掲げるハプスブルク王朝では、宮廷内で独伊西仏英に加えて、ハンガリーのマジャール語までが飛び交った。まさにポリグロットの原型である。

言葉の境界は一つの線で区切られるのではなく、モザイク状に徐々に変化する。その変化の美しさは、聴いていて心が躍る。明治期にヨーロッパに留学した先達も、きっとこの言葉のモザイクを体験したはずである。

もちろん外国語を学ぶことは労力を要するし、ましてや数ヵ国語を学ぶのは、それが同時であっても、時間差があっても、大変である。しかし、いくつかを習得すると、古代ローマ帝国の公用語であったラテン語から派生したヨーロッパ言語の場合にはコツが摑める気がする。私の読解力は、諸先生、諸先輩に比べれば者の数ではないが、幼い頃からピアノを弾いていたために耳が良いのか、発音だけは褒められた。長沼風に言えば、大変「烏許《おこ》がましい」が、ここで、私の語学との関わりのなかで、これだけは役に立ったと思われることについて、少し述べてみたいと思う。

私が子供の頃は、英語は中学校の一年から始めた。しかし、同級生の非常な才媛が、小学校三年の時だったか、小学生のための英語塾に誘ってくれた。その塾の教師は、実家のある前橋市では比較的有名な、津田塾大学を卒業した厳しい先生であった。

彼女の言葉で語学を学ぶときに座右の銘としているのが、「頭が雲を抜けるまではがむしゃらに頑張れ」というものだ。先生がおっしゃるには、「語学というのはあるレヴェルまではがむしゃらに勉強しないといけない。初歩をのんびりやっているといつまで経っても力が充溢しない。その期間に怠けると、せっかく学んだことは零になる。しかし、頑張って頭が雲の上に一つ抜けると、それ以降は、語学の力は下がらない」ということである。これは後に私がイタリア語やフランス語、ドイツ語を学ぶことになったときにも、常に心掛けた。そして、そこで頑張るためには、原動力であるモティヴェーションが必要である。ただ単に旅行に行って使えればいいなというくらいでは弱い。私はどんな言語でも、勉強するからにはガンガンに喋れるようになりたいと、少なくとも思うことにしている。

群馬大学附属中学校でも、一年生のときに素晴らしい先生と出会えた。その先生は、英語の発音を書くのに、万国表音文字を使うよう指導された。私はそれを忠実に守ったが、これが功を奏した。現在の勤務校では、専門の美術史の授業の他に、大学院のイタリア語を担当しているが、出版社から送られてくる教本や辞書に、カタカナで発音を表記しているものが多いのに驚愕する。この点は詳しく述べないといけないのかもしれない。

我が国では、平安時代に宮廷の官吏が漢字の一部を取ってカタカナを、女官たちが漢字を変形してひらがなを編み出したといわれる。これは日本語を表すには最適の文字であり、これらの二つの表音文字と表意文字である漢字を駆使してこそ、我々の美しい日本語を完璧に表すことができる。

しかしながら、音声体系の異なるヨーロッパ諸語に、これを当てはめるのはいかがなものであろうか。たとえば、「control」という英単語は、カタカナで表すと「コントロール」となる。余分な母音が入り込みんで、二音節の英単語が五音節の和製英語に化ける。すなわち、「コントロール」をアルファベットで表すと「contoṟolu̱」となり、本来の英単語には存在しない下線を引いたoとuが入るのである。ネイティヴたちは音節が増えるだけでも単語がわからなくなるのに、この余分な母音を聞いて、我々の和製英語に吃驚するのである。音節の問題は、音楽においては一層悲惨な結果をもたらす。作曲では、基本的に音節ごとに音を付けるから、本来二つの音符が五つに化けることになる。これはオペラ歌手の場合には致命的である。しっかりとした発音で、音節ごとに音符に歌詞を載せていかないと、聴衆は面喰らうであろう。

今でも感謝している先生のもうひとつの「遺産」に、教科書の暗唱がある。教頭もされていた先生は、忙しい職務の合間を縫って我々生徒の暗唱を聞いてくれた。一つの課を終えると、それを覚えていって先生の前で暗唱する。それを繰り返して中学の教科書をすべて暗記した。これは、我が国の武道の修練と同じで、最初は理由がわからなくても、後で役に立つものの典型であろう。我々の頭のなかには、最初から英語が入っているわけではない。それをがむしゃらに覚えてしまって、後からこれはそういう意味だったのだとわかることがあっても良いのである。

発音に関しては、もう一度、納得をすることがあった。法学部を卒業して商社に勤務し、研修生としてロンドンに勤務したときのことだった。Trainée（研修生）とはいいながら、通常勤務を強いられた。海外研修に行かせてやるという会社のアドバルーンにまんまと引っかかった私は、ほとんど腹いせのように、ロンドンでまずBerliz（ベルリッツ）に通ったが、教師といつもおしゃべりをするだけのつまらない授業に終わってしまった。

ところがその後、当時イギリス全国に四つあったRoyal Schools of Music（王立音楽学校）の一つ、Guildhall School of Music and Drama（ギルドホール音楽演劇学校）に、オーディションを通り、part timeの英語とピアノの授業を受けることになった際に、それは起こった。この学校の英語は普通の英会話でなく、イギリス人を相手にした舞台演劇の発声法の授業だった。最初の授業に行くと、「来週から手鏡を必ず持ってきなさい」という命令だった。先生が言うには、「発音というのは口の形で決まる。私の口を、手鏡に写したあなたの口と見比べなさい。そして私の口の形を真似なさい」とのことだった。それ以降、これも忠実に守っている。語学の初歩では、必ず教師の口を見るようにしている。

考えてみると、辞書の最初か最後には、必ず発音に関する部分があって、そこには口の形を図解した絵が載っている。これは、実は非常に役に立つのだ。口の形をしっかり作れば、基本的に正確な音が出る。それを日本人は、脳においてカタカナに置き換えて認識した音を出そうとするから、ネイティヴの発音からどんどん離れてしまう。

現在の勤務校に奉職してから数年間、国際部長を務めた。多くの人が国際交流を、英語ができることと勘違いしている。たしかに、きちんとした外国語を話せることは重要である。しかし、それは前にも言ったように、多くの場合、道具としての言語である。私は語学が下手でも良いと言っているのではない。しかし、伝える内容がしっかりしていなければ、いくら美しい英語が話せても意味がない。

日本人として、自分の国の文化を知ること、相手の国の文化を知ること、そして自分の国のことを相手にわかるように説明できること、こういったことこそが真の国際交流に必要なのではないか。

日本の歴史を知っていますか？　日本語の歴史や構造を説明できますか？

それぞれの国の言語には長い歴史があり、美しい発音を伴う言葉の背後に豊かな文学があることは論を俟たない。それを研究する文学研究者は格別、それ以外の研究者にとって語学は、相手の言うことを論文や口頭で理解し、重要な内容を相手に伝え、相互理解を深めるための道具として存在するのである。

*

今のように語学を学ぶ環境が整っていなかった時代に、ヨーロッパ言語の知識をさほど持ち合わせずに海を渡った若者たちは、我々より大きな苦労を強いられたにちがいない。江戸時代には、ヨーロッパの国として唯一日本と交易のあったオランダの言葉を媒体として学び（蘭学）、その後は本書で見たように、フランス語、英語などが学ばれるようになった。江戸、明治初期には、辞書も文法書もない場合が多々あった。彼らは自ら辞書を作ったのである。それは、第二章で引いたガッティノーニの言葉にもある通り、欧米人が日本語を学ぶ場合にも同様であった。辞書を丸暗記して、覚えた頁を片端から食べるというのは、私の父の時代まではよくあったようであるが、昭和前期までの先人たちの執念には頭が下がる。

一五〇年前の日本の近代化黎明期に、辞書も文法書も持たずに、イタリアに飛び込んだ、本書で述べた先人たちは、今の我々からは想像もつかないような苦労を味わったはずである。国際学院の『内部生徒』に書かれていた通り、彼らの多くは「イタリア語を全く知らない」状態でイタリア王国にやってきた。毎日の研鑽の結果、他国の生徒には見られない勤勉さと能力を発揮し、教師たちから大きな賞賛を受けた。我々は彼らに倣い、日本人としての誇りと気概を持ち、相手に対する敬意を忘れることなく、相手国の言語や文化を学びたいものである。

最後に、本書の研究を遂行するにあたって特にお世話になった人々に心からの感謝の意を表します。

＊

川村研究に道を開いてくださった恩師東京大学名誉教授高階秀爾先生、ルネサンス研究において古代との関係を示唆してくださった東京大学名誉教授青柳正規先生、そして博士論文研究以来常に温かく叱咤激励してくださる東京大学大学院教授小佐野重利先生、江戸東京博物館学芸員落合則子氏、信州大学教育学部准教授小野文子氏、東京大学生産技術研究所元教授池内克史氏、同准教授大石岳史氏、同特任准教授小野晋太郎氏、萬鉄五郎記念美術館前館長千葉瑞夫氏、同学芸員平澤広氏、トリノ、クインティーノ・セッラ高校長マリア・ステッラ・ジュッフリーダ氏、同教諭シルヴィア・リストーリ氏、同古文書館司書ダニエラ・マレンディーノ氏、ヴェネツィア美術学校古文書館司書エヴェリーナ・ピエラ・ザノン氏、同ナディア・ピアッツァ氏、フランカ・ヴェドア氏、ヴェネツィア、カ・フォスカリ大学古文書館司書アントネッラ・サッティン氏、ウォリントン美術博物館学芸員ミシェル・ヒル氏、国立美術図書館司書サリー・ウィリアムズ氏。このほかにもさまざまな局面で多くの方々にお世話になった。

出版に際して、筆者を常に励まして、何とか終着点に漕ぎ着けてくださった、吉川弘文館の斎藤信子氏に、心からの感謝を捧げたい。

慈しみを以て私を育ててくれた母、石井美代に、本書を捧げる。

二〇一六年十一月

石井元章

索　　引

あ　行

か　行

さ　行

た　行

な　行

は　行

ま　行

や・ら行

著者略歴

一九五七年、群馬県に生まれる
一九九七年、東京大学大学院人文社会系研究科基礎文化研究専攻美術史学専門分野博士課程修了、学位取得(文学博士)
二〇〇一年、ピサ高等師範学校大学院文哲学コース学位取得(文学博士)
現在、大阪芸術大学芸術学部教授

主要著書

『ヴェネツィアと日本—美術をめぐる交流—』ブリュッケ、一九九九年
『ルネサンスの彫刻—一五・一六世紀のイタリア—』ブリュッケ、二〇〇一年
Venezia e il Giappone - Studi sugli scambi culturali nella seconda metà dell'Ottocento, Istituto Nazionale di Archeologia e Storia dell'Arte, Roma 2004

明治期のイタリア留学
文化受容と語学習得

二〇一七年(平成二十九)一月二十日　第一刷発行

著　者　石《いし》井《い》元《もと》章《あき》

発行者　吉　川　道　郎

発行所　株式会社　吉川弘文館
郵便番号一一三—〇〇三三
東京都文京区本郷七丁目二番八号
電話〇三—三八一三—九一五一〈代表〉
振替口座〇〇一〇〇—五—二四四番
http://www.yoshikawa-k.co.jp/

印刷＝株式会社 三秀舎
製本＝株式会社 ブックアート
装幀＝黒瀬章夫

ISBN978-4-642-08307-2

〈通訳〉たちの幕末維新

木村直樹著　四六判／二八〇〇円

もはやオランダ語だけでは通用しない。幕末のオランダ通詞たちは苦悩しながら日本中へ散って行った。欧米諸国との外交交渉、英語など新しい言語への対応や維新後のありよう、激動の時代を語学力で生き抜いた姿を追う。

聖母の都市シエナ　中世イタリアの都市国家と美術

石鍋真澄著　〈残部僅少〉Ａ５判／三九〇〇円

数々の名画と中世そのままのたたずまいで知られる、中部イタリアの古都シエナ。この魅力ある都市に焦点をあて、豊富な史料と図版を用いて、都市国家の仕組や、市民たちの姿を浮き彫りにし、美術作品と社会の関わりを明かす。

明治絵画と理想主義　横山大観と黒田清輝をめぐって

（シリーズ近代美術のゆくえ）

植田彩芳子著　Ａ５判／四二〇〇円

明治絵画史における「理想」とは何か。日本画家の横山大観、洋画家の黒田清輝の絵画を中心にその美学的背景を探る。明治後期、西洋の理想主義がどのように受容されたのかを、日本の近代美術の展開と合わせて検討する。

（価格は税別）

吉川弘文館

〈日本美術〉の発見
岡倉天心がめざしたもの
（歴史文化ライブラリー）

吉田千鶴子著

四六判／一七〇〇円

明治の極端な欧化政策で危機に瀕した古物（古美術）を、岡倉天心はいかに「美術」品として再評価させたのか。フェノロサらと関わりつつ古美術保護に献身し、「日本美術」発見にいたる天心の足跡を、新史料を交え描く。

岡倉天心　思想と行動

岡倉登志・岡本佳子・宮瀧交二著

四六判／三五〇〇円

近代日本美術の生みの親として、多岐にわたる足跡を残した岡倉天心（覚三）。万博やボストンでの活動、日本博物館史における功績、明治の文豪との交遊などから彼の業績を再評価。天心研究に新知見を提示し、実像に迫る。

日本近現代人名辞典

臼井勝美・高村直助・鳥海　靖・由井正臣編

四六倍判／二〇〇〇〇円

近代の幕開け―黒船来航時より現代にいたる一五〇年間に活躍した四五〇〇人を収録。詳細な伝記とともに参考文献を掲げ、巻末には項目以外の人名等からも検索できる「索引」と便利な「没年月日順人名一覧」を付載する。

（価格は税別）